ちくま新書

室町の覇者 足利義満

——朝廷と幕府はいかに統一されたか

桃崎有一郎
Momosaki Yuichiro

1471

室町の覇者 足利義満——朝廷と幕府はいかに統一されたか【目次】

プロローグ――規格外の男・足利義満

室町時代に、仮想現実空間《バーチャルリアリティ》を作った人がいた。まさかと思うが、本当だ。その仮想《バーチャル》現実《リアリティ》の名残を、かなりの確率であなたは見たことがある。金閣寺である。

金閣寺（正式名は鹿苑寺《ろくおんじ》）は希有《けう》の寺院だ。教科書で誰もが名前を覚えさせられ、多くの人が現物を見た経験を持つ。二〇一八年に京都市を訪れた外国人観光客は四五〇万人、そのうち金閣寺を見物した人は、四八・一％の二一六万人もいた（『京都観光総合調査』）。

これほど外国人が金閣寺を見たがる理由は、一つしかない。〝よそで絶対に見られない景観〟だからだ。その証拠に、『外国人に人気の観光スポットランキング２０１９』（トリップアドバイザー社）の一位は千本鳥居で有名な伏見稲荷大社、二位は広島の原爆ドーム、三位は海上の鳥居で有名な厳島神社だった（金閣寺は一〇位）。

寺の代名詞にまでなったあの黄金色の建物、いわゆる金閣は、正式名称を舎利《しゃり》殿《でん》という。あのような建物は、日本にしかない。しかし、あのような建物は、実は日本でもよそにない。全面金箔貼りの仏教施設など、ほかには平安後期に造られた中尊寺金色堂《ちゅうそんじこんじきどう》（岩手県平泉町）くらいだ。まして、第一層が公家文化の寝殿造《しんでんづくり》風、第二層が武家文化の書院造《しょいんづくり》風、

図１　鹿苑寺の舎利殿（いわゆる金閣。筆者撮影）

第三層が禅宗様《ぜんしゅうよう》と、階層ごとに様式が違う混合体《キメラ》など、類例がない。そもそも、五重塔などの仏塔《ぶっとう》を除けば、多層建築そのものがまれで、三階建てであること自体が異常だ。

金閣寺は、日本文化の中で、完全に孤立した特異点である。金閣寺は北山《きたやま》という場所にあるので、学校では、金閣寺が代表する当時の文化を「北山文化」と覚えさせるが、その教え方は誤解しか生まない。北山文化は、「北山（だけで、一〇年間だけ、義満だけが愉《たの》しんだ超ローカル）文化（というより個人の趣味）」と教えた方が、まだましだ。

建造物には、造らせた人間の思想的な特色が丸出しになる。金閣寺がこれほどまでに異様で、孤立的で、主張が強いのは、造らせた足利義満の思想が異様で、孤立的で、主張が強いからだ。史上に類がない金閣寺の存在は、史上に類がない義満の権力の証であり、その義満の個性を、既存の枠組みから超越してゆく〝規格外〟ぶりを教えてこそ有意義だ。

南北朝の合一のために、義満が朝廷の支配者となったことを、ほとんどの人は知らない。

長い戦争と精神的退廃で瀕死の朝廷に、義満が活を入れ、全力で復興し、自ら主人公となって儀礼の奥義を究め、自ら総監督となって厳しく管理し、そのために無言の恫喝とジョークで天皇や廷臣を翻弄し、天皇を自殺未遂に追い込んだことを、知る人は少ない。

かつて、義満が天皇の地位を奪おうとした、という説があった。今から一世紀前に提唱されていた説だが（田中義成－一九二三）、二〇世紀の末に大々的に紹介し直され、一世を風靡した（今谷明－一九九〇）。実は今、その説を信じる歴史学者は皆無に近い。その説の証拠とされたものが、実は証拠にならないことがわかったからだ。ただ、さらに研究が進んだ結果、義満が天皇家との融合を図っていた証拠が見つかり、皇族化を狙っていた可能性が見えてきた。さらに、明《みん》との外交でも、新発見が相次いでいる。たとえば、明と交わされる国書が想像を絶する巨大さだったとか、明との国交は密室でひっそりと行われていた、といったことだ。義満像も室町幕府像も、大きく書き換えられつつある。

私自身もいくつかの発見をした。教科書が「北山文化」の一言で済ませる北山という空間が、どれほど特異で空前絶後で、そして日明貿易を可能にするためのトリックに不可欠の場だったか。そのトリックが仮想現実《バーチャルリアリティ》空間であり、それがどれほど独創的で、義満の個性だけに依存していたか。そのことと、義満が寵愛した世阿弥《ぜあみ》が能・狂言を大成させたことが、実はどれほど深い関係にあったか。それらを私は専門書で詳しく論じたが、義満の魅力は、私に欲をかかせた。中世ファンや室町時代ファンはもちろん、食わず嫌いの一般読者にもぜひ、新しい室町的世界・義満的世界を紹介し、私たち専門家が惚れ込んで抜け出せない蠱惑《こわく》的魅力を共有したい、という強い欲求に駆られた。本書はその産物である。

義満一家やその時代については、優れた一般書が増えてきた。今さらこのテーマで書くことは屋上屋を架すかのようだが、本書は独自の切り口に絞ることで一線を画したい。さらに、まだ専門家に気づかれていないと思われる新史料を紹介し、学術的な価値も出しておきたい（本書ではいくつか新説を提示したので、注でその根拠を示した(1)）。

本書は、「室町殿《むろまちどの》」全盛期の物語である。「室町殿」とは、豊臣秀吉の登場以前、中世で唯一の統一権力として義満が作りあげた地位をいう。それは、単なる室町幕府の将軍を超えて、朝廷も何もかも支配した、画期的な地位だった。しかも義満は、その後さらに「北《きた》山殿《やまどの》」という画期的な、というより意味不明に近い地位を作った。それらが義満の手で、なぜ、どのように生み出され、何が達成されたのか。そしてどのような問題が残り、後継者たちがどう解決し、そしてどう室町殿の権力が失われたのか。それを描きたい。

室町殿は日本全体の支配者なので、あらゆる分野と関わる存在だが、本書では三つに絞った。一つは、京都との関係だ。京都は、天皇制と朝廷の物理的実体だった。京都で誰がどのような儀礼を行い、どこにどのような建造物を建てるかは、〈その人が天皇に対して、したがって天下の万人に対して何者であるか〉を広く喧伝する媒体《メディア》になった。史上唯一、本拠地を京都に置いた幕府の長は、京都を使って何を表明し、京都をどう変えたのか。

そこから派生して、天皇との関係が二つ目の焦点となる。天皇を温存しながら日本の最高権力者となった室町殿とは、一体何だったのか。義満や後継者たちは、なぜ、どう天皇を扱ってきたのか。そこには、日本を今も漠然と縛る、天皇制の本質が隠れていそうだ。

その実相を、何と当の天皇自身が日記に記録していた。以前に私が翻刻《ほんこく》（解読して活字化）した後円融《ごえんゆう》天皇の日記の全容を、本書は初めて一般向けにお目にかける。そこには皇位についての、天皇と義満の二人きりの、密室での密談が記録されていた。

三つ目が、将軍と大名の関係である。実は、義満が最も苦労したのは大名の掌握で、それが室町殿の本質と直結している。源頼朝は東から順に日本を制圧して鎌倉幕府を創ったし、徳川家康は関ヶ原の合戦で敵対する大名を屈服させてから江戸幕府を創った。しかし、室町幕府だけは、大名を統制できないまま見切り発車で成立し、それが尊氏《たかうじ》・義詮《よしあきら》・義満の三代の将軍を困らせ続けた。それこそが「室町殿」の確立へと義満を駆り立てた原点なのだが、そもそも、なぜそうなってしまったのか。原因を作った人はわかっている。初代将軍尊氏の弟、足利直義《ただよし》である。義満の人生は、直義が残した負の遺産の精算に費されたといってよい。本書はまず、その話から始めよう。

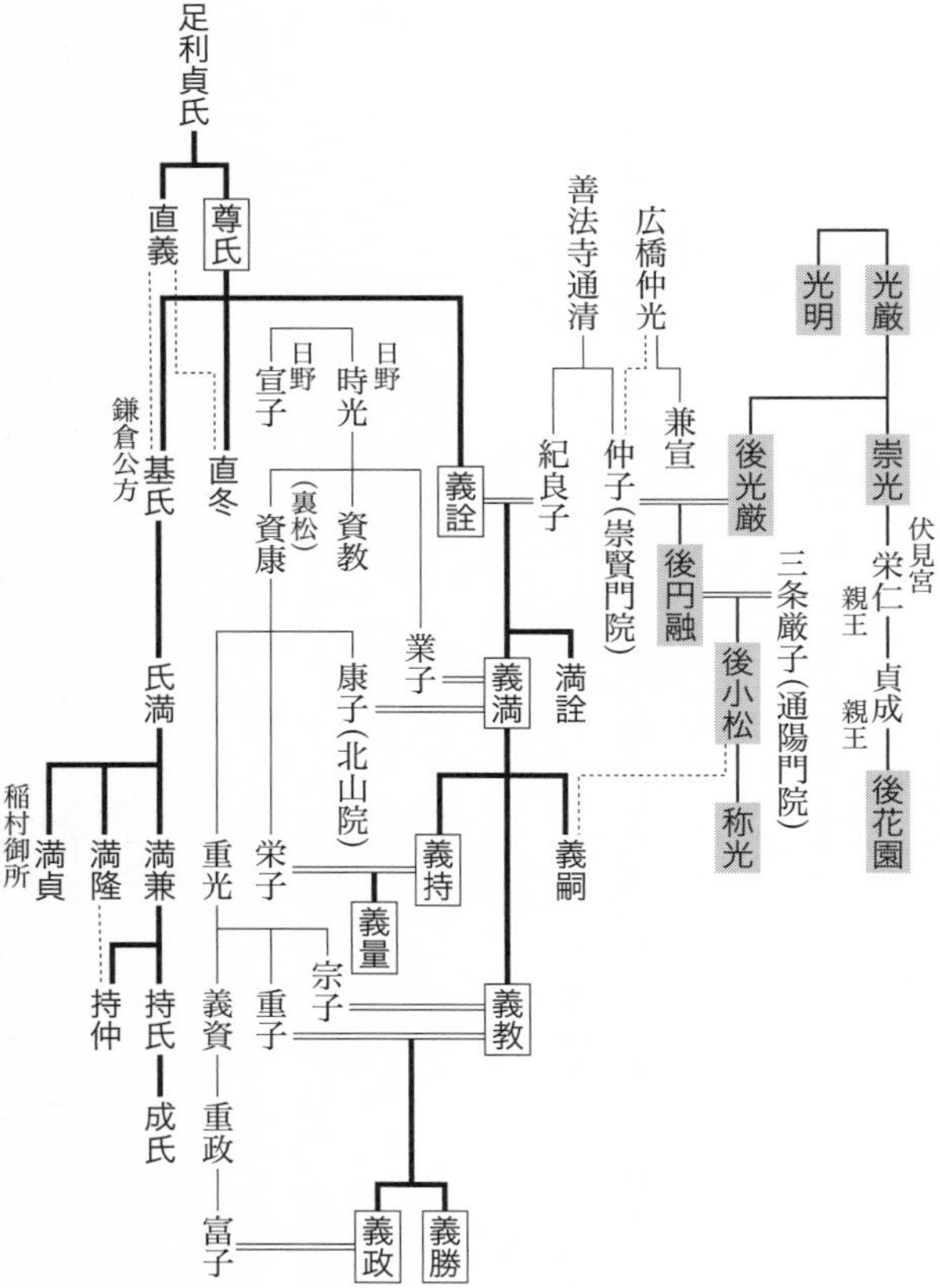

図２　足利将軍家と主な関係人物の系図

※極太線・ゴシック体が足利家（枠囲いは将軍)、太線・ゴシック体が天皇家（網かけは天皇)、点線が義理の親子関係

第一章 室町幕府を創った男の誤算——足利直義と観応の擾乱

鎌倉幕府の人材枯渇と足利氏の急浮上

元弘《げんこう》三年（一三三三）六月四日、京都に戻った後醍醐《ごだいご》天皇は目を疑った。不撓不屈《ふとうふくつ》の執念でようやく鎌倉幕府を滅ぼしたはずなのに、京都で足利尊氏が、もう次の幕府のような組織を運営していたからだ。建武政権は、成立したその日に、すでに挫折していた。

一ヶ月前の五月、足利尊氏は六波羅探題《ろくはらたんだい》を滅ぼし、京都を制圧していた。尊氏が率いたのは、つい数日前まで鎌倉幕府軍だった軍勢だ。なぜ尊氏は、幕府を滅ぼすために幕府軍を使えたのか。後醍醐が、流刑地の隠岐《おき》を脱出して山陰地方に上陸し、全国に幕府（を牛耳る北条高時《たかとき》一派）の打倒を呼びかけた時、幕府が大軍を預けて派遣した討伐軍の総大将は尊氏だけではなく、北条氏一族の名越高家《なごえたかいえ》との二人組だった。名越高家は血気盛んな若武者で、京都近辺での最初の合戦で、軽率にも最前線に躍り出てあっさり戦死した。

幕府はなぜ、存亡を賭けた大事な戦の総大将に、この未熟で無思慮な若者を登用したのか。理由は単純だった。猫の手も借りたいほど、幕府が極度の人材難に陥っていたからだ。北条氏は、何度も政争・戦争で競合者を潰《つぶ》してきた。勝利のたびに北条氏嫡流《ちゃくりゅう》の覇権は固まったが、有力御家人の大多数が消滅・没落し、北条氏の有力な一族まで淘汰されて、幕府の人材は枯渇した。名越高家程度の人材でも起用せねば、幕府は回らなかったのだ。

足利尊氏の起用も同じ理由による。足利氏は鎌倉幕府の有力御家人だったが、尊氏の高《こう》祖父《そふ》（祖父の祖父）の足利泰氏《やすうじ》が、建長《けんちょう》三年（一二五一）に政治的陰謀に関わり、失脚した。以後、政治の表舞台に出られず、孫の家時《いえとき》が正気を失って自害するなど、迷走した。

ただ、足利氏はそれまで、何重にも婚姻関係を重ね、北条氏と一体だった。幕府創立期の足利義兼《よしかね》が北条時政《ときまさ》の娘を娶《めと》って義氏《よしうじ》を儲け、義氏が北条泰時《やすとき》（時政の孫）の娘を娶って泰氏を儲け、泰氏が北条時氏《ときうじ》（泰時の子）の娘を娶って頼氏《よりうじ》を儲ける、という具合だ。しかも、少ない被害で泰氏が政界から消えたのが幸いして、政争と無縁になり、本拠地である下野《しもつけ》の足利で勢力を温存し、また守護の地位を世襲した三河《みかわ》でも第二の故郷になるほど勢力を拡大していた。正応《しょうおう》元年（一二八八）、新将軍の久明《ひさあきら》親王を鎌倉で歓迎した幕府の上層部を、ある目撃者は「当国司《とうこくし》・足利より、みな、さるべき人々（執権北条貞時《さだとき》・足利氏以下の有力者たち）」と証言している（『とはずがたり』）。その頃には尊氏の父貞氏《さだうじ》が、北条氏に次ぐ御家人の総代表格に復帰していたのである。そして幕府の人材が枯渇した段階で、ついに足利氏にも重要な仕事が回ってきた。

最初の大仕事は、元弘元年（一三三一）に後醍醐が一度目に挙兵した時、討伐軍の総大将を任されたことだ。この時は大仏貞直《おさらぎさだなお》・金沢貞冬《かねさわさだふゆ》という二人の北条一族と、足利尊氏の三人が総大将だった。後醍醐が籠城した笠置《かさぎ》城は一日で落ち、後醍醐は隠岐へ流された。その実績から、二年後の、隠岐を脱出した後醍醐の二度目の挙兵でも尊氏が起用された。

†武士に鎌倉幕府を滅ぼした自覚はない

しかし、尊氏は裏切った。直前に父貞氏が没し、喪に服すべき時に、無理に討伐軍に動員されたのを怨んだらしい。問題は、なぜそれに数万もの幕府軍が追随したかだ。いくら名越高家が消えて尊氏だけが総大将になったとはいえ、一人一人の御家人には意思があり、生存戦略があり、打算があり、義理があった。名誉を重んじる武士の思考様式から考えても、幕府の構成員が〈幕府を攻撃しよう〉という世論で一致したことは不自然だ。

しかし現実に、鎌倉と六波羅は彼らに滅ぼされた。なぜか。恐らく、前提が一つ間違っている。彼らが裏切った相手は、幕府ではない。だから不義理や恥にならない。尊氏が御家人らに示した後醍醐天皇の綸旨《りんじ》（天皇の命令書）には、実は「北条高時《たかとき》一派を討て」とあって、「鎌倉幕府を倒せ」とは一言も書かれていなかった。後者では、幕府で生きる御家人が同意するはずがないからだ。しかし北条氏は主人ではなく、本質的には超強大な同僚にすぎないので、刃向かっても不義にならない。北条氏が滅びれば、彼らに完全に依存する幕府は自動的に機能停止するのだから、「北条高時らを倒せ」でよいのだった。

尊氏と御家人たちはその綸旨に乗った。ならば、彼らにとってこれは〝鎌倉幕府を倒す戦争〟ではない。では何なのか。幕府の御家人が挙《こぞ》って尊氏に味方したのなら、答えは一つしかない。〝鎌倉幕府を牛耳る北条氏を倒し、より適任の者に交換する戦争〟である。

幕府の主導者を換えるなら、選択肢は一つだ。源氏の嫡流に最も近く、北条氏さえ一目置き続けた最有力の御家人として、信望を積み重ねてきた足利氏以外にない。尊氏自身がそのやる気を皆の前で示した時、問題は単純になった。幕府の主導者を、北条氏に託し続けるか、それとも足利氏を新たに立てるか。世論は圧倒的多数で足利氏に軍配を上げた。

そうなった最大の理由は、北条氏の空洞化、つまり北条氏に幕府を牛耳れるリーダーさえいなかったことだろう。北条氏の嫡流の家督を「得宗《とくそう》」という。鎌倉幕府の後半期は得宗の独裁的支配が基本だったが、最後の得宗の高時は魂が抜けたような人で、独裁者の椅子をわざわざ用意しても務まらないレベルの人だった。幕府は、得宗家執事《とくそうけしつじ》（御内管領《みうちのかんれい》）

の長崎円喜《えんき》と、得宗家の外戚一族の安達時顕《ときあき》が二頭政治で回し、絶対的に足りない北条氏一族を、若年でも無能でも重要な地位に押し込んで、幕府を維持するのに精一杯だった。唯一の希望は、高時の幼い嫡子邦時《くにとき》が成長し、先祖のように立派な専制君主に育つことだが、それも相当先で、北条氏の幕府運営は確実に先細りだった。

御家人たちは尊氏に未来を託すと決めた。天皇のために幕府を滅ぼして、ではない。幕府の一員として生き残るため、幕府の主導権を足利氏に引き渡す戦争に協力したのである。

†足利氏主導の鎌倉幕府の再起動

御家人たちは、鎌倉と六波羅が滅んでも「御家人《ごけにん》」と名乗り続けた。専門家たちは、幕府が滅んだのになぜ、と不思議がり、妙な論理を用意した。鎌倉時代の一世紀半を経て、「御家人」は幕府の有無と無関係に存在する社会的地位になったのだ、と。強引だし、難しく考えすぎだ。「御家人」は将軍の家人《けにん》（従者）であり、幕府の一員しか意味しない。鎌倉後期に、新興の地方の武士が「御家人」と名乗ることに、元来の御家人がどれほど抵抗を示したことか（高橋典幸－二〇〇一・二〇〇二）。御家人とは、極めて閉鎖的な幕府という会員制サークル《サークル》の会員であり、何代も幕府に仕えてきた実績だけが御家人かどうかを決める。幕府が滅んでも社会的に存続する御家人《サークルメンバー》など、あり得るはずがない。人々が

「御家人」と名乗り続けたのなら、（彼らの認識の中で）幕府はあったのだ。御家人たちは幕府を滅ぼしたのではなく、幕府を延命させるために北条氏を切り捨てた。だから当然、六波羅探題が滅んだ直後、幕府を足利氏が回し始めることを期待し、尊氏は期待に応えた。

尊氏は、鎌倉に残した息子義詮《よしあきら》を脱出させ、彼を盟主として東国で挙兵するよう一族らに呼びかけていた。四歳の義詮に代わり、一族の新田《にった》義貞《よしさだ》が反乱軍を指揮して鎌倉を陥落させた。義貞は自分がリーダーだと思っていたが、すぐに足利一族の細川氏が鎌倉に下って義貞を追い出し、義詮を主君として鎌倉を掌握した。北条氏を滅ぼした段階で、足利氏はもう、自分の鎌倉幕府を再起動する政権都市《ハードウエア》を押さえた。あとはそこに行政機構《ソフトウエア》を再構築して走らせ、尊氏が正式に「将軍」の肩書きを得てしまえば、幕府の再起動は完了する。

北条氏は「執権」だったが、それは血筋が卑しすぎ、将軍になっても世論が納得しないと信じたからだ。しかし、足利の血統は桁《けた》外れによく、源氏歴代の祖先の事跡を踏まえても、「将軍」がふさわしい。後醍醐が京都に戻り、その肩書きを与えれば一件落着だった。

後醍醐は憤慨した。尊氏たちは六波羅探題に代わる尊氏の軍政府をすでに京都で創り上げ、尊氏が全国の武士を統轄し始めていたのだ。それは最前線の戦闘を他人任せにしたツケだった。後醍醐は、慌てて息子の護良《もりよし》親王を征夷《せいい》大将軍に任命した。護良は勝手に動いて武士の頭目を気取り、武士を直接支配したい後醍醐からも実は嫌い抜かれていたが、

「尊氏だけは絶対に将軍にしない」と表明するため、背に腹は代えられなかった。後醍醐は、「鎮守府将軍《ちんじゅふ》」という、実体も実益もない地位（平安時代に陸奥で蝦夷《えみし》と戦った将軍）と、いくつかの名誉（自分の名「尊治《たかはる》」から「尊」の一字を与えたのもこの時）と、武士を管理する事務官の地位だけを尊氏に与えて飼い殺しにし、一切、軍を指揮させなかった。

そして後醍醐は、「御家人」という自称をやめるよう命じた。御家人は天皇から見れば陪臣《ばいしん》（従者の従者）だったのが、今回〝解放〟されて天皇の直臣《じきしん》になったのだから喜べ、という話だった。武士たちは、「幕府は滅んだことになったらしい」と気づくのにしばらくかかり、気づくと幕府を渇望した。武士の同業者組合というべき幕府があればこそ、武士の権益は守られてきたからだ。幕府の御家人たちを使って北条氏を滅ぼした後醍醐の政権は、彼らの世論を敵に回すとすぐに立ちゆかなくなることに、後醍醐は気づかなかった。

†足利直義と足利一門、鎌倉幕府再生を策す

後醍醐の入京から二ヶ月後の八月、功臣に地方を広域支配させる構想が固まった。南関東方面は尊氏の担当となり、弟の直義《ただよし》が相模守《さがみのかみ》となって赴任した。これが終わりの始まりだった。直義こそ、兄の尊氏を煽《あお》って、足利氏の幕府の創立に邁進《まいしん》した張本人だったのだ。

尊氏は、鎌倉幕府軍の大将として上洛する途上、挙兵を促す後醍醐の綸旨を受け取った。

図3　足利尊氏像（広島県浄土寺所蔵）

図4　伝源頼朝像（京都府神護寺所蔵。足利直義を描いたものではないかとする説もある。）

それに最も熱心に反応したのは、実は足利一門の吉良《きら》貞義《さだよし》・細川和氏《かずうじ》や姻戚の上杉憲房《のりふさ》・重能《しげよし》親子だった（桃崎有一郎-二〇一四）。尊氏は戦うと強いが、優柔不断で受動的で、正念場で政治的決断ができない。室町幕府を創ったのは、そんな尊氏をやる気にさせ、時には尊氏の意思さえ置き去りにして、既成事実を積み重ねて足利幕府の始動に邁進した足利一門と、彼らを束ねた直義だった。彼らは尊氏に北条氏との訣別を迫り、決意させた。

直義は、表に兄尊氏を〝次の将軍〟として立てながら、〝次の幕府〟の行政を取り仕切る〝次の執権〟として、幕府再生の事業に没頭した。直義は、後醍醐から二つの成果をもぎ取った。まず、関東の鎌倉に雑訴《ざつそ》決断所《けつだんしょ》の地方分局を設置し、それを直義が取り仕切る権限を得た。

鎌倉幕府の滅亡で、各地の所領の領有権問題が大混乱に陥り、京都に訴訟が殺到した。それを専門に処理するのが雑訴決断所である。その関東地方分局を鎌倉に設ければ、京都に持ち込まれる訴訟を大幅に減らせる。そう後醍醐を説得したのだろうが、直義はそれを実質的な幕府にしてしまおうと目論んでいた。もう一つの成果は、直義が相模守に任じられたことだ。これで直義は鎌倉に堂々と下る口実を得た。しかも鎌倉時代には、相模守は執権だけが就く官職だった。直義は、その地位を継承した印象を武士たちに与えた。

護良親王や、後醍醐の腹心の北畠親房《きたばたけちかふさ》は、直義の意図を見抜いた。一〇月下旬、北畠親房は先手を打ち、息子の顕家《あきいえ》を陸奥守《むつのかみ》として、後醍醐の皇子・義良《のりよし》親王を擁《よう》して親子ども陸奥に下った。(2) 彼らは陸奥で、評定衆《ひょうじょうしゅう》・引付衆《ひきつけしゅう》・政所執事《まんどころしつじ》・侍所《さむらいどころ》などの、鎌倉幕府と瓜二つの行政機関を設置し、武士を統轄した。後醍醐は幕府の再生を嫌ったが、〝将軍〟相当のボスが親王、〝執権〟相当の行政官が信頼する廷臣ならと、足利氏を牽制するために譲歩した。後醍醐はこの安全弁の構築を見届けてから、一一月に直義を相模守に任じ、(3) 八歳の皇子・成良《なりよし》親王を擁して下ることを許した。

図5　足利義詮像（京都府宝篋院所蔵）

†直義、建武政権の中で鎌倉に幕府を再生

ところが、直義は一一月八日の相模守就任から、一ヶ月しても京都を出ない。その意味を、私は鎌倉幕府の記録を見ていて気づいた。直義の京都出発は一二月一四日、鎌倉到着は大晦日《おおみそか》(この年は二九日)で、恐らく翌日の元日に垸飯《おうばん》という儀礼を行った。この三つの月日は、建久《けんきゅう》元年(一一九〇)に上洛した源頼朝の、鎌倉帰還の日程と完璧に一致する。(4)

その上洛で、頼朝と朝廷は大事な合意をした。幕府は朝廷の法の上で、国土の治安維持を一手に担う正規の機関となり、その長の頼朝は「朝《ちょう》の大将軍(朝廷の軍事の総帥)」と位置づけられた。それを儀礼の形で示したのが、鎌倉帰還の翌日に行われた垸飯だった。

垸飯は、御家人たちが費用を出し合って豪華な食膳を共にし、「傍輩《ほうばい》(対等な同僚)」関係を再確認する儀礼である。それは、治承《じしょう》四年(一一八〇)に鎌倉幕府が発足した瞬間にまず行われ、毎年の年始にも必ず最初に行われて、〈この集団は武士の同業者組合としての傍輩連合だ〉と宣言する、幕府で最も重要な儀礼だった。その儀礼と、それが組み込まれた「朝の大将軍」源頼朝の鎌倉帰還の日程を完全に再現した直義の意図は、あまりに声高で明瞭だ。直義は、鎌倉に入ること自体をもって、幕府の再生を宣言したのである。

直義の行政府は形式上、雑訴決断所の関東地方分局にすぎないが、直義はどこ吹く風で、

その行政府を「関東」と呼んだ。「関東」は単なる地域名ではない。それは、我々が鎌倉幕府と呼ぶ機関を、幕府自身や朝廷が呼んだ名前である。そして、雑訴決断所の地方分局としての業務を、鎌倉幕府と同じ形式の訴訟制度にし、内実を幕府と同じにしてしまった。

その組織は、幕府の訴訟事務を担う引付《ひきつけ》を備え、そのリーダーの引付頭人《とうにん》を置き、鎌倉幕府で将軍の日常生活を支えた御所奉行《ごしょぶぎょう》を置いた。それらを統轄した長井広秀《ながいひろひで》は、鎌倉幕府の首脳部を世襲した御家人長井氏の生き残りだ。かつて将軍宗尊《むねたか》親王の時に設置された、将軍の馬を管理する大御厩《おおみうまや》や、将軍御所の廂《ひさし》に側近集団がシフト制で待機する関東廂番《ひさしばん》も再現した。将軍家の家政機関だった政所《まんどころ》も設置し、その首脳部（複数名）の政所別当《べっとう》も任命した。政所別当の次席の「政所執事《しつじ》」は長井広秀とし、主席の「執権」には直義自身が就任した。直義は、年始の恒例行事である垸飯も再興した。垸飯を年中行事として行うのは幕府だけなので、これこそ〈この組織は幕府だ〉という自覚の、動かぬ証拠である。

こうして直義は鎌倉幕府を再生した。成良親王を将軍に見立てて、後期鎌倉幕府の基本形である親王将軍を再現し、自分が執権となって、幕府の最良の統治形態だった執権政治を再生し、名執権といわれた北条泰時を模範として、理想的な幕府の再生を目指した。

幕府の実質はもう生まれていたが、この組織を何と呼ぶか定説はない。後に室町幕府が鎌倉に置いた自治政府を〝鎌倉府《かまくらふ》〟と呼ぶので、建武《けんむ》政権（後醍醐の政権）の中に創られたこの組織も〝建武鎌倉府〟と呼ぶのが無難だろう。なお、〝鎌倉将軍府〟と呼ぶ専門家が結構いるが、それはさすがにまずい。この組織のどこにも、「将軍」はいないのだから。成良親王は後に征夷大将軍になるが、それは約二年後に、京都に送り返された後である。

†中先代の乱で直義の鎌倉府が室町幕府に脱皮

こうしてできた実質的な幕府に、あとは尊氏が合流すれば、足利氏の幕府の出来上がりだ。その危機感からか、護良親王は何度も尊氏の暗殺を図った。後醍醐は裏で黙認し、糸を引いた。目障りな護良と尊氏が潰し合うのは、大歓迎だった。しかし、護良は成功しなかった。尊氏が後醍醐に抗議すると、後醍醐は護良を切り捨て、尊氏に逮捕させた。護良は、「尊氏より陛下が恨めしい」という恨み言を残して、鎌倉に送られて幽閉された。「公武水火《すいか》（天皇と武家が相容れない）」といわれた中、建武《けんむ》二年（一三三五）七月、北条高時の遺児時行《ときゆき》が挙兵し、鎌倉を攻撃した（中先代《なかせんだい》の乱）。直義は三河《みかわ》まで退却し、時行と合流しないよう護良を殺害するとともに、成良親王を安全のために京都へ送還した。

直義を救うため、尊氏は出陣の許可と征夷大将軍への任命を後醍醐に要請した。しかし後醍醐は却下し、京都に戻った成良親王を征夷大将軍にした。一〇歳の彼に将軍など務まらないが、「尊氏だけには与えない」というあてつけだ。尊氏は、直義の危機には果断で、制止を無視して出陣した。意外なことに、天皇に逆らった彼に、多数の有力な武士が従った。尊氏の圧倒的な輿望《よぼう》と、後醍醐の人望のなさが、綺麗に証明された瞬間だった。

尊氏はすぐに鎌倉を奪回したが、後醍醐は「恩賞は天皇が京都で与える」と宣言し、尊氏を京都に召喚した。従おうとした尊氏を、直義は全力で諫《いさ》めた。あれほど後醍醐が尊氏を殺そうとした京都をやっと脱出できたのに、戻ってどうする、と。尊氏は押しに負けて鎌倉に残り、後醍醐の命令に反して、武士たちに所領や守護の地位を与えた。実質的な幕府に等しい直義の鎌倉府が、念願の将軍（の適任者）を手に入れ、そして完全に建武政権と決裂したこの建武二年（一三三五）後半をもって、室町幕府は成立したと見なしてよい。

後醍醐は足利兄弟を朝敵と見なし、討伐軍を動員した。尊氏は後悔し、独《ひと》り和平の道を探ったが、後醍醐は無視し、直義を中心に結集する足利一門・家人は嬉々として独立戦争に邁進した。尊氏は進退に窮し、髪を切って寺に引きこもり、すべてを投げ出してしまう。複数の記録が、この時に尊氏が直義に「政務《せいむ》（行政の長）を譲った」と証言している(5)。以後、直義が名実ともに足利勢力の首領として動き始める。各地の武士に出された軍勢催促《ぐんぜいさいそく》状《じょう》（従軍命令）はすべて直義の名で出され、それらは味方の間で、鎌倉幕府の命令書と同じ「関東御教書《みぎょうしょ》」の名で呼ばれた。室町幕府は、成立した瞬間から直義が名実ともにトップだったのであり、直義が室町幕府を創ったといっても、決していいすぎではない。

隠遁した尊氏を、直義はあくまでも長として立てた。その尊氏は、征夷大将軍に任命されず、鎮守府将軍の地位も剝奪され、制度上は将軍ではない。ところが、直義や味方の武士は尊氏を「将軍」と呼び、多くの武士が「御家人」と自称した。幕府の本質が朝廷の許可に依存せず、武士社会の世論に支えられた〝武士の組合〟だった何よりの証拠だ。

†北朝の擁立と吉野の南朝

建武二年（一三三五）末、官軍が関東に迫る中、隠遁した尊氏を尻目に直義が出陣した。しかし、直義はどうしても戦に弱く、敗走して自害寸前まで追い込まれた。この状況に、ついに尊氏が立ち上がって参戦し、あっという間に官軍を破った。年が明けて建武三年、足利軍は西へ攻め上ったが、京都で苦戦し、瀬戸内海経由で九州まで落ち延びた。

その途中、足利軍は、鎌倉幕府が滅んだ時に後醍醐が退位させた光厳《こうごん》上皇に密かに連絡を取り、光厳上皇の院政が始まったこと
にして、足利を官軍と認定する院宣《いんぜん》（院の命令書）を入手した。院宣は綸旨と対等で、これで天皇を敵に回す不利が解消された。足利軍は盛り返し、楠木正成《くすのきまさしげ》・北畠顕家など敵の主力を戦死させ、京都を奪回する。後醍醐は比叡山に逃れて籠城戦を試みたが、最後は諦めて投降し、三種の神器を手放して幽閉された。

建武三年八月、光厳上皇の弟の光明《こうみよう》天皇が立ち、北朝が始動した。その直後、尊氏は隠

遁を表明し、改めて政務を直義に託した。直義を救うという役割を終えたからだ。鎌倉を捨て、幕府に従順な天皇も擁立したこの頃、室町幕府は確立したと見てよい。激戦を経て京都で再始動した室町幕府は、やはり最初から、直義が主導する直義政権だった。

一方、後醍醐は大和の吉野に逃亡し、徹底抗戦を宣言する文書で「直義らの企みは不正だ」と糾弾した。(6) もはや尊氏の名さえ出ないこの文書も、幕府が直義政権だった証拠だ。

こうして南北朝時代が始まる。幕府は、鎌倉末期のように、二つの天皇家が交互に皇位に就く両統迭立《てつりつ》に戻そうと、講和を試みた。後醍醐の子の成良親王が、光明の皇太子に立てられたのはその成果だが、後醍醐が絶対に妥協しないため、最終的に挫折した。暦応《りやくおう》元年(一三三八)、尊氏が北朝から征夷大将軍に任命されたのは、講和を諦め、北朝と幕府だけで社会を建て直す方針に転換したためだと、考えられている(家永遵嗣 - 二〇一六)。

†観応の擾乱――将軍の弟を執権にした直義の失策

室町幕府は、全く直義の主導で成立した。それにもかかわらず、直義自身は頑として兄尊氏を将軍に立て、自分は執権に徹した。直義は当時から「天下執権の人」と見なされ、「執権」だという自覚は強かったと見てよい。(7) それは彼なりの謙虚さであり、北条泰時時代の執権政治を目指した理想の実践なのだが、直義は大事なことを見落とした。執権政治が順調だったのは、摂関家や親王など、北条氏とは別格の高貴な血筋を将軍に迎え、それを逆手にとって雲の上に押し籠めることで、将軍を完全な傀儡にできたからだ。しかし、室町幕府では、血統が全く同じ（母も同じ）二人が将軍・執権として両立してしまった。

尊氏はすべてを直義に任せたが、問題は将軍の意思ではない。幕府の行く末を決めるのは武士たちの世論であり、その世論が、泰時風の道理と秩序を重んじる直義の政治を、必ずしも歓迎しなかった。腕力がすべてだ、という下剋上の風潮に染まった人々は直義から弾圧され、直義を嫌って尊氏の執事（家政機関の長）高師直《こうもろなお》の周囲に集まった。

師直は、兄の師泰《もろやす》と南朝を攻撃して大戦果を挙げていたが、待遇がそれに見合っていなかった。最大の不満は、直義の存在が師直の権勢を著しく制約したことだ。鎌倉幕府を真似るなら、執権は将軍の従者の筆頭、つまり師直が納まるべき地位であり、直義が素直に自ら将軍になれば、師直は執権として住み分けられたはずだった。しかし直義は、兄尊氏を将軍に立てて自分が執権になることにこだわり、そのせいで師直は幕府の中で宙に浮いた。直義は優れた行動家であり行政官だったが、ここで最大の失敗を犯した。鎌倉幕府の執権政治を忠実に再現するなら、将軍の弟は執権になるべきでなく、それを押し通すと、足利家執事の高一族との亀裂が避けられず、幕府の分裂を招くと気づくべきだったのだ。

直義は行政万般を取り仕切ったが、恩賞の授与は主従関係の根幹であり、それは将軍尊氏の名で行われるべきなので、尊氏の執事の師直が強い実権を握り、直義に手出しさせなかった。この、将軍の人格と直結している特権を牙城として、師直は反直義派の急先鋒となり、直義派の間でも急速に師直への反感が高まった。

先手を打ったのは直義だった。貞和《じょうわ》五年（一三四九）、反師直の急先鋒だった上杉重《しげ》能《よし》・畠山直宗《ただむね》と直義は尊氏に迫り、師直を執事から罷免させた。怒った師直は直義襲撃を企て、直義が尊氏邸に逃げ込むと、師直は何と尊氏邸を包囲した。中世では、主人を軍勢で包囲するのを「御所巻《ごしょまき》」といい、最終手段的な交渉技術として使われた。尊氏・直義はこれに屈し、直義は政務から退いて出家した。政務は、二〇歳になった鎌倉の義詮を京都に呼んで継承させた。上杉重能・畠山直宗は流刑になったが、すぐに師直の手で殺された。

初段階で直義は完敗したが、翌観応《かんのう》元年（一三五〇）冬、有力一門で直義派の畠山国《くに》清《きよ》・桃井直常《もものいただつね》・石塔頼房《いしどうよりふさ》・細川顕氏《あきうじ》・吉良満貞《みつさだ》・山名《やまな》時氏《ときうじ》・斯波《しわ》高経《たかつね》らを糾合して決起した。観応の擾乱《じょうらん》の勃発である。直義はここで、何と南朝に降参した。師直派の工作で北朝に朝敵と認定されても大丈夫なよう、南朝の官軍となったのである。武士にとって、官軍と認定してくれるなら、どんな朝廷でもよかった。直義の降参で、南朝は息を吹き返した。

年が明けて観応二年春、直義は京都を攻撃し、義詮を駆逐した。義詮と直義は終始反りが合わず、特に義詮は直義を憎悪していた。一方、尊氏は曖昧な態度を取り続けてきたが、

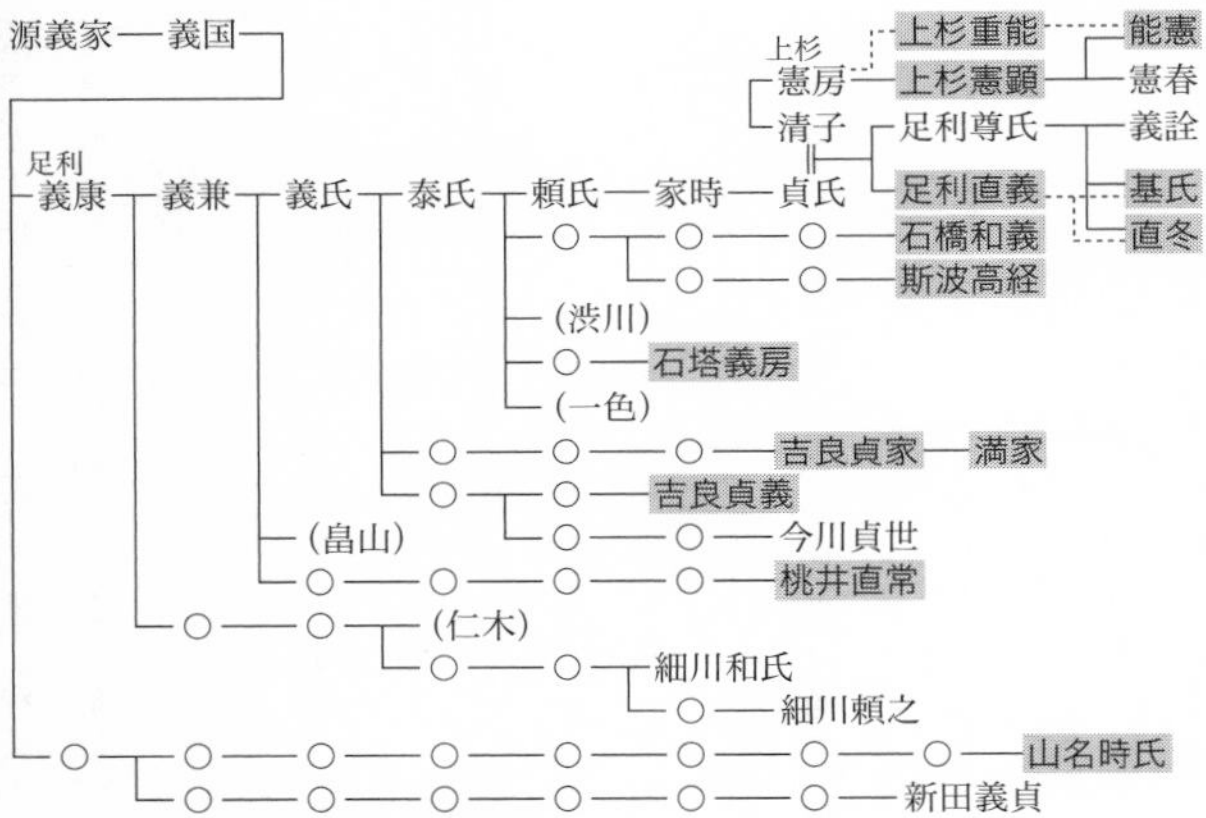

図６　足利一門の略系図と直義派（網かけ・ゴシックの人物が直義派）

この段階で、弟直義と息子義詮を天秤にかける決断を迫られた。尊氏は息子を取り、直義と対決する立場へ追い込まれた。両軍は摂津打出《うちで》浜《はま》で激突し、直義軍が勝った。直義自身は戦に弱いが、直義派の大名が強豪揃いだったからだろう。関東では、義詮の代わりに鎌倉に下った足利基氏《もとうじ》（尊氏の子、直義の養子）を、関東執事の上杉憲顕《のりあき》が補佐していたが、彼も直義派で、もう一人の関東執事の高師冬《もろふゆ》（師直の従兄弟）を滅ぼしていた。

　直義の優位で講和が成り、師直一家は降参したが、師直が殺した上杉重能の養子能憲《よしのり》が急襲して高一族を族滅させた。直義は政務に返り咲き、義詮もその後見を受けて政務に参加したが、和解は絶望的で、直義派の有力者が暗殺・襲撃される事件が相次いだ。その中で、尊氏が赤松則祐《そくゆう》を討つために西へ、義詮が佐々木導誉《どうよ》を討つために東へ出陣する。赤松も佐々木も、建武政権から生涯尊氏に忠実だった盟友で、尊氏に背くわけがない。直義は、これが京都の直義を東西から挟撃する謀略だと気づき、観応二年秋、京都を脱出した。

†直義の滅亡と正平の一統――奪われた天皇

直義は北陸経由で鎌倉に入った。主な大名だけでも斯波高経・桃井直常・上杉朝定《ともさだ》（憲房の甥）・山名時氏・畠山国清・吉良満貞らが従い、幕府が直義の政権だったことを改めて示した。京都からの道筋をたどると、若狭《わかさ》は山名時氏、越前《えちぜん》は斯波高経、加賀《かが》は富樫高家《とがしたかいえ》、越中《えっちゅう》は桃井直常、越後《えちご》・上野《こうずけ》を上杉憲顕が押さえ、その先の関東地方は、関東執事の憲顕が制圧していた。彼らは全員直義派で、このコースなら直義は安全に鎌倉へ入れた。

鎌倉には基氏がいた。基氏は尊氏の子だが、子に恵まれない直義の養子となり、観応の擾乱では直義派として活動した。後年、基氏は仏法や政道《せいどう》（行政）を好み、管絃《かんげん》（音楽）や様々な技芸を好む一方、田楽《でんがく》（農村由来の熱狂的舞踊）だけは見なかった。それは、政道の妨げとして田楽を遠ざけた直義を模範としたからだ、という証言がある。(8) 基氏は直義を崇敬していた。その背後には、彼を関東執事として補佐する筋金入りの直義派・上杉憲顕があった。直義は一五年ぶりに入った鎌倉を本拠地として、徹底抗戦する構えだった。

尊氏は直義の討伐を決意し、義詮を京都に残して出陣した。ただ、京都は南朝に狙われており、迂闊《うかつ》に空けると危ない。しかも、すでに直義と南朝は結託しており、下手をすると京都が南と東から挟撃される。そこで尊氏は何と、自分も南朝に降参した。一五年前に足利氏の都合で担がれた北朝は、一夜で消滅した。北朝の観応二年は南朝の正平《しょうへい》六年で、南朝だけになったことで年号も南朝年号になり、この出来事を〝正平の一統《いっとう》〟と呼ぶ。

直義軍は、尊氏軍を駿河《するが》・伊豆《いず》・相模《さがみ》で迎え撃った。堅牢な鎌倉での籠城戦に持ち込まなかったのは、鎌倉の荒廃を避けたためかもしれない。年が明けて正平七年（一三五二）正月、直義は最後の決戦で敗れ、降参して、翌二月に世を去った。高師直が殺された日のちょうど一年後で、毒殺されたという説を『太平記』は伝えているが、私は疑っている。

直義が死んでも、平和は戻らなかった。尊氏が鎌倉へ下った隙に、南朝が和平を破り、京都を襲ったのである。南朝は、光厳上皇・光明上皇・崇光《すこう》天皇と皇太子を拉致し、三種の神器も奪って京都を去った。義詮は北朝を再建せねばならなくなったが、皇太子も、天皇を指名できる上皇も、皇位の証の神器もない。そこで義詮は、光厳の皇子を探し出し、彼の祖母の広義門院《こうぎもんいん》に迫って次の天皇に指名させ、群臣も同意したという体裁で、後光厳《ごこうごん》天皇を立てた。この危ない皇位継承は大きな禍根を残したが、それは後に述べよう。

†観応の擾乱の直義派こそ室町幕府を創った人々

観応の擾乱は、なぜ幕府を二分する大規模な内戦になったのか。理由は簡単だ。錚々《そうそう》たる有力大名が、将軍尊氏・義詮親子と平然と敵対し、直義に味方して、将軍と互角以上の勢力を形成したからだ。ではなぜ、将軍より直義に人望があるのか。それも簡単だ。室町幕府が最初から直義政権として成立し、直義と有力大名らの努力で成立したからだ。ではなぜ、室町幕府は尊氏政権ではなく直義政権として始まったのか。それは室町幕府が、直義の鎌倉府に「将軍」尊氏を迎え入れる形で成立したからだ。直義は建武政権の中で幕府型の行政府を鎌倉に作り上げ、尊氏は最後に幕府の象徴的人格として加わったにすぎない。

尊氏は常に受動的で、成り行き任せで、時に投げやりだった。これほど主体性に乏しい幕府の創立者は、日本史上いない。それとは対照的に、直義は最初から、幕府を創るつもりで鎌倉府の構築に邁進した。その鎌倉府の組織も鎌倉の土地も、直義が束ねる足利一門の並外れて熱心な獲得努力と運営協力で確保された。室町幕府の創立という、源頼朝以来の大事業に取り組む熱意を共有し、成し遂げてきた彼らの結束が、固くないはずがない。

観応の擾乱で、直義の最初の決起や北陸脱出に同行した、筋金入りの直義派に、吉良満貞・上杉憲顕・上杉朝定がいた。その満貞の父の吉良貞義と、憲顕の父で朝定の叔父（そして高師直に殺された直義の腹心・上杉重能の養父）の上杉憲房は、かつて鎌倉幕府軍の総大将だった尊氏に、後醍醐側に寝返るよう促した張本人にほかならない（憲房と、同じく張本人だった細川和氏は、観応の擾乱までに死去）。その、室町幕府創立の最大の原動力となった人々こそ、直義派の中核だった。観応の擾乱とは、多大な努力で室町幕府を創り上げた彼ら直義一派と、将軍尊氏との個人的な縁故でその成果をわが物にしようとした師直・義詮との対決であり、それを優柔不断な尊氏の存在が救いがたく拗《こじ》らせた内戦だ。尊氏の幕府に直義が背いたのではない。直義たちの幕府に尊氏の縁故者が挑戦したのである。

対立軸がそこにあるので、直義の死は内戦を終わらせない。直義派の有力大名は健在で、〈自分たちが幕府を創った〉という自覚も消えない。直義は戦友で盟友だったが、彼らが死に物狂いで幕府創立に取り組んだ時、四歳だった義詮は戦友でも盟友でもなかった。

†直義と有力一門が〝庶子・庶流の幕府〟を創る

尊氏・義詮にも盟友はいた。佐々木導誉や赤松則祐ら、非一門の（足利一門でない）大名である。興味深いのは、足利一門が尊氏に離反し、非一門が尊氏に味方するという捻《ねじ》れだ。一門は同志の直義に忠実だが、なぜその同志関係が生まれたのかは、これまで問われたことがない。しかし、実は直義と一門には重要な共通点がある。足利一門は、嫡流の尊氏一家から見れば庶流だ。また、直義は嫡流だが庶子だ。嫡流の家督を「惣領《そうりょう》」というが、彼らは〈決して惣領・将軍になれない足利一族〉という共通点で、利害を共有していた。

もし惣領の尊氏や義詮が主導して幕府を創立すれば、惣領が一手に支配権を握り、庶子・庶流は、尊重されるが支配者層に入れないだろう。それは、鎌倉幕府の歴史的事実が示す、疑いようのない教訓だった。源頼朝が創立した鎌倉幕府では、弟の範頼《のりより》・義経が、幕府軍の大将を任される程度には尊重されたが、頼朝と同列の支配者として振る舞うことを頼朝が許さず、最後は二人とも滅んだ。庶流の足利・新田や、さらに庶流の武田・佐竹などに至っては単なる有力御家人、つまり〝有力だが所詮は従者〟という扱いに終始した。

しかし、庶子の直義が幕府を創って事実上の支配者となり、惣領尊氏を担ぐ形にすれば、庶子・庶流を支配者層から排除する動きなど、原理的に生まれるはずがない。庶子が創った幕府は庶流に優しいはずで、その組織なら、頑張った足利一門は活躍に応じて、支配者の地位を分有させてもらえるはずだ。足利氏庶流が惣領を担いで幕府を創ったにもかかわらず、幕府の成立後は惣領に絶対的忠誠を誓わない、という矛盾した現象は、こう捉えると最も腑に落ちる。多大な犠牲と熱意で幕府創立に貢献した一門は、その果実を無料《ただ》で惣領（将軍）一家に献上したいのではない、ということだ。

こうして有力一門が挙《こぞ》って直義派になったため、尊氏側に残った有力大名は非一門ばかりになった。そして直義の政権で足利一門が増長すれば、その分、非一門大名は圧迫される。したがって非一門大名は〝足利一門の幕府〟を望んでいない。だから〝足利一門の幕府〟を創れない尊氏・義詮に、熱心に奉仕したのだろう。後に三代将軍義満が、絶対的支配を目指して行った有力一門大名の圧迫・統制は、〝庶子・庶流が造った幕府〟を、本来の持ち主である（と信じる）自分が奪回して、〝惣領の幕府〟にする作業なのだった。

〝足利氏庶流が支配権を分有する幕府の実現〟が権力闘争の原動力だった直義派にとって、直義の死は、闘争を投げ出す理由にならない。しかも直義派にはまだ盟主がいた。直義の養子直冬《ただふゆ》である。彼も尊氏の実子だが、鷹揚で愛情深い性格で知られる尊氏が、なぜか彼だけには憎悪をむき出しにした。直冬は、直義の全盛期に「長門《ながと》探題《たんだい》」という肩書で山陽・山陰に拠点を築いたが、尊氏は何度も直冬の討伐を企画し、直義には降伏を許した尊氏が、「直冬だけは絶対に討ち取れ」と執念を燃やした。この直冬が西に健在で、直義が没してからも、一〇年以上も反幕府の戦争を続けた。

直義を失った直義派の大名らは、この直冬と結束して尊氏・義詮派との徹底抗戦を続けた。そして、直義に従って直冬も南朝に帰順していたので、直冬と彼を盟主とする大名らは、南朝軍として京都に襲いかかった。軍事的に微弱だった南朝が滅びず、南北朝の内乱が半世紀以上も続いたのは、南朝の実力ではなく、直義派が一斉に味方したからである。

†大名を統制できない原因──同時多発的征服戦争

直義派の大名が、自分の利益のために平然と南朝に味方し、平然と将軍に反抗したのは、それを咎《とが》めて彼らの地位を奪う実力が、将軍になかったからだ。直義派の大名は、各地の守護として、地方に強力な地盤を持ち、それぞれの地元はほとんど独立国の様相を呈し、幕府は絶対に軍事力で制圧できなかった。それが観応の擾乱を可能にした根本的条件だ。

なぜそうなってしまったのか。鍵は、鎌倉幕府と全く違う、室町幕府の成立の仕方にある。鎌倉幕府の実体は、最初の合戦で敗れた頼朝が房総半島に上陸し、安房《あわ》→上総《かずさ》→下総《しもうさ》→武蔵《むさし》→相模《さがみ》と南関東を順に制圧して鎌倉に入り、それから北関東の上野《こうずけ》・下野《しもつけ》・常陸《ひたち》や坂東の西に接する甲斐《かい》を帰服させて、関東地方を統一する形で成立した。幕府の支配圏は、ローラーで色を塗り広げるように外へ拡大し、常に一つの閉じた領域として存在し、幕府軍も一つの大軍として存在した。木曾義仲《きそよしなか》・平家・奥州《おうしゅう》藤原氏とも、その大軍が一群となって戦い、勝てば幕府の勢力圏を外へ塗り広げる形で拡大し、最終的に日本を統一した。

ところが、足利氏が鎌倉で建武政権に反旗を翻した時、同調した諸勢力は鎌倉に集合することなく、全国で同時多発的に蜂起した。尊氏自身は全国を転戦したが、各地の軍勢は必ずしも尊氏に合流せず、日本各地で合戦が同時進行した。足利氏は、鎌倉幕府以来の有力者で協力的な者に、従来の本拠地を既得権として認め、そこを中心とした一〜三ヵ国規模で、現地の制圧と、制圧後の維持を丸投げした。近江《おうみ》の佐々木、播磨《はりま》の赤松、北九州の大友・少弐《しょうに》、南九州の島津、加賀の富樫《とがし》、下野の小山《おやま》、房総の千葉、常陸の佐竹などがそのパターンだ。去就不明や敵対的な地域へは足利一門を派遣し、全面的な軍勢指揮権・統治権を丸投げし、白紙から実力で制圧させた。奥羽の吉良《きら》と畠山《はたけやま》、越後・上野の上杉、駿《する》河《が》・遠江《とおとうみ》の今川《いまがわ》、北陸の斯波《しわ》、山陰の山名、四国の細川などがそのパターンだ。

彼らは、戦争指揮や戦後統治に必要な包括的権限を与えられたが、内実はなかった。内実は、その権限を主張して自力で勝ち取れ、ということだった。現地には南朝方の守護・国司・大将があり、その動員に従うも、足利側の動員に従うも、現地勢力の心次第だった。派遣された足利一門は、利権（家督争いや所領紛争を有利に導く保証など）を提示して懐柔しながら現地勢力を糾合し、ゼロからほぼ自助努力だけで地方を制圧し、実効支配した。例えば越前《えちぜん》・越後《えちご》・上野《こうずけ》は新田義貞の勢力圏だったが、越前は斯波氏が、越後・上野は上杉氏が、ほぼ独力で切り崩して維持した。これらの地域を室町幕府につなぎ止めているのは将軍の権威ではなく、彼ら守護大名の実力・犠牲・輿望・実績なのだった。

したがって、越前は斯波氏が実効支配する国であって、将軍と斯波高経の人格的な友好関係という、たった一本の糸で幕府につなぎ留められていた。将軍と敵対しても、斯波氏は自分の国で籠城が可能で、将軍がどれだけ反逆だと非難しても、実際には将軍は手を出せず、実力で取り返せる可能性も処罰できる可能性もない。そのため、大名は自由に将軍と対立した。斯波氏と将軍が敵対することは、斯波氏の勢力圏（越前一帯）が幕府の統制から離脱することを意味した。将軍は、越前を幕府につなぎ留めたければ、斯波氏を懐柔するしかない。有り体《てい》にいえば、将軍が最後には屈服し、機嫌を取るしかないのである。

これは、ほぼすべての守護分国《ぶんこく》（大名が守護として与えられた国）に共通する原理だ。それはあたかも、かつて関東を実効支配した源頼朝の幕府と、それを実力で取り返せず懐柔するしかなかった朝廷との関係と酷似している。室町幕府の将軍と守護大名の関係は、源平合戦の頃の朝廷と幕府の関係を、幕府の中で再生産してしまったものだ。

観応の擾乱直後から死去する貞治《じょうじ》六年（一三六七）まで、義詮が執政した一五年ほどは、義詮がその構造を納得し、自分が譲歩するしかないと決意するために費やされた。そしてこの問題が解決しない限り、直義派と手を組む南朝も、屈服させられる可能性がない。

†労使関係改善を目指し団体交渉する直義派

直義派の大名たちには、将軍から独立して自分の〝王国〟を作る気はないし、まして南朝など、将軍を脅かして有利な譲歩を引き出すために利用した旗印にすぎない。彼らは、一族・家臣らの戦死・負傷をはじめ、多大な犠牲を払って切り従えた分国を、ただで将軍に差し出す気がなく、それに釣り合う待遇を求めて、交渉しているだけなのだ。彼らにとって、反乱は道義的な悪ではなく、上との交渉手段にすぎない。こうしたあり方こそ中世日本の最大の欠陥であり、そして専門家を惹《ひ》きつけてやまない最大の魅力でもある。

重要なのは、彼らが地方に君臨する求心力の原点が、あくまでも足利氏の一門という点にあったことだ。足利氏の幕府を滅ぼすことは、いかなる意味でも彼らの利益にならない。彼らは、義詮が自分たちの要求を呑むか、要求を喜んで呑んでくれる別の将軍候補、たとえば直冬のような者と結託して将軍を替えるか、どちらが早くて有利かを見定めていた。

彼らはいずれ幕府に戻る。重要なのは帰参の条件だけだ。自分を優遇せねば自分の分国を永遠に幕府が取り戻せないと将軍に思い知らせ、既得権を認めさせる必要がある。義詮はいずれ、折れて和議を結ぶしかない。室町幕府では、実効支配さえ確立してしまえば、反逆しても処罰どころか将軍に優遇され、不法な占拠も合法化されるしかないのだった。

直義派は、話がついた者から順に、幕府に帰順していった。全体の経緯を見ると、先に誰かが話をつけることで、次の者が話をつけやすくなる、という構図が明らかだ。そのため、旧直義派は三々五々に、しかし一度流れができると速やかに、幕府に帰順していった。

尊氏晩年の延文《えんぶん》元年（一三五六）に、まず斯波高経が帰順したことが、全体の大きな流れを作った。高経は、もちろん北陸の既得権を追認された。しかも斯波氏は足利一門で（吉良・石橋氏とともに）別格に家格が高いので、高経は復帰直後から幕府の重鎮になった。

二年後の延文三年に尊氏が没し、義詮が二九歳で将軍を継いだ。尊氏は優柔不断だが、信頼できる記録は口を揃えて、彼が大物で人望もあったという。その彼の存在は、有力大名たちの暴走に対する多少の抑止力にはなった。しかし、義詮を武家のボスとして褒めた記録は皆無で、むしろ器の小ささを父尊氏や叔父直義にさえ見抜かれ、それを補うために基氏に鎌倉府を与えて牽制させたのだ、という証言がある。(9) 若く経験不足で、戦も弱く、そもそも打倒北条氏・打倒建武政権の戦争をともに戦っていない義詮が、父尊氏の存在感なしに、歴戦の猛者である大名を統制できないのは明らかだ。

将軍職を継いでから四年後の貞治元年（一三六二）、義詮は白旗を揚げた。斯波高経を管領《かんれい》の地位に就け、幕府の執政を全面的に任せたのである。

†"直義の再来"としての「管領」斯波高経

管領は、執事を継承した地位だ。高師直の滅亡後、執事には仁木義長《にきよしなが》・細川清氏《きようじ》などの足利一門が就任したが、仁木・細川は門地が低く、執事への任命は、高一族レベルの従者と同等と見なす、という含みがあった。その執事を義詮からオファーされた時、斯波高経は拒否した。斯波氏は、将軍家が断絶すれば将軍を継いでもよい名門だ。執事になっては、その名門が義詮の下僕に成り下がる。困った義詮は、高経の気の済むようにさせた。

高経は幕政の主導者になりたいが、執事にはなりたくない。その矛盾を高経は、一三歳の息子義将《よしゆき》を執事に就けることで解決した。家人や一門の末端レベルが務めるポストは、うちの家柄なら子供の名誉職くらいが妥当だ、と。そして、高経は執事の義将を父として後見し、実質的に幕政を主導する。その妥協点として生まれた高経の地位を、管領という。

ところで、室町幕府の管領は執事と何が違うのか。この問題は歴史家を悩ませてきた。〈家政の長と、政務の長官を合わせた地位〉という説明が早い段階でなされ（佐藤進一－一九六三）、学界はおおむね納得してきた。その説は間違っていないが、なぜそんな地位が生まれたのか、ということをすっきりわかりやすく説明した学説は、これまでなかった。しかし、本書が意識的に追ってきたポイントを踏まえれば、答えは明らかではないか。

「管領」するとは、制度に由来する権限を、制度的地位にない人が行使することをいう（桃崎有一郎－二〇一三）。高経が自分の地位を「管領」と呼んだのは、執事という制度的地位に息子を就け、その後見人として執事の職権を行使する高経のあり方が、「管領」することそのものだったからだ。管領高経にとって執事義将は傀儡《かいらい》だが、以後、傀儡でない成人の執事も管領と呼ばれるようになった。後々まで管領が正式名称と認識されず、執事の名が残ったのは、制度上の執事の上に、管領が制度外の行政長官として生まれたからだ。将軍になってもおかしくない血統の足利一門が、正式な職位に拠《よ》らず、執事とは別に存在して、執事を支配下に置いて幕政を全面的に主導する。この形に、見覚えがないだろうか。そう、直義と全く同じだ。この形は往年の直義のあり方の模倣であり、それは直義派の筆頭格だった斯波高経だからこそ思いつき、実現できた、と考えるのが自然だ。斯波高経の復帰も、それに伴う幕政掌握も、それに伴う管領の誕生も、直義の再来なのだ。

証拠はまだある。斯波高経は、京都の邸宅の所在地にちなんで「七条殿《しちじょうどの》」と呼ばれた。武士で、本来の名字（足利や斯波など）とは別に、京都の小路名《こうじな》（街路の名）を名乗った人物は、それまで一人しかいない。三条坊門殿《さんじょうぼうもんどの》を政庁にして「三条殿」と呼ばれた直義だけだ（佐々木導誉の子孫が京極《きょうごく》、佐々木氏頼《うじより》の子孫が六角《ろっかく》と呼ばれたが、それは後の室町時代の話）。高経の「七条殿」という称号は、その踏襲と考える以外にない。「三条殿」は、幕府の政務の長の代名詞だった。高経はそれを真似て、同じ地位を表現したのだろう。

斯波高経の管領就任とは、直義派の筆頭格が、直義と極めて近い形の政治体制を再現させた出来事だった。ならば、実はその瞬間こそ、直義派の勝利の瞬間にほかならない。高経の幕府帰参は、政治力学上、将軍義詮が高経を許してやったのではない。話は逆で、高経が義詮に許されてやったのだ。執事も管領も、義詮が高経に与えてやったのではない。

高経を懐柔するしか幕府統一の術がないと諦めた義詮が「なってくれ」と頼み込んだのは記録上に明らかで、斯波氏が「そこまでいうなら」と執事・管領になってやったのである。

直義の忠実な再現なら、執事に息子ではなく家人《けにん》（従者）を任ずるべきでは、という反論があるかもしれないが、それが愚策であることは明らかだ。それをしたからこそ、執政直義と執事師直が対立し、幕府を二分する大戦争が起こってしまったのだから。直義的なあり方に戻し、なおかつ二度目の観応の擾乱を起こさないためには、執政と執事が絶対に対立しない仕組みを作るしかない。それに親子関係が最適であることは明らかだ。

†直義派の相次ぐ幕府帰順と直義派の勝利

かくして幕府が直義派主導の政権になった結果、ほかの直義派が幕府に帰参しやすくなった。それが、政権を高経に渡してまで、義詮が勝ち取りたかった成果だ。

まず翌年の貞治二年（一三六三）に、大内弘世《おおうちひろよ》が帰順した。大内氏は京都の政界に関与せず、本州最西端の防長《ぼうちょう》（周防《すおう》・長門《ながと》）で勢力拡大に専念していた。大内氏は、観応の擾乱の初段階から一貫した直義派で、長門探題の直冬に味方して周防一国を奪取し、尊氏の晩年までには隣国長門の守護厚東《こうとう》氏を駆逐して支配下に置いた。その彼が帰順したことで、（幕府にとって）不法な防長の不法占拠が合法化され、代わりに幕府は防長を勢力圏に取り戻した。瀬戸内海の西端と関門海峡の交通路を確保する、大きな成果だ。

その直後、同じ年に上杉憲顕が帰順した。彼も筋金入りの直義派だ。鎌倉の主の基氏は、少年期だった観応の擾乱中に直義派として行動したが、直義が敗れ、尊氏と講和し、尊氏が二年ほど鎌倉に滞在して去った後、関東（幕府の東半分）の主となった。基氏はその体制下で、尊氏派として元服《げんぷく》（成人）し、順応することで地位を保った。同じ尊氏の実子で直義の養子である直冬と違い、直義ではなく尊氏の名を継承して「基氏」と名乗ったのがその証拠だ。直義の敗北により、上杉憲顕は関東執事を罷免され、越後・上野の守護も奪われたが、しぶとく抵抗していた。そして直義派の盟友の斯波高経が幕府を掌握すると、速やかに憲顕の復帰が図られた。憲顕は基氏の補佐役に呼び戻され、その地位は京都で高経が創造した「管領」の地位にならって「関東管領《かんとうかんれい》」と名づけられた。彼は実効支配を維持していた越後・上野を守護として追認され、二ヶ国が幕府に戻った。引き換えに、乱中から基氏を補佐していた憲顕の強大な影響力で、関東は直義派の勢力圏に戻った。

さらに同じ年の秋、山名時氏も帰参して、山陰地方が幕府に戻った。時氏も筋金入りで、斯波高経らと何度も南朝方として京都を襲って奪い、義詮を悩ませた存在だった。山名氏は、京都（山城）の西の丹波《たんば》をはじめとして、丹後《たんご》・美作《みまさか》・伯耆《ほうき》・因幡《いなば》まで、山陰から京都の西まで迫る広域を実効支配しており、この五ヵ国がそのまま守護として保証された。

かくして、斯波高経の主導で、直義派の主力が幕府に復帰した。高経は義詮に、直義派の既得権を完全に認めさせ、観応の擾乱で分裂した幕府を元に戻したのである。義詮は、主君として直義派を帰参させる形を死守した点で勝利し、直義派の分国を幕府に取り戻した点でも勝利した。しかしそれらの国々は、依然として直義派の大名に掌握され続け、幕府の実効支配を望める余地がなかった。しかも直義派の大物が幕府と関東の中枢に復帰し、京都も鎌倉も直義派の色に染まった。その意味で、これは直義派の勝利なのである。

†直義派由来の反抗心を捨てない鎌倉公方

この直義派の勝利と幕府中枢への大量流入は、佐々木導誉・赤松則祐ら、尊氏・義詮親子を忠実に支えてきた非一門大名の既得権を脅かした。中でも佐々木導誉は斯波高経を目の敵にし、四国を掌握して「四国管領《しこくかんれい》」と呼ばれていた細川頼之《よりゆき》らと組んで、高経の追い落としを図った。大内・上杉・山名が帰参した四年後の貞治六年（一三六七）、義詮は導誉らの主張に屈し、高経を罷免して越前に帰らせた。それは高経への敵意ではない。そうせねば、導誉らと高経らの、観応の擾乱のような全面戦争の再来を避けられなかったのだ。

高経は一族を率いて越前の杣山《そまやま》城に籠城し、再び越前が幕府から分離した。義詮はそれに手を打てないまま、同じ年に三八歳で没してしまう。義詮は死の直前、細川頼之に幼い息子義満《よしみつ》の後見を託し、管領にした。この時から、執事と管領が同一人物に集約される。それは、執事と執政（管領）を併存させた直義型政務の終焉である。高経の失脚と頼之の管領就任により、幕府の直義派カラーが薄まった。高経は越前で没したが、息子たちは幕府に復帰し、そして以後、直義派の分離独立・幕府敵対は起こらなかった。観応の擾乱の落とし前としての、直義派と主流派の融合は、悪くないバランスでほぼ決着したのである。

ただ、関東は別だった。関東では、後に〝鎌倉公方《くぼう》〟と呼ばれる鎌倉の主（鎌倉御所）を基氏の子孫が世襲し、関東管領を上杉氏が世襲した。鎌倉公方と関東管領はおおむね安定的に関東を運営したが、どちらも根が直義派だったことを忘れてはならない。上杉氏は穏健派に転向したが、鎌倉公方はむしろ先鋭化した。基氏は義詮と同じ貞治六年に没したが、息子の氏満《うじみつ》、その子満兼《みつかね》、その子持氏《もちうじ》、その子成氏《しげうじ》は、歴代必ず一度、幕府への反逆か反逆未遂事件を起こした。持氏に至っては幕府と正面戦争し（永享《えいきょう》の乱）、敗れて鎌倉府を滅亡させてしまう。後に幕府は成氏に鎌倉府を再興させたが、成氏は上杉氏と争って関東を戦乱に陥れ（享徳《きょうとく》の乱）、鎌倉を捨てて下総の古河《こが》に移ってしまい、鎌倉府を再度消滅させた。それを境に、関東では西国より一足先に、戦国時代へ突入してゆくのである。

これほどの鎌倉府の反抗心の理由は、将軍への対抗心、将軍就任の野望など、様々にいわれ、どれもそれなりには正しい。しかし、毎世代必ず、まるで鎌倉公方の就任儀礼のように反乱を企てるのは異常だ。関東を将軍家に帰属させるために将軍の弟を主君にし、その子孫に継がせたのに、なぜ正反対の結果が起こるのか。将軍への反抗心が鎌倉府の基調なら、それは鎌倉府の原点に根差す、根本的問題だったはずだ。ならば、鎌倉公方の初代基氏と、関東管領の初代上杉憲顕が、ともに直義派だったことの意味は、限りなく大きい。

京都の将軍にとって、関東は遠すぎて手が出せず、穏健派になった上杉氏を振り切って鎌倉公方が過激化するのを止められなかった。その結果、義満の時に「関東の事をば万事を閣《さしお》かるる様候《ようそうらい》し（関東は基本的に放置し、鎌倉公方の行動には目くじらを立てない）」と結論され、六代将軍義教《よしのり》の代まで基本方針になる始末だった[10]。

歴代将軍を悩ませた歴代鎌倉公方の反逆の原点は、観応の擾乱にある。それが最も腑に落ちる理解だ。すべては、室町幕府を直義が創り、鎌倉に（原型の建武鎌倉府を）創ったことに起因する。直義はベストを尽くした。しかし、彼には酷だが、それを兄尊氏ではなく弟直義がしたこと自体が、そもそもの間違いだったのだ。その最初のボタンの掛け違いに、室町幕府がどれだけ振り回され続けたか。それはどれほど強調しても、しすぎることはない。そして、鎌倉公方成氏の行動が関東を戦国時代に放り込んだのなら、関東の戦国時代の最大の遠因を作ったのは、直義だといっても過言ではないのである。

第二章 足利義満の右大将拝賀――新時代の告知イベント

†康暦の政変――〝俺様〟義満の本格的覚醒

父の死で将軍を継承した時、義満は一〇歳で、幕府は管領細川頼之《よりゆき》の主導で運営されたが、南北朝の分裂は終わらなかった。義詮や頼之の時代に何度か講和交渉が持たれたが、必ず決裂した。最大の理由は後に述べるが、頼之に強い統率力がなかったことも大きい。尊氏・義詮でも統制できない有力大名たちが、幼少の将軍のもと、同輩の大名にすぎず、しかも門地も低い頼之の統制に従うはずがなかった。大名らは、頼之の施策が自分に不利になると平然と拒否した。各家では世代交代が進んでいたが、斯波・山名が反抗的で、佐々木も独自路線で政界のフィクサーとなり、さらに美濃の土岐《とき》氏までが頼之に反発した。

頼之は何度も辞意を表明しては義満に慰留されたが、康暦《こうりやく》元年（一三七九）、敵対的な

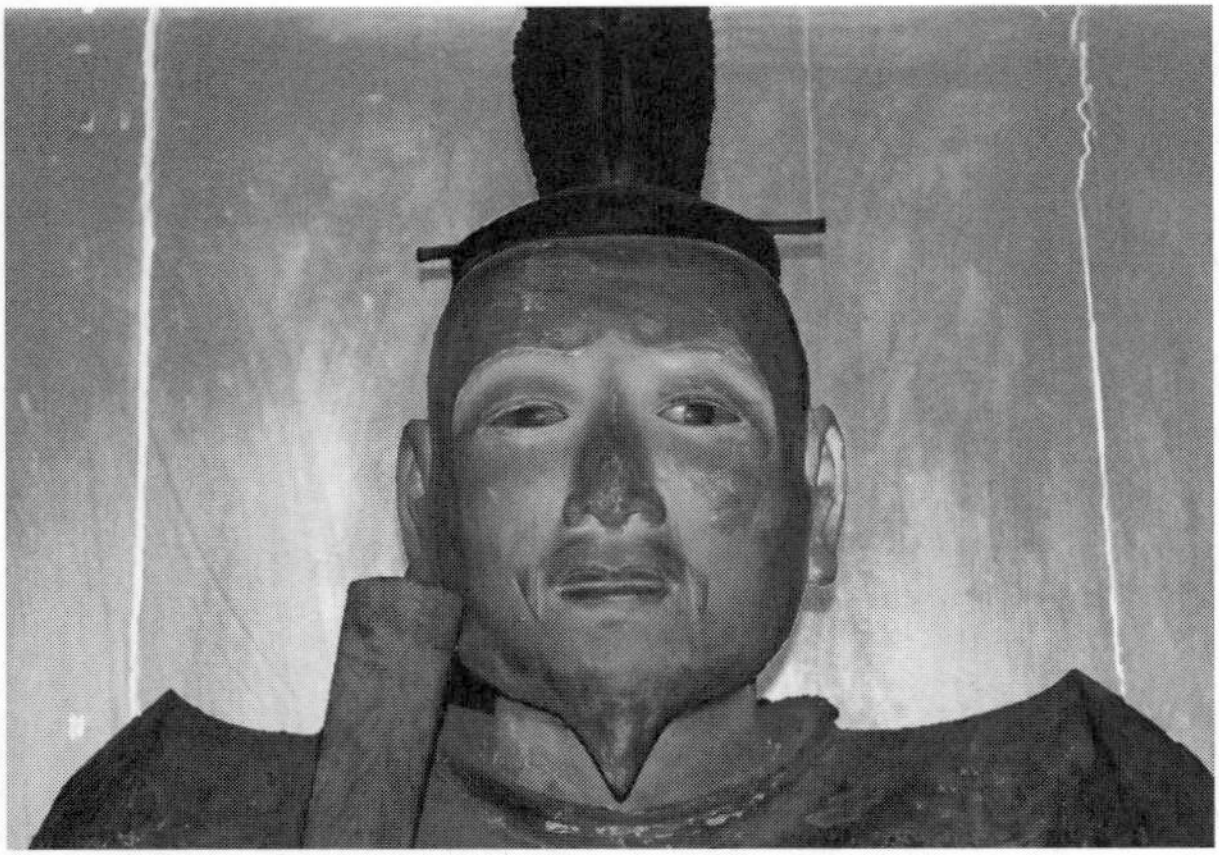

図７　廷臣姿（束帯着用）の足利義満像（京都府鹿王院所蔵）

大名らが結束して頼之の罷免を義満に迫り、義満が折れた。康暦の政変である。二二歳になっていた義満は頼之の失脚を機に、後見人がいらない真の将軍として振る舞い始める。

実は彼は、二、三年前から自立し始め、頼之の後見を脱して本性を現し始めていた。康安《こうあん》元年（一三六一）、南朝（直義派）が京都を襲って義詮が没落した時、四歳だった義満は播磨に避難した。現地の景色を気に入った義満は、従者に「この土地を京都へ持って帰れ」と命じ、その君主気質の発想に周囲は驚いたという。[11]四歳にしてこれなので、成長した義満は、武士はもちろん、誰もが将軍に従順であるべきと信じた。一般書ということで軽薄な表現が許されるなら、義満を貫くのは〝俺様キャラ〟であり、国民的漫画『ドラえもん』のガキ大将ジャイアンの名言、「お前の物は俺の物、俺の物も俺の物」を地で行く支配欲を見せた。

無益な戦争を続ける南朝も、簡単に将軍に反抗したり結束して将軍に我執を押し通す大名も、自分を制約する者はいつか必ず消えるべきだ。義満は生涯、そう信じ続けた。

†南北朝内乱が解決できない理由——利用し合う大名と南朝

義満は康暦の政変の前年の永和《えいわ》四年（一三七八）から、朝廷の掌握に乗り出した。明徳《めいとく》の乱に勝って幕府を完全に掌握した明徳二年（一三九一）より、一三年も前だ。つまり、常識的な印象と裏腹に、彼は朝廷の支配を完成させてから、幕府の支配を完成させたのだ。

なぜ、そうなるのか。朝廷の権威を借りて諸大名を屈服させようとした、という考え方は成り立たない。当時の記録を見る限り、大名や武士が、朝廷自体や高位高官の権威に畏《おそ》れを感じ、自分の利害を犠牲にして膝を屈するような真似は、絶対にしない。諸大名にとって、義満が朝廷の支配者になることは、別世界の、どうでもよい出来事だった。

疑問はまだある。朝廷を支配するなら、南北朝を統一してから支配するのが合理的ではないか。なぜ彼は、幕府の支配を仕上げる前に朝廷の支配に乗り出し、しかも北朝という朝廷の片割れを支配したのか。北朝支配→明徳の乱→南北朝合一という順の出来事を一連の作業と考えた場合、現状では、次のように考えるのがベストであるように思える。義満は、南北朝の内乱の本質的な問題に、気づいたのではないか、と。

内乱を四〇年以上も長引かせた、最大の原因は何か。それは大名の自立性と、南朝との結合だ。将軍と大名の利害が対立すると、大名は、「何なら南朝に荷担して反乱を起こし、びびらせてやるか」と安易に考える。南朝といえども天皇には違いなく、北朝の天皇を担ぐ幕府と戦う大義名分としては、十分だ。大名の自立性という病巣は、幕府の創り方自体に関わる問題なので根治できないが、南朝を消すことはできる。義満は、幕府を真に将軍の手に回収するためにこそ、南朝を始末すべきだ、と気づいた可能性が高い。

とはいえ、嶮岨《けんそ》な大和の山岳地帯でしぶとく抵抗する南朝を、武力で根絶するのは現実的でない。現に、細川頼之が攻撃を試みたが失敗した。逆に、南朝の攻勢に押され、できれば頼りたくない山名氏を投入してようやく阻止し、畿内・紀伊半島に山名氏の拠点を作らせてしまった。武力討伐が無理なら、南朝を消すには講和しかない。しかしその講和も、何度試みても失敗した。義満はその原因に気づいた。問題は、身分制社会の桎梏《しっこく》だった。

†将軍義満が北朝代表となる——南北朝合一が可能な唯一の妙手

実態がどうあれ、身分上は天皇が上位、将軍が下位にある。したがって、天皇と将軍の和解は形式上、〈天皇が将軍を許してやる〉形でしか成立しない。実際、南朝は幕府の降参を許すという姿勢で臨んだ。すると幕府は怒って蹴る。軍事的に優勢なのは幕府であり、和平交渉も幕府が手をさしのべたものなのだから。これでは、南北は永遠に講和できない。

義満は、問題の核心に気づいたのではないか。〈朝廷と幕府の和平〉だから成立しない、ということに。かつては南朝にも後醍醐や北畠親房《きたばたけちかふさ》のような妥協を認めない人々がいたが、彼らは早い段階で死去し、退場した。むしろ今では、楠木正儀《まさのり》（正成の子）や凞成親王《ひろふさ》（後醍醐の孫、後の後亀山《ごかめやま》天皇）のような、幕府との融和を積極的に探る現実派が台頭し、正儀に至っては応安《おうあん》二年（一三六九）に北朝に帰順したほどだ。この状況なら、体面の問題をクリアできれば、内乱は終わる。そのためには、〈幕府と朝廷の和平〉ではなく、〈朝廷と朝廷の和平〉にして、双方が体面を保てる対等な講和に持ち込むしかない。

とはいえ、現状のまま強行しても無意味だ。南朝は幕府と戦争をしており、北朝と幕府は別組織なので、結局は〈幕府と南朝の和平〉が必要になる。そちらは右に述べた理由で必ず決裂するから、連動して〈北朝と南朝の和平〉も必ず決裂する。それをどう避けるか。

ここに、一つの答えが論理的必然として導かれる。幕府と北朝を融合して一つにしてしまえば和平も一つで済む、と。ただ、職制や組織の構造が根本的に違う両者を融合させるためには、朝廷・幕府の職制をすり合わせて作り直さねばならず、膨大な手間がかかる。

もちろん、南朝のように幕府を解体して天皇が個別に武士を駆使するのは論外である。

とすると、可能な手は一つだ。北朝も幕府も温存し、義満が将軍であるまま、朝廷の一員となり、朝廷の主導者となるのである。義満が、幕府代表と朝廷代表という二つの顔を持つ。それなら、義満という一点（だけ）を介して、朝廷と幕府は従来の形を保ったまま結合し、一つの大組織の二大部局という形になれる。そして義満が北朝を代表して南朝と講和する。これが義満の、全く独創的な、南北朝講和を可能にする唯一の妙手だった。

かくして、南朝との講和に必要な絶対条件が二つに絞り込まれた。一つは、まず北朝を掌握し、南朝と対等講和できる形式を整えること。もう一つは、南朝に味方する大名の力を削り取り、南朝が独立路線を諦めるよう導くことである。

では、どこから着手すべきか。諸大名の顔ぶれを見渡すと、斯波氏は高経の没後を息子の義将が継いだが、高経ほど反抗的ではない。細川頼之は諸大名に伍《ご》する器でなく、しかも幕府に従順だ。畠山・仁木・一色《いっしき》などは、分国が少ないか分散していて有力とはいえない。赤松や佐々木も同様で、しかも尊氏・義詮期を通じて将軍に忠実だった。大内は周防・長門を掌握して有力だが現地を離れず、京都の政界に姿を見せない。伊勢《いせ》・美濃《みの》・尾張《おわり》の連続した三ヵ国を広域に押さえてかなり有力な土岐《とき》氏も、一貫して将軍に従順だった。

その中で、山名だけが浮いていた。山陰・山陽・畿内・南海（紀伊）の一〇ヶ国に及ぶ要地を押さえる、別格の超有力大名だ。山名だけが飛び抜けて力を持ちすぎ、しかも南朝に味方した前科がある。これをいつか解体して、将軍と山名の、そして諸大名と山名のパワーバランスを是正すべきことは明らかだ。しかし、南朝に幕府軍が押され気味だった当時、唯一それに対処可能な山名氏を解体すると幕府が危ない。しかも、山名氏は強大で根が反抗的なだけに、正攻法は論外で、同族争いなどの機会を待ってそれに乗じるべきだ。

かくして、諸大名の完全掌握は当分先になる。しかし、御輿《みこし》である北朝の掌握なら今すぐ始められ、速やかに完遂できる。永和四年(一三七八)の三月下旬、義満は権大納言《ごんのだいなごん》に任じられた。祖父尊氏・父義詮と同じだが、任官の年齢は、尊氏の三〇歳、義詮の三四歳に対して、義満は二一歳と抜群に若い。それは、この任官が単なる先祖の踏襲ではなく、義満の積極的な意思だったことを示している。続く経緯から見て、その目的は明らかに、朝廷の一員となり支配することだ。義満が北朝の代表者となる計画が、始動したのである。

†真の廷臣だとアピールできる拝賀儀礼への着目

歴史的に、朝廷の代表者には天皇・院・摂関などがあるが、すべて特定の血筋が必要なので、義満が目指すべきはそれ以外の廷臣の頂点、つまり太政官《だいじょうかん》(官僚機構)の長である左大臣《さだいじん》に絞られる。朝廷は、鎌倉時代以来、幕府が要求するままに位階・官職を与えるので、昇進は簡単に実現した。義満は権大納言となった三年後の永徳元年《えいとく》（一三八一）には、先祖を超えて内大臣《ないだいじん》となり、翌永徳二年には右大臣《うだいじん》を飛ばして左大臣に到達する。さらに、関白の職権（天皇が決裁する文書を事前に受け取って一覧する権限）を関白でない者に与える「内覧《ないらん》」という待遇があり、それも獲得した（家永遵嗣−二〇一三）。左大臣・内覧は往年の摂関政治の雄・藤原道長《みちなが》と同じ地位で、形式上はこれで朝廷の政務を掌握できる。

こうして肩書は簡単に揃うが、それだけでは父や祖父と変わらない。父や祖父は、権大納言になっても決して朝廷の一員ではなかった。参議《さんぎ》だった時の義満もそうだ。自分が北朝を代表して講和するには、朝廷で活動し、名実ともに朝廷の代表者となる必要があった。

では、義満が真に廷臣の一員となったと、どうすればアピールできるか。もちろん、実際に権大納言や大臣として朝廷に勤務すべきだ。しかし、それは日常的に積み上げてゆく作業で、数ヶ月〜年単位の時間を要する。しかも、内裏で朝廷行事に義満が参加する姿を、目撃できる人は少ない。もっとすぐに実現できて、しかも天下万民に周知できる、即効性のアピール手段はないか。義満や周囲の廷臣は、その条件を満たす恰好《かっこう》の儀礼が一つあることに、すぐに気づいたに違いない。拝賀《はいが》という、任官の御礼参りである。

拝賀は任官の直後に行うので、すぐ実現できる。しかも拝賀は、朝廷で実際に勤務する人だけが行うのが大原則だ。したがって、見る人は「義満は本物の廷臣として勤務するつもりだ」と了解できる。さらに拝賀は、京都の市街地を華美な大行列で行進する儀礼なので、万民に可視的に周知できる。義満の目的を過不足なく満たす、絶好の儀礼だった。

†鎌倉幕府将軍の拝賀をアレンジ

長い歴史上、官職ごとに拝賀の蓄積は山ほどあり、形式は固定化していた。時代や家ごとに若干の差異はあるが、父・祖父など直近の祖先のやり方をコピーし、細部を状況次第でアレンジすればよい。しかし、祖父尊氏も父義詮も、拝賀を行った実績がなかった。

正確には、尊氏が建武元年（一三三四）に参議の拝賀を行ったと伝える記録があるが、それは「毎事、物狂《ものぐるい》の沙汰《さた》（一つの政策も正気でない）」と北朝で非難された後醍醐天皇の建武政権での出来事であり、先例として参照しがたい。しかも、尊氏の参議拝賀について貞治二年（一三六三）に問い合わせを受けた中原師茂《もろもち》という廷臣は、「所見無《しょけんな》く候《そうろう》（記録に見あたりません）」と答えている。(12) 太政官の行政文書の発行・記録を司る外記《げき》だった彼がそういうなら、北朝のどこにも記録はなかっただろう（建武政権の後身である南朝には、あったかもしれない）。

となると、直近の祖先のコピーはできない。しかも、かつて鎌倉幕府の将軍たちが何度か拝賀した実績があり、それらの先例を超える必要がある。鎌倉幕府の将軍が行った拝賀の規模は、いずれも通常より巨大だった。それを下回る規模では、義満の権威が往年の鎌倉幕府将軍を下回ると表明するに等しい。先例を意に介さない義満も、先例を下回ることを避けざるを得ない、という意味では先例に拘束されていたのだ。かくして義満の拝賀は、鎌倉幕府将軍の往年の拝賀をベースに、それと同等以上の規模に仕上げる、という基本路線になる。将軍として拝賀するなら、武士を随行させられ、幕府の長としていくらでも大規模に動員できる（かつて、源実朝《さねとも》は右大臣拝賀で一千騎の武士を引率した）。

†〝武士が主役の新時代の創造者〟と右大将拝賀

鎌倉幕府で拝賀を行った将軍は、源頼朝・源実朝・藤原頼経《よりつね》の三人だけだ。このうち、実朝の拝賀は鎌倉で行われ、しかも拝賀の最中に殺されてしまった凶例《きようれい》（不吉な先例）なので、手本としては論外だった。頼経は京都で盛大な拝賀を行ったが、彼はあくまで執権政治の御輿にすぎず、そもそも彼自身が武士ではなく（摂関家出身）、晩年は謀反の疑いで失脚した凶例だ。となると、自分と同じ源氏で、傀儡でない真の武士の長であり、しかも京都で拝賀を行い、そして不幸な最期を迎えていない頼朝を手本とするのが最適だった。

頼朝が京都で行った拝賀は、単なる権大納言の拝賀ではなかった。それは右大将《うだいしよう》（右近《うこん》衛大将《えのたいしよう》）を兼任した権大納言の拝賀で、「右大将の拝賀」と回顧されるほど、右大将だったことに重点が置かれていた。そのことは、拝賀行列の形態に直接影響した。大将ならではの従者を、随行させる必要があるからだ。義満が単なる権大納言として拝賀すると、その大将特有の従者は省略される。すると行列の規模が頼朝より小さくなってしまう。

しかも、かつて右大将になった将軍は頼朝だけで、右大将は頼朝の代名詞だった。頼朝は、史上初めて武士の政権を作り、その長に〝日本国や朝廷の守護者〟という存在意義を与え、「幕府あっての我々だ」と朝廷や万民の認識を書き換えた、掛け値なしの新時代の創造者だ。その偉大な功績は後世、「右大将家《うだいしょうけ》」という頼朝の呼び名と、「右大将家の御《おん》時《とき》」という頼朝時代の呼び名で回顧された。その「右大将」という燦然《さんぜん》たるラベルを義満も帯びれば、手っ取り早く〝武士が主役の新時代の創造者〟という印象をまとえる。

義満が権大納言になったのは永和四年（一三七八）三月下旬、右大将になったのは八月下旬で、その間に五ヶ月のラグがある（頼朝も半月のラグがあった）。この五ヶ月の間の四月中旬に、花山院《かさのい》兼定《かねさだ》が右大将から左大将《さだいしょう》に進み、空いた右大将に徳大寺《とくだいじ》実時《さねとき》が就任している[13]。その兼定は、わずか三ヶ月後の七月三〇日に四二歳で没した。彼は長らく病んでいたので、恐らく、寿命を迎える前に左大将に昇っておきたいと頑張り、周囲も理解を示したのだろう。そのような、末期の病人の官職就任は、家格を次世代に維持するために、就任した事実を残すためだけに行われるので、すぐに（辞任か病没の形で）終わる。その時は、右大将の徳大寺実時が左大将に昇る。つまり、右大将の地位もすぐに空く。そう見込んだ義満は、すぐに済むと考え、兼定の短期間の左大将就任を優先し、ポストが空くのを待っていたのだろう。

†二条良基の支援で摂家と同等に

永和四年(一三七八)八月二七日、義満は右大将に就任した。わずか一四日後の九月一一日に、義満が家礼《けらい》(従者)の三条西公時《さんじようにしきんとき》を通じて、近衛道嗣《このえみちつぎ》から近衛家伝来の「建久右幕下拝賀記《けんきゆううばつかはいがき》(頼朝の右大将拝賀の記録)」を借用している。(14) 義満は拝賀の準備に急であり、この段階から頼朝を模倣する方針が明らかだ(高橋典幸-二〇〇五)。

拝賀の準備は、義満個人の事業ではなかった。徳大寺実時は「武家の拝賀の扶持《ふち》の事、方々競望《きようもう》(義満の拝賀の支援者に指名されるよう、人々が競って望んでいる)」と証言している。「誠《まこと》に今世《こんせ》にて名利相兼《みようりあいか》ぬるべく候か(今の世で、正真正銘、名誉と実利を兼ねる仕事といえるだろう)」ともいわれたように、彼らの動機は、将軍の大行事に貢献した名誉と、対価としての実利(昇進や所領獲得)だった。実時自身も、「『頼朝卿幕下拝賀記《ばつかはいがき》』を方々に探し求めたが、なかなか見かけない」と述べ、協力的に動いている。(15) 拝賀の準備は、朝廷挙げての課題になった。

廷臣の支援は必須だった。頼朝の拝賀は一六八年も前で、詳細を知る人はなく、記録を発掘し、読み解き、取捨選択して義満に提案する知識人が要る。しかも、義満はまだ廷臣としての振る舞い方を知らない。それを詳細に助言し、手取り足取り所作を指導し、義満が望む形に儀礼を仕上げる故実家《こじつか》（儀礼のマニュアルと先例に詳しい人）が必須だった。

競合者を押しのけてその立場に立ったのは、前摂政の二条良基《にじようよしもと》である。一ヶ月後の一〇月以降、義満は良基から拝賀の作法の指導を、継続的に受け始める。[16] 拝賀の作法は身分ごとに異なるが、摂家（摂政・関白に就任できる家）の二条家が伝授する以上、それは摂家の作法であり、したがって義満はこの段階で、将軍家の家格を摂家と同等に扱わせる方針を固めたと考えられている（家永遵嗣―一九九五a）。それを裏づける証言も複数ある。

義満の猶子《ゆうし》（養育関係にない義理の子）で、後に義持《よしもち》・義教《よしのり》兄弟のブレインになった三宝院満済《さんぽういんまんさい》は、義満の右大将拝賀を皮切りに、将軍家が朝廷出仕の作法・格式を「毎事、摂家の儀を移され（すべて摂家の様式をコピーし）」たと回顧している。また義教の晩年以降に伝奏《てんそう》（朝幕の調整役）として活躍した万里小路時房《までのこうじときふさ》も、「鹿苑院殿《ろくおんいんどの》の大将の御拝賀已来《ごはいがいらい》、摂家に准《なずら》えらる（義満の右大将拝賀から将軍家は摂家に準じて扱われた）」と証言している。[17]

†五摂家に課された協力体制

摂家と同等の格式を満たすため、義満は行列の随行者を熱心に調達した。近衛大将には、近衛府の下級武官を「随身《ずいじん》」という専属の護衛として随行させる特権があり、拝賀でも随行させせた。その随身を今回の拝賀で勤めたいという希望者が多数あり、一〇名を選抜する「課試《かし》（採用試験）」を、同じ一〇月の下旬に義満自ら行った。(18)

また、「番頭《ばんとう》」という、摂関家に勤める雑色《ぞうしき》（雑用係）を行列に随行させることになった。翌一一月、義満はそれを五摂家《ごせっけ》（摂政・関白を出せる五つの家）の二条良基・九条忠基《くじょうただもと》から二人ずつ借り、さらに近衛道嗣には、近衛家に「器用（適任）の番頭」が多いと評判なので、四人を自分の「家礼《けらい》」にさせて仕えさせたい、と申し入れた。義満は、今後の将軍家が摂家と同等に朝廷で奉仕するために、番頭を常備する必要性に気づき、既存の摂家から優秀な者をヘッドハントして吸収したのである。近衛家は優秀なスタッフを取られるので、道嗣は「未曾有の事」と内心批判しつつも、快諾しておけば得るものが大きい。

二日後、二条家・九条家から、「うちの番頭たちは「譜代の器用（世襲で専門能力が高い適任者）」でないので、拝賀の随行は難しい」と申し出があり、結局近衛家がその分も肩代わりして、八人全員を提供した。作法を心得ない未熟者が行列に参加すると、行列全体の威厳が台なしになる。そうなると、未熟者を提供した二条家・九条家が義満の怒りを買いそうなので、事前にリスクを避けたのだろう。

さらに同じ頃、幕府の拝賀惣奉行《そうぶぎょう》（拝賀の事務方トップ）の摂津能直《つよしなお》を通じて、義満が近衛道嗣に、「下毛野武音《しもつけぬのたけね》を提供してくれ」と打診してきた。下毛野《しもつけぬ》氏は近衛府の下級武官・随身を世襲し、武音は個人的に近衛家に仕えていた。道嗣は二つ返事で了承し、京都南郊の調子荘《ずしのしょう》に住んでいた武音を呼び出した。義満は、数日前に自ら選抜した随身の器（容貌・所作・技能などの総合力）が、要求水準に届いていないと判断して、優秀と評判の武音をスカウトし、レベルの底上げを図ったのである。近衛府にはかつて、地方豪族から供給されて末端で働く、「近衛」という舎人《とねり》（雑用係）がいた。それを現場で率いる「番長《ばんちょう》」は、近衛が平安時代に形骸化しても名誉ある肩書として残った。義満は一本釣りした武音に、拝賀で番長を勤めるよう命じた。

†義満の廷臣活動を支援・正当化する元老・二条良基

こうして拝賀行列の準備が一段落した一一月下旬、義満は自宅で二条良基・西園寺《さいおんじ》実俊《さねとし》と「会合」(19)した。最終調整のためだろう。西園寺家は、鎌倉時代前半から幕府との交渉窓口を勤める「関東申次《もうしつぎ》」を世襲し、実俊も室町幕府との連絡役だった。もっとも、それは朝廷と幕府が別組織だからこそ必要なポストなので、朝廷と幕府が融合した段階で不要となり、実俊を最後に消滅してしまう。この会合は、まさにその段階を始める儀礼のための会合で、そこに実俊が参加しているのは皮肉というしかない。

西園寺実俊が役割を終える一方、朝廷の一員となる義満の、最大のブレインとして脚光を浴び始めたのが、同じ会合にいた二条良基である。先に述べた拝賀の随行者の選定も、すべて裏で良基が助言・指導していたことを近衛道嗣は見抜き、日記の端々に書いている。

良基の立場を端的に表すのは、「大樹《たいじゅ》を扶持《ふち》するの人」という言葉だ。(20)「大樹」は将軍、「扶持」は支援である。その実態は枚挙に遑《いとま》がないが、三年後の義満の内大臣就任で、「准《じゅ》后《ごう》(良基)、毎事口入《くにゅう》せらる」といわれたのがわかりやすい。(21)「口入」は口出しだが、もちろん、義満が求めた限りでの口出しであって、彼を朝廷のルール・仕来《しきた》りに従わせるためではなかった。

むしろ事実は逆だ。義満はしばしば、朝廷の先例や仕来りを逸脱し、自分の好みを押し通した。例えば、良基が開催した連歌《れんが》(五七五・七七と、句ごとに違う人が言葉をつないで長い歌を作る遊芸)の会に、義満が常識外れの服装で参加した時、世間は「彼《か》の所存に相《あい》叶《かな》はんが為《ため》、准后、相計《あいはか》らはるか(義満の希望に沿うように良基が取り計ったか)」と推測した。(22)良基は朝廷最大の教養人で、彼の知識は、朝廷の儀礼・故実はもちろん、連歌という新興の芸能を盛り上げ、『連歌（応安《おうあん》）新式《しんしき》』というマニュアルを作り上げてしまうほどだった。その彼が、「義満の希望に沿うように取りはからった」というのが重要だ。朝廷の元老にして希代の教養人の良基が、義満に「希望通り振る舞って大丈夫」と保証し、必要最小限の助言と改変を加えることで、義満の行動は朝廷で正当化され、それを受け入れる世論が形成されたのである。

義満の先例逸脱は、朝廷では例外として処理された。永徳四年（一三八四）、義満は准《じゅ》后《ごう》（准三宮《じゅさんぐう》）という待遇を得た。准后は、性別に関係なく皇后相当の待遇を与える栄誉だ。当時義満は左大臣で、左大臣が准后になった先例はないが、「武家のことは先例と合わなくても問題にしないので仕方ない」と廷臣たちは受け入れた。そして、彼らはそこに逃げ道を用意した。「後例《こうれい》と為《な》すべからず」、つまり義満が何を朝廷で成し遂げようとも、それらは将来、先例として考慮されない、と考えたのだ(23)。先例との整合性を問われないとは、先例がものをいう世界とは切り離すということなので、当然そうなる、と。朝廷は、義満をすべて例外処理することで、「朝廷の秩序は壊れていない」と見なすことにした。もっとも、義満やその子孫は力を背景に振る舞いを決めるので、そんな論理はすぐに消し飛び、義満の子孫たちは義満の先例を熱心に踏襲した。

一方、良基は先例の問題を都合よく処理し、義満のブレイン筆頭の地位を勝ち得た。同時代を生きた三条実冬《さんじようさねふゆ》という廷臣は、義満を「良基公の弟子」と明言する。[24]「弟子」とは「公事《くじ》弟子」のことで、公事、つまり朝廷行事の知識や所作を学ぶ者をいう。義満は、必要と割り切って良基の公事弟子になり、朝廷行事について疑問があれば逐一相談し、必要と認めた知識や所作は熱心に勉強して、本職の廷臣顔負けの能力を手に入れてゆく。

†南朝の反乱と幕府の内紛で中断される準備

こうした体制で右大将拝賀の準備は順調に進んだが、想定外の邪魔が入った。南朝の挙兵である。ちょうど義満が、番頭・番長の調達に取り組んでいた一一月上旬、楠木正成の一族の橋本正督《まさたか》が紀伊で挙兵し、管領細川頼之の養子（実弟）頼元《よりもと》をはじめとする追討軍が派遣された。南朝軍は同月中旬には撤退し、その報が京都に届いた翌日、「拝賀は来年の秋に延期する」と発表された。[25] 拝賀をこれ以上邪魔させないため、南朝の反乱を完全制圧する時間を設けたのである。

興味深いことに、その数日後に、義満は右大将になって初めて参内（内裏に参上）した。[26] 拝賀とは、御礼参りの形を取った初出仕であり、拝賀以前に出仕するのは、常識的には完全な誤りで、それをしては拝賀の意味がなくなる。しかし、延期された拝賀までの数ヶ月間、参内せずに廷臣活動を行うことは不可能と判断され、常識は簡単に壊された。これは、義満の拝賀がもはや通常の廷臣の拝賀を逸脱して、完全に義満の都合に合わせてアレンジされた新種の行事だと、宣言したに等しい。

しかし、南朝軍の制圧は頓挫していた。一二月中旬、頼之の一族で、紀伊守護に登用された細川業秀《なりひで》が敗れ、大阪湾対岸の淡路に没落してしまったのだ。義満は怒り、自ら総大将として出陣し、京都南端の東寺に本陣を置いた。(27) 年が明けて永和五年（一三七九）にも争乱は終わらず、紀伊守護に起用された山名義理《よしまさ》が、正月下旬から二月中旬にかけて、ようやく南朝軍の城を相次いで落とした。(28)

紀伊の反乱は終わったが、全く並行して、大和で十市遠康《とおちとおやす》という豪族が興福寺を攻撃した。紀伊平定の翌日の二月一二日、義満は斯波義将らに出陣を命じた。ところが、八日後の二〇日に、諸将は京都を目指して戻り始め、騒動になった。斯波義将ら諸将が管領細川頼之を退治しようと企て、頼之が本拠地四国に没落しようとして、義満が押し留めたという。(29) 翌日も騒然とし、万一に備えて後円融《ごえんゆう》天皇の避難が準備された。(30) そして翌日突然に、出征先の大和から京都へ進軍中の土岐頼康《ときよりやす》を「陰謀の企て」の罪で討伐する、と義満が布告し、斯波義将と土岐頼康は上洛の途上で没落した。近江に逃れた義将は、再度京都に突入して頼之を討とうとした。(31) 四日後の二七日、義満は土岐頼康に加えて京極高秀《きょうごくたかひで》（佐々木導誉の子）の征伐も布告した。赤松義則《よしのり》が討伐に派遣されたが、戦闘にはならず、二日後に帰還した。その九日後の三月七日、京極高秀と対立していた同族の六角《ろっかく》（佐々木）満高《みつたか》が近江で高秀を攻めて没落させたが、そこで争乱は終わった。

康暦の政変後も続く拝賀準備

事態は錯綜しているが、実は単純だ。斯波義将・土岐頼康・京極高秀らが細川頼之を憎んで討とうとし、それに乗じて六角満高が同族争いを始め、頼之が怯《ひる》んで引退を決意し、中立的な赤松義則が両軍を仲立ちしたのである。頼之による紀伊・大和討伐軍の動員に、諸大名はよほど不満を抱いたのだろう。半月後の三月一八日、義満が書面で頼之を慰留し、土岐頼康の討伐命令も撤回して、騒動は終息した(32)。

そして四日後の二二日、義満は朝廷に申請して康暦《こうりゃく》と改元させた。改元は前年からの義満の希望だった(33)。改元は、人為的に時代を切り替えて人心を一新する行為だ。それが戦乱終結の直後になされ、本来なら拝賀と同じ年になされる予定だったのなら、義満の右大将拝賀は〝義満のもとに日本が統一される新時代〟の到来の宣言だったことになる。

四日後の二六日、土岐頼康が「上洛して謝罪する」と連絡して赦免されたが、義満は、京極高秀の討伐を続けると布告した。争乱が再燃するかに見えたが、半月後の四月中旬、二条良基の取りなしで、京極討伐は撤回された(34)。翌月の閏四月一三日に京極高秀も京都に入り、今度こそ争乱は終わったはずだった。

ところが翌四月一四日、在京中の大名が数万騎の軍勢で義満の家を包囲し、頼之の罷免を義満に強要した。こうなると義満は折れざるを得ず、頼之に京都退去を命じた。頼之は管領を辞め、出家して本拠地の四国へ没落した。そして半月後の二八日、斯波義将が執事(管領)になり、事態が決着した。康暦の政変である。

これは、団結した諸大名の世論の前に将軍がいかに無力かを、万人に思い知らせた大事件だった。軍勢で将軍を包囲した諸大名は処罰されず、むしろ主犯格の斯波義将は幕府の管領にのし上がった。義満には、彼らに罰を強いる独自の武力がないからだ。しかも、反乱した大名の討伐命令を出しても、諸大名が取りなせば将軍は撤回するしかなかった。これでは、反逆の重さも、討伐命令の重さもないに等しい、父や祖父の時期と同じだ。

将軍の家を包囲する御所巻《ごしょまき》で執政の罷免を強要するのは、かつて観応の擾乱《じょうらん》で、尊氏に直義の罷免を迫った高師直と同じ所行で、三〇年経っても、そこには何の進歩もなかった。この将軍と諸大名の関係を変えるためには、諸大名の力を削ぐしかなく、それには諸大名同士を離間させ、大名家の同族争いを助長し、解体するしかないと、義満は思い知った。約一〇年後、義満が同族争いに乗じて土岐・山名氏を弱らせた動機は、あまりに明白だ。

なお、奇妙にも、山名氏が康暦の政変に関わった形跡は一切ない。頼之政権のもとで紀伊・和泉の守護を獲得できた山名氏には、頼之政権の方が都合よく、さりとて斯波・土岐・京極ら有力大名と対立する気もなく、最強の武力を背景に、武装中立を貫いたのだろう。

この義満期最大の軍事クーデターから一ヶ月後の五月下旬、拝賀惣奉行の摂津能直が、近衛道嗣ら五摂家に、右大将拝賀に随行する前駈《ぜんく》（前衛）を二人ずつ提供するよう要請した。(35) あれだけの政変を経たのに、拝賀の準備は何事もなかったかのように継続していた。それは、義満の右大将拝賀とそれによって喧伝される〝義満主導の新時代の新秩序〟が、管領頼之ではなく義満自身の構想だった証拠である（家永遵嗣 - 一九九五b）。幕府側で拝賀の準備に現れるのは拝賀惣奉行の摂津能直だけで、管領が関与した形跡がない。

新管領の斯波義将も大名たちも、拝賀に反対も関与もしなかった。もはや右大将拝賀を妨げる政治的要因はない。政変から二ヶ月後の六月には、拝賀は実現する見込みだった。

第三章　室町第（花御所）と右大将拝賀——恐怖の廷臣総動員

ところが、予定の六月中旬になって、拝賀はまたも延期された。「花亭《かてい》」の主要な設備が未完成だったからだ。花亭は花御所《はなのごしょ》の別名で、義満の邸宅である。行列の出発を儀礼にした「出立《いでたち》」の儀を花御所で行うため、完成を待つ必要があった。(36)

†儒学・漢詩の世界観の「花亭」と西園寺家

花御所は、北小路《きたのこうじ》の北、室町小路の東にあったので、「室町殿《むろまちどの》」「室町第《てい》（亭）」「北小路亭」ともいう。北小路は一条大路の二筋北で、花御所の場所は今の京都御所のすぐ北西、同志社大学の敷地内にあたる。後に義満自身が「室町殿」と呼ばれるので、混乱を避けるため、邸宅の方は「室町第」とか「花御所」「花亭」などと呼ぶことにしよう。

花御所は、室町季顕《すえあき》という廷臣の家を、かつて義満の父義詮が購入したものだ。(37)それ以降の来歴は知られているが（川上貢－一九六七、百瀬今朝雄－一九八六）、この家が「花亭」と呼ばれた理由や、それと西園寺家との関係については、従来踏み込まれたことがないので、詳しく述べておきたい。

「花亭（華亭）」は本来、中国文学の言葉で、花の観賞のため風光明媚に造った庭園を持つ邸宅のことだ。唐代初期の類書《るいしょ》（古典の名文句集）である『芸文類聚《げいもんるいじゅう》』には、「華亭に鶴の鳴く」というフレーズが数ヶ所あり、漢文学の決まり文句だったことがわかる。そうした邸宅で漢詩を詠む風習が、日本に伝来した。漢詩は儒学者の技能で、「花亭」も儒学の世界観の常套句であり、日本では平安中期の儒学者三善清行《みよしのきよゆき》の家が「華亭」と呼ばれ（『伊呂波字類抄』）、菅原道真《みちざね》やその子孫も漢文学（詩・散文）でこの言葉を何度も使った。

「花亭（華亭）」の古い実例を探すと、詩歌の場ばかりで、特に漢詩を詠む場が圧倒的に多い。応和《おうわ》元年（九六一）に詩の会を開いた章明《のりあきら》親王（醍醐天皇の皇子）の家が「都《と》督大王《とくだいおう》（大宰帥《だざいのそち》である親王）の華亭」と呼ばれ、貞元《じょうげん》二年（九七七）には左大臣藤原頼忠《よりただ》の家で行われた歌合の記録が「左丞相花亭遊宴和歌序《さじょうしょうかていゆうえんわかじょ》」と題された（『本朝文粋』）。さらに古くは、貞観《じょうがん》六年（八六四）の春に太政大臣藤原良房《よしふさ》の「染殿《そめどの》の花亭」で、また右大臣藤原良相《よしみ》（良房の弟）の「百花亭《ひゃっかてい》」で清和天皇が「桜花」を観覧し、文人に詩を詠ませた記録がある（『三代実録』）。「花亭（華亭）」は天皇の花見場所となるほどの桜の名所であり、その情景を詩歌に詠ませることが、重要な存在意義の一つだったようだ。

その世界観を、なぜか西園寺公経《きんつね》が気に入った。公経は、鎌倉前期の朝廷の最高権力者である。妻が一条能保《いちじょうよしやす》という廷臣の娘で、能保の妻が源頼朝の妹だったため、公経も幕府と親密になった。同じ能保の娘を妻とした摂関家の九条道家《みちいえ》に、公経は娘の掄子《ろんし》を嫁がせ、摂関家とも密着した。掄子の息子三人（九条教実《のりざね》・二条良実《よしざね》・一条実経《さねつね》）は摂関となって三つの摂関家の祖となり、娘の竴子《しゅんし》は後堀河《ごほりかわ》天皇に嫁いで四条《しじょう》天皇を産んだ。また別の息子の頼経《よりつね》を公経は養育し、源氏将軍が断絶した幕府に将軍として押し込んだ。将軍の外祖父となった公経は絶大な権勢を誇り、一家は朝廷と幕府を媒介する関東申次《もうしつぎ》を世襲した。

その公経は、舅の一条能保から受け継いだ一条西殿《いちじょうにしどの》（一条の北、室町の西）という邸宅や、その少し東に新築した今出川殿《いまでがわどの》（一条の北、今出川〈烏丸小路の一条以北〉の西）という邸宅を「花亭」と呼んだ。南山城の宇治に近い槇島《まきしま》に建てた別荘も「花亭」と呼ばれている。

公経は、多数の和歌が勅撰和歌集に採用され、琵琶の演奏に秀で、牛馬の扱いに精通し、鷹狩《たかがり》の故実まで伝承した多才な人だが、儒学や詩を嗜《たしな》んだ形跡はない。ただ、勅撰和歌集の彼の歌は大部分が桜か花（春に花といえば桜）の歌で、小倉《おぐら》百人一首に採用された彼の歌も花（桜）の歌である。藤原定家《ていか》の義弟（妻の弟）として歌道に勤しんだ公経が桜をことのほか愛好し、和歌作りに活かすために庭を桜で満たして、いわば歌道のための「花亭」を生み出した可能性は、かなりありそうだ。

公経の子の実氏《さねうじ》は、父の花亭（今出川殿）を相続した上、別邸の冷泉富小路亭《れいぜいとみのこうじ》も「華亭」に仕立て、貞永《じようえい》元年（一二三二）七月にそれを見物した人が、「山の色、水の声、勝地《しようち》を孕《はら》むものなり（山紫水明の景勝地だ）」と賞賛している（『民経記』）。そして実氏は、さらに創意工夫を試みた。今出川の花亭の北（武者小路の北）に新築した邸宅を「菊亭《きくてい》」と名づけたのである。明らかに「花亭」の派生型で、菊の観賞に特化した庭があったのだろう。平安時代の長元《ちようげん》三年（一〇三〇）、菊花の季節の九月に「菊は花の第一たり（花は菊が最高）」という題で後一条《ごいちじよう》天皇が詩を詠ませたことがあり（『日本紀略』）、「花亭」を生んだ漢詩文の世界では、「花といえば桜より菊だ」という考え方があった。そこで、桜の「花亭」があるなら「菊亭」も必要だ、父が花亭を造ったなら自分は菊亭を造ろう、と実氏は考えたようだ。菊亭は実氏の曾孫兼季《かねすえ》と、その子孫の今出川家の本宅になり、戦国時代初期には今出川家の家名自体が「菊亭」家になる。

その菊亭の北（北小路の北）に、西園寺実氏の弟実藤《さねふじ》が邸宅を築き、公経の今出川殿から「花亭」の名を継承した。これが後の花御所になる。その家が室町小路沿いなので、実藤の子孫は室町家と名乗り、実藤の五代後の室町季顕が、足利義詮に「花亭」を売った。

†義詮の山荘、崇光の御所、義満の幕府移転

義詮の購入後、花亭は「今出川《いまでがわ》の山荘」「上《かみ》の山荘」「別業《べつごう》の室町第《てい》」といわれた。義詮は貞治二年（一三六三）に移徙《いし》の儀（転居宣言の儀礼）を行い、翌年に母の赤橋登子《なりこ》や光厳上皇の皇子義仁《よしひと》親王と花見をしている。登子は赤橋久時《ひさとき》（鎌倉幕府最後の執権守時《もりとき》の父）の娘で、姉妹の種子《たねこ》が正親町公蔭《おおぎまちきんかげ》という廷臣に嫁いで儲けた娘が義仁親王を産んだので、義仁も招かれたのだろう。貞治六年には、関白二条良基ら多数を招いて盛大に接待している。(38)

同年の一二月に義詮が没すると、その月のうちにすぐ、管領細川頼之はこれを崇光《すこう》上皇に進上した。(39) 幼少の義満が使う見込みがなく、伏見に逼塞《ひっそく》中だった崇光上皇に京都の御所を提供するためだろう。その邸宅は、崇光が住む以前は「花亭（華亭）」と呼ばれたが、崇光が住むと「花御所」と呼ばれるようになった。(40)「御所」は通常、摂関家以上の貴人の邸宅を指すので、居住者が上皇になって、名前も格上げされたのだ。

その後、崇光はまた去り、花亭は永和三年（一三七七）に焼失してしまう。その後、放置された花亭を義満がもらい受け、短期間に再建を進め、翌永和四年三月に移徙《いし》をした。「花亭」の名は、義満のものになっても引き継がれた。(41) 花亭を使い始めた時は、義満が摂関家と同等の家格を得た時なので、「花御所」の名も身分的に問題なく継承した。

鎌倉に入った直後に源頼朝が行った移徙がそうだったように、移徙は本拠地の移転を宣言する儀礼だ。義満が室町第（花亭）で移徙の儀を行ったことは、幕府が室町第に移転したことを意味する。義満はそれまでの三条坊門殿《さんじょうぼうもんどの》を完全に引き払い、機能を室町第に移した。室町幕府という名は、この時を境に、幕府の所在地が室町第になったことに由来する。

足利将軍家の「花御所」は、かつての西園寺家の邸宅の別名「花亭」と、西園寺家庶流の邸宅が何世代も受け継がれ、崇光上皇の住居になって「花御所」になる、という歴史の終着点だった。後に義満が重要な山荘を構えた「北山殿《きたやまどの》」も、西園寺家から譲られているから、「室町殿」「北山殿」の成立に西園寺家が果たした役割は、絶大といわねばならない。

†幕府の本拠地が京都に確定し廷臣活動のインフラに

花亭への移徙は、幕府の本拠地が京都に定まった画期だった。前からそうだろう、と思われるかもしれないが、そうではない。それまで幕府が本拠地を京都に定めたことはない。

室町幕府が京都にあったのは、ただの成り行きだ。直義が創った幕府の原型・建武鎌倉府は鎌倉にあったし、直義政権下で出された幕府の基本法典『建武式目《けんむしきもく》』は、幕府の本拠地を鎌倉と京都のどちらにするか、決めかねている。理念上は鎌倉に置きたいのに、現に京都にあり、しばらく動かせないからだ。室町幕府が京都にあった理由は、主に三つある。

まず、直義の鎌倉府が、後醍醐軍との激突を機に西へ攻め上り、後醍醐との決戦に勝利して京都を制圧したから。次に、朝敵にならないために北朝が必要で、北朝が京都を離れられない以上、京都で北朝を守るしかないから。最後に、京都南方の大和（吉野）から南朝が虎視《こし》眈々《たんたん》と京都回復を狙い続けているからだ。幕府が去れば京都は奪われ、北朝は消滅する（現に正平の一統でそうなった）。そうした事情から、幕府は京都を動けなかった。

尊氏・直義は、幕府の本拠地が鎌倉にあるべきと信じ続けた。観応の擾乱の最終局面で直義が鎌倉に逃れたのもそのためだし、その直義との決戦に勝利して鎌倉に入った尊氏が、二年近く居座ったのも、鎌倉にこそ将軍が本拠地を置くべきと信じたからだ。尊氏が京都に戻ったのは、義詮が南朝に京都を奪われたのを助けるためで、尊氏は鎌倉を出る時、実は「また帰ってくるつもりだ」と表明していた（桃崎有一郎-二〇一二）。それが戻らなかったのは、幕府の主力が東にあると南朝から京都を守れないと判断された結果にすぎない。その状況は南朝がある限り続くので、義満期まで幕府は消極的に京都に置かれ続けた。

義詮の没後に室町第を崇光上皇に進上した幕府は、室町第を一度は不要と考え、持て余したことになる。しかし、義満はこれを取り返して本拠地とした。つまり、それがなされた永和三～四年頃、幕府の主導者が管領頼之から義満に移行するまでに、室町第の価値が変わったのである。室町第の地理的な性質は変わらないから、変わったのは幕府側だ。

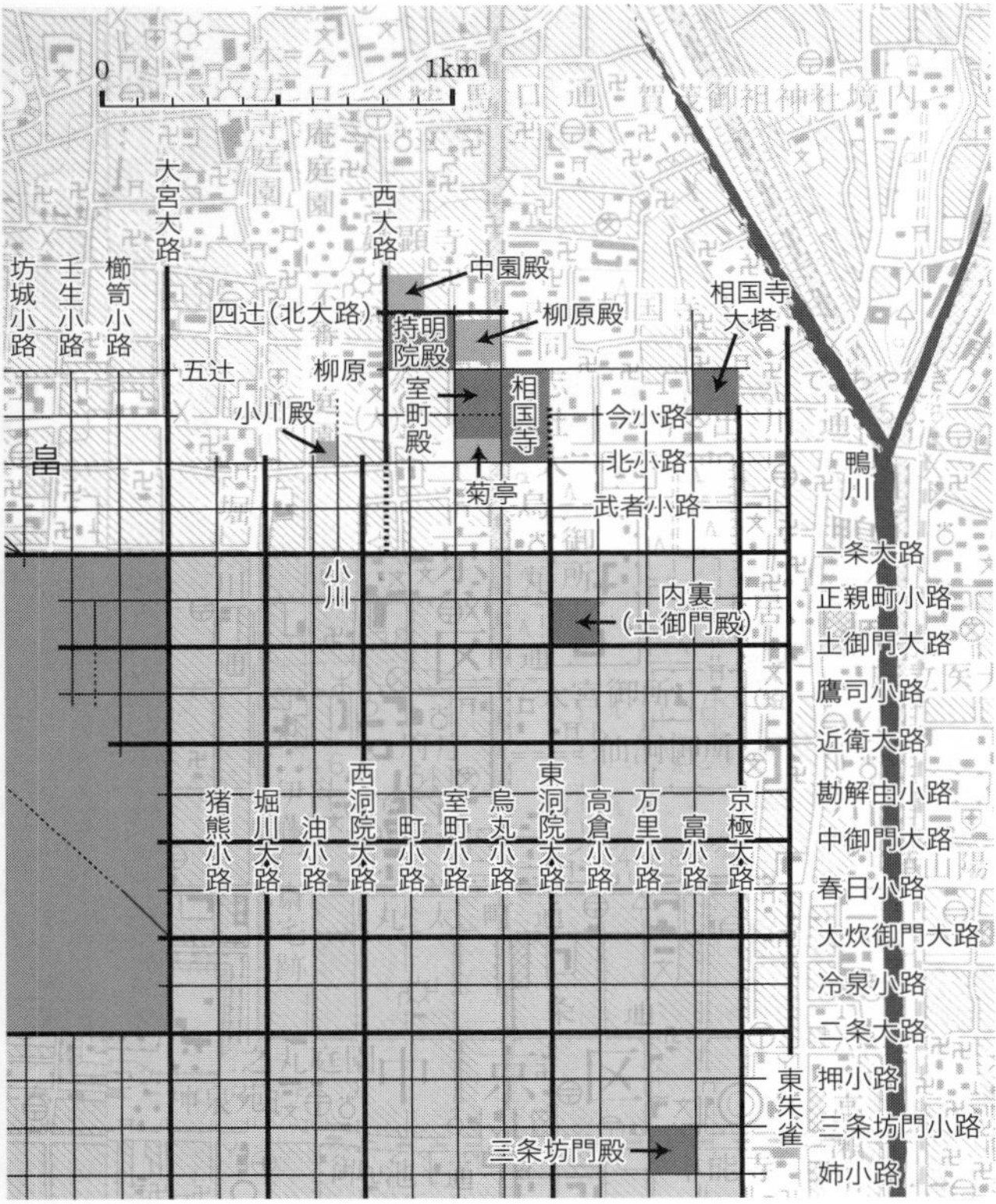
0
1km
大宮大路
西大路
坊城小路
壬生小路
櫛笥小路
中園殿
四辻（北大路）
柳原殿
持明院殿
相国寺大塔
五辻
柳原
室町殿
相国寺
今小路
小川殿
北小路
畠
菊亭
鴨川
武者小路
一条大路
小川
内裏（土御門殿）
正親町小路
土御門大路
鷹司小路
近衛大路
勘解由小路
猪熊小路
堀川大路
油小路
西洞院大路
町小路
室町小路
烏丸小路
東洞院大路
高倉小路
万里小路
富小路
京極大路
中御門大路
春日小路
大炊御門大路
冷泉小路
二条大路
押小路
東朱雀
三条坊門小路
三条坊門殿
姉小路

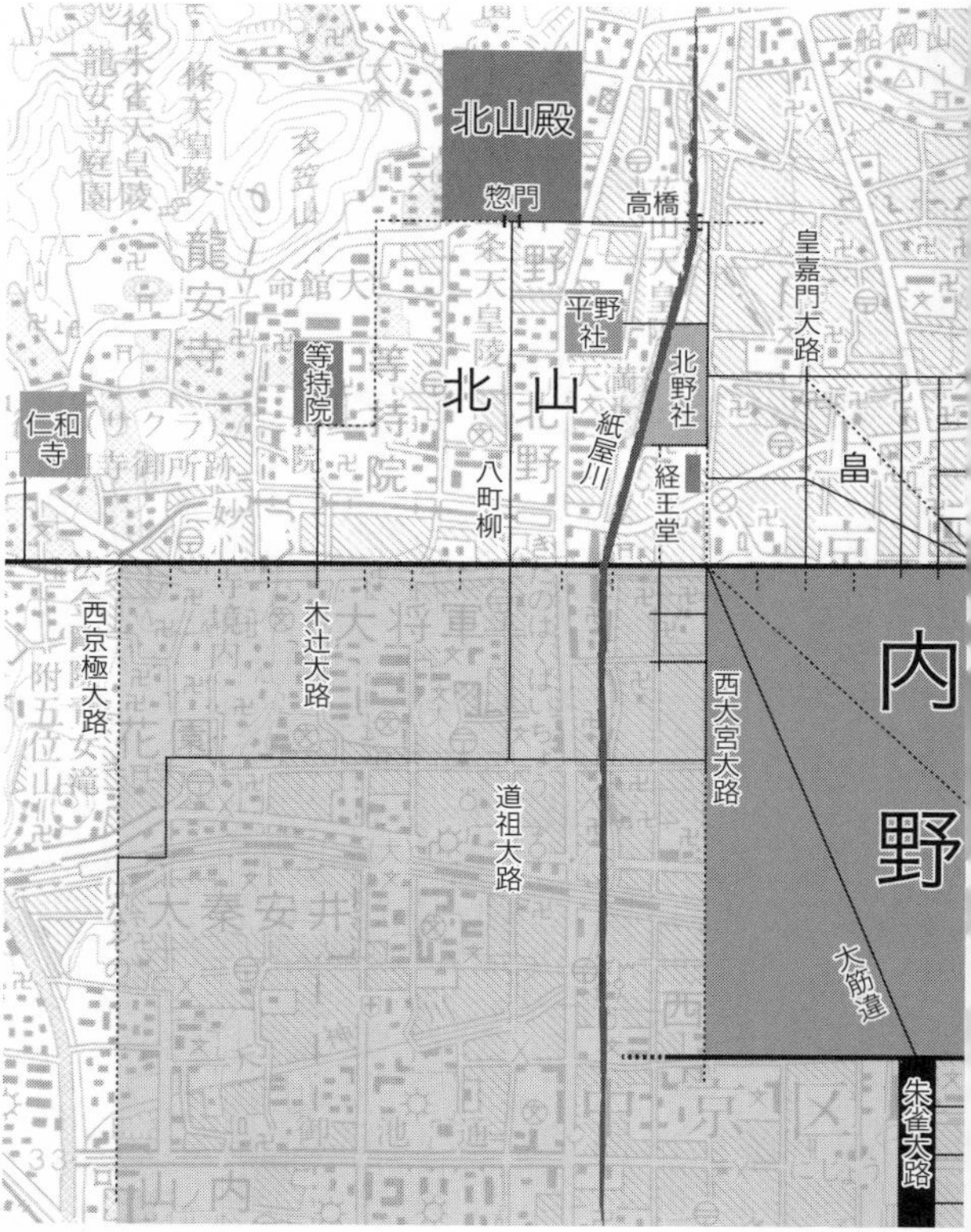

図８　室町殿（花御所）と関係各所の立地（下半分の大きな網かけは平安京の領域）

義満が室町第に移徙した永和四年三月一〇日は、権大納言就任のわずか一四日前で、明らかに連動している。義満の権大納言就任は、北朝の一員となるためだった。京都を離れて朝廷は存在し得ない。その朝廷と融合するなら、義満も京都以外に本拠地を置ける可能性はない。ここに初めて、積極的に京都に幕府を置く理由が生まれたのだった。

では、なぜそれが従来の三条坊門殿では駄目で、新しい室町第でなければならないのか。三条坊門殿と室町第には、二つの違いがある（図8）。一つは面積だ。三条坊門殿は一町《ちょう》（一二〇m四方）を超えないが、室町第は二町（東西一町×南北二町）近くある。しかも、崇光上皇の御所だった時は一町程度だったが、義満は再建を機に、南隣の今出川家の菊亭の敷地を勝手に取り込んでいる[42]。彼は明らかに、意図的に室町第の面積を倍増させた。それは、義満が一町の三条坊門殿を手狭と感じたことを意味する。

その理由は容易に推察できる。単なる幕府の政庁なら、一町で足りた。しかし義満はこの時期以降、廷臣としても活動する。すると、権大納言・右大将として必要なスタッフを抱え、彼らが勤務・待機する施設が必要になるので、従来の面積では不足するのである。

†内裏との隣近、崇光流への牽制

もう一つの違いは立地だ。室町第は、当時の内裏《だいり》（天皇の邸宅）「土御門殿《つちみかどどの》」から北西に、

四、五町の距離にある。これは、内裏から一〇町の距離にあった三条坊門殿より格段に近い。北朝と融合すべき義満の邸宅が、その近さを必要としたことは明らかだ。そして、土御門殿があった左京北部は、平安時代以来、立錐の余地なく廷臣の邸宅が建ち並ぶ邸宅街で、二町規模の大邸宅を新たに建てる土地はない。そこで一条(平安京の北端)よりわずかに北にはみ出した北小路室町の土地が、最適だったのだろう。

問題が天皇との関係なら、室町第が崇光上皇の御所となり、後に放棄された事実にも積極的な意味がありそうだ。崇光は、応安二年(一三六九)までは確実に室町第を本拠としていたが、応安四年九月頃から「伏見殿《ふしみどの》」と呼ばれ始める。(43)その頃までに伏見に本拠を移し、室町第を退去したのだ。その間の応安三年八月に、後光厳《ごこうごん》天皇が「皇子緒仁《おひと》(後の後円融《えんゆう》天皇)を皇太子にして譲位したい」と幕府に諮《はか》り、翌四年三月に実現した事実が目を惹《ひ》く。この時、崇光は息子の栄仁《ながひと》親王を皇太子にねじ込もうとしたが、後光厳と幕府に却下された。この皇位回復運動の敗北が、伏見への退去の直接的原因と思われるのである。

もしこの運動が成功していれば、崇光は治天《ちてん》(院政を敷く上皇)になれた。崇光が治天となる可能性の喪失は、室町第の放棄と直結していた。ならば逆に、室町第に崇光が住むことは、彼が治天となる可能性と一体だったことになる。そのことは、室町第の北西に、持明院統(北朝の血統)の拠点の持明院殿《じみょういんどの》が隣接することと、直結していたに違いない。

持明院殿には、光厳・光明・崇光上皇が同居し、北朝の院政の政庁として機能していたが、正平七年（一三五二）の正平の一統で全員拉致され、後に火事で荒廃して、持明院殿は無人になる。後に彼らは解放されたが、光厳と光明は各所を転々とし、持明院殿に戻らなかった。光厳と一緒に延文二年（一三五七）に解放された崇光は伏見に入り、二年後に菊亭に移るがほどなく伏見に戻る。応安元年に幕府が献上した室町第に入るが、前述の経緯でまた伏見に戻り、応永《おうえい》五年（一三九八）に没するまで持明院殿に戻らなかった。正平の一統後に天皇となった後光厳は、応安四年に譲位してから三年後に没するまで、室町第の北隣にあった柳原殿《やなぎはらどの》を動かず、次の後円融は永徳二年（一三八二）に譲位すると持明院殿の北隣の中園殿《なかぞのどの》（洞院《とういん》家の邸宅）に入り、永徳三年にある事情（後述）で小川殿《こかわどの》（勧修寺《かんしゅじ》家の邸宅）に移るが、明徳四年（一三九三）没するまで持明院殿に入らなかった。

かくして、持明院殿は正平の一統を最後に政庁でなくなり、隣接する柳原殿・中園殿が代役を果たした。ならば、同様に持明院殿に隣接する室町第が、崇光院の院政の政庁となるべき場所だった可能性は高い。とすると、室町第を義満が取得して幕府の本拠地としたことで、崇光が治天となる可能性は封じられたことになる。それは、後光厳系を支持する義満の立場と、軌を一にするだろう。室町第への移住は、皇統問題の解決でもあったのだ。

†室町第移住で「京都」が一条より北へ拡張

ところで、京都の地理をご存じの方なら、この室町第が義詮の「山荘」と表現されたことに違和感を覚えるだろう。その故地である同志社大学近辺は全くの平地で、少しの起伏もない。我々はここに、邸宅が「山荘」と呼ばれるかどうかは、そこが山であるかどうかと無関係だと知るのである。物理的な地理の問題でないなら、それは理念的な問題だ。そこを観念的に「山荘」と見なせる論理は、「京外だから」という以外に考えにくい。そこが「山荘」と呼ばれた義詮晩年の貞治六年（一三六七）、室町第は京外だったことになる。

ところが、義満が北山に住んだ一五世紀初頭、室町第は「京御所」と呼ばれ、明らかに京内扱いだった。北小路室町の近辺は、義満が室町第を造って住んだことを境として、京外から京内へと変貌したらしい。理念レベルで京都の領域が北にわずかに拡大したのだ。廷臣代表である以上、義満は京都に住まねばならないが、内裏に近い左京北部に土地がないという現実問題に負け、京の三〇〇mほど北に邸宅を造り、そこまで京を拡大して京中と見なす、という荒技を考案したのだろう。義満の室町第移住は、京都の領域・サイズ自体を変えたこと、しかも義満一個人の都合で変えた点でも、画期的といえそうだ。

†室町第の準備完了と二度目の移徙

繰り返すが、室町第は義満が廷臣として活動する拠点として造られた。そして、官職に就いた者にとって、最初の廷臣活動は拝賀だ。ならば必然的に、義満の右大将拝賀では出《いで》立《たち》の儀を室町第で行い、行列の出発地とすべきだった。その室町第を拠点とする宣言（移《い》徙《し》）は、権大納言就任の半月前、右大将就任の半年前にあたる永和四年三月一〇日だった。

ただ、実際の引っ越しには時間を要した。そして八ヶ月後の一一月上旬にようやく、拝賀に必要な番頭・番長の調達に目途が立った義満は、一一月九日に行列を仕立てて室町第に入った(44)。これで拝賀の準備はほぼ整ったが、前述の通り、その二日前に紀伊で南朝の反乱が起こり、幕府は引っ越しどころでなくなった。しかも、義満まで出陣して反乱終結まで自宅に住まなくなってしまい、拝賀どころではなくなった。

室町第の完成も、一連の争乱で遅れた。康暦元年（一三七九）六月一三日、「寝殿《しんでん》・侍《さむらい》・随身所《ずいじんどころ》・車宿《くるまやどり》」が未完成だったため、拝賀の延期が決まった。「寝殿」は廷臣の邸宅（いわゆる寝殿造《しんでんづくり》）の中核で、これがないと何もできない。「侍」は侍（身分の低い従者）の詰所、「随身所」は随身（六三頁）の詰所で、どれも摂関家レベルの廷臣として儀礼を行うのに必須だ。「車宿」は牛車に乗り降りする駐車場で、これも牛車で出行する儀礼に必須である。すべて右大将拝賀に必須の施設なので、完成を待つしかなかった。それらの「立柱《りっちゅう》・上棟《じょうとう》」（柱を立て、屋根の梁《はり》を載せて、建物の造営の本格的開始を示す儀礼）は、一一日後の二四日に予定通り行われた。(45) そして一四日後の七月八日、「造作《ぞうさく》に於《お》ては全分周備《ぜんぶんしゅうび》せず（予定された全工事は未完成）」という状況ながら、移徙の儀が行われた。(46) 移徙は二度目になるが、前年の移徙の後で戦争や政変が起こり、引っ越しが頓挫して世情も荒れたので、仕切り直したのだろう。

二日後に義満は三条坊門殿に帰ったが、もう目途は立った。三日後には、翌月の七月二五日に拝賀を行うと確定し、室町第から出立の儀を行うと改めて宣言された。(47) さらに三日後、義満は二条良基の指導のもと、室町第で拝賀の「習礼《しゅらい》」を行った。習礼は礼節作法の予行演習で、普通は本人だけが行うが、今回は全体の予行演習になった。出立の儀に随行する予定の、随身や布衣《ほい》の侍（将軍以外の武士にとって最も上等な活動着である狩衣《かりぎぬ》を着て盛装した武士）も全員参集した。(48)

義満は、集まった随身に「前声」（ゼンショウと読むか）の練習をさせた。前声は特殊な発声法である。平安末期に、内裏で遊んでいた殿上人《てんじょうびと》が、左大臣藤原頼長《よりなが》の参内する行列の随身が発した前声に驚いた、という逸話がある。また平安中期、病中の藤原道長《みちなが》を右大臣藤原実資《さねすけ》が見舞った時、病気の原因だった「邪気（物怪《もののけ》の類）」が別人に取り憑《つ》き、「実資の行列の前声が聞こえる。賢人と評判の実資では敵《かな》わんから退散する」と述べて消え、道長が快復したという逸話もある[49]。これらを総合すると、「前声」とは、貴人の出行や行事を邪魔させないため、人が驚くような大音量の特殊な発声で、物怪の類を驚かせて退散させる所作だったようだ。

義満はその前声を、内裏で義満が天皇に拝礼している最中、近衛府の下級武官全員に発させた。大勢の前声の音響に包まれた中での拝礼は異様で、先例がないと驚かれたが、義満が望み、良基が手引きしてその形にしたらしい。義満が露骨に先例を破ったのは、この拝賀が通常の拝賀と違う特別な行事であると、皆に気づかせるためとしか考えられない。〝大勢が出す大音量の異様な声〟という音響効果は、それに最適の演出には違いない。

†公家社会全体が義満に屈従する前代未聞の右大将拝賀

かくして七月二五日、満を持して、「満城《まんじよう》の鼓騒《こそう》なり（京都全体が大騒ぎ）」「ユヽ《ユ》シキ見《み》物也《ものなり》（大変な見もの）」といわれた、史上空前の拝賀が挙行された。その行列は、次のようなものだった[50]。

❶侍所（京中の治安維持を管轄する幕府の役所）、②前駆笠持《ぜんくのかさもち》（一〇人）、③居飼《いかい》（四人）、

④御厩舎人《みうまやのとねり》（四人）、⑤近衛府官人《かんにん》（四人。中級職員＝一員・府生・将曹・将監）、⑥殿上人の前駈《ぜんく》（三七人）、⑦地下《じげ》の前駈（一〇人）、⑧番頭（八人）、❾帯刀《たちはき》（二四人。帯刀した幕府の武士）、⑩番長（近衛府下級職員の上級職）、★⑪義満の車、⑫下臈随身《げろうのずいじん》（近衛府下級職員。五人）、⑬雑色《ぞうしき》、⓮御後官人《みしりのかんにん》（検非違使である幕府の武士。三人）、⓯衛府侍《えふのさむらい》（一〇人。衛門尉である幕府の武士）、⑯扈従《こしょう》の公卿（二一人）、⓱布衣馬打《ほういのうまうち》（狩衣を着て騎馬する幕府の武士）

普通の丸数字が廷臣やその従者、白抜きは幕府の武士である。かつての源頼朝・実朝と同様、朝廷と幕府の構成員が入り交じっている。しかし、大きな違いがある。行列の主人公の将軍が、武士ではなく廷臣として振る舞ったことと、多数の廷臣が随行したことだ。地下《じげ》（殿上人でない中級廷臣）の前駈《ぜんく》（⑦）が一〇人なのは昔と変わらないが、殿上人の前駈（⑥）が三七人も、扈従《こしょう》の公卿（⑯）が二一人もいた（扈従の意味は後述）。規模もさることながら、二一人も公卿を引き連れたことこそ前代未聞だった。その内訳は次の通りだ。

清華家《せいが》……久我《こが》具通《ともみち》・大炊御門《おおいのみかど》宗実《むねざね》・今出川《いまでがわ》実直《さねなお》・西園寺《さいおんじ》公永《きんなが》・洞院《とういん》公定《きんさだ》・三条実冬・花山院《かさのい》通定《みちさだ》

大臣家……中院通氏《なかのいんみちうじ》・三条西公時
羽林《うりん》家……御子左為遠《みこひだりためとお》・二条為重《ためしげ》・持明院保冬《じみょういんやすふゆ》・清水谷公勝《しみずだにきんかつ》
名家《めいか》……土御門保光《つちみかどやすみつ》・万里小路嗣房《までのこうじつぐふさ》・日野《ひの》（裏松《うらまつ》）資康《すけやす》・勘解由小路《かでのこうじ》（広橋《ひろはし》）仲光《なかみつ》・葉室長宗《はむろながむね》・中御門宣方《なかのみかどのぶかた》・葉室宗顕《むねあき》・日野資教《すけのり》

清華家は、摂家の下で、大臣に昇るのが当然で近衛大将になれる家。大臣家はその下で、幸運なら大臣に昇れるが近衛大将になれない家。羽林家はその下で、近衛中将《ちゅうじょう》を経て大納言まで昇れる家。名家はその下で、弁官を経て大納言まで昇れる実務官僚の家である。

摂家がいないのは、摂家と同等の義満が摂家を従えるのがおかしいからだ。しかし、それをいうなら、摂家がほかの家格の公卿を軒並み随従させてよい、という共通了解もない。そもそも、行列に付き従う「扈従」とは、独立した小規模な行列を率いて従う者だ。扈従は主人公を引き立てる脇役だが、公卿か殿上人しかやらない。彼ら一人一人が行列の主人公を務められる特権階級で、彼らを数人随従させることが、主人公の超特権階級ぶりを誇示する。それを義満は、何と二一人も随従させた。それは、史上まれに見る規模だというばかりでない。摂家を除く、日本で最も身分の高い集団を二一人も従わせる光景は、〈公家社会が揃って義満に屈従した〉という印象を万人に与える。義満はそれを狙った。

†「諸家一同」扈従せねば「生涯を失う」

拝賀の二ヶ月前の五月、三条公忠《きんただ》は今出川実直から、特殊な剣と帯の調達について相談を受けた[51]。西園寺公永《きんなが》・洞院公定《とういんきんさだ》・三条西公時《きんとき》とともに、その剣と帯を着けて、義満の拝賀に扈従するからという。彼らは全員、藤原道長の叔父公季《きんすえ》を始祖とする、閑院《かんいん》流という清華家一族の面々で、実は三条公忠もその一員だ。自分以外の閑院流が、義満の拝賀に挙《こぞ》って扈従しようとしているのを公忠は訝《いぶか》った。すると実直の使者は、恐るべきことを語った。「相伴《あいともな》はざるの仁《じん》に於《おい》ては所存に違《たが》ふべし。相訪《あいとぶら》ふの人に至《いた》りては本意《ほい》たるべき（扈従しない人は私の心と合わない。扈従してくれれば本望なのだが）」と義満が考えている、と。

普通、扈従は明示的に「扈従してくれ」と誘われるが、誘われなくとも自発的に扈従すると喜ばれる。義満は公卿全員に、自発的な扈従を期待していた。

義満に清華家を扈従させる権利はないし、誘われなければ扈従する義理もないのだが、公忠は不安に駆られ、情報収集に努めた。その結果、公忠が思ったより危険な状況にいることが、わかってきた。「武家の拝賀の扈従の事、諸家《しょか》一同これを見訪《みとぶら》ふべし。然《しか》らずは生涯を失《うしな》ふべし（義満の右大将拝賀には「諸家一同」扈従せよ。さもなくば「生涯を失う」だろう）」と義満が考えている、と誰もが口を揃えた。「諸家一同」とは「廷臣上層は全員もれなく」という意味だ。もう間違いない。自分もその中に入っている。そして、「生涯を失う」というフレーズが強烈だ。それは、「生命や生きてゆく術を失う」という意味だ。

公忠は前内大臣なので、どう考えても格下の権大納言の義満に扈従するのはおかしいし、通常、拝賀の扈従は現任の公卿（現に公卿の官職にある者）が行うので、その点でもおかしい。しかし、現役の権中納言である息子の実冬は、扈従させないわけにいかない。公忠は覚悟を決め、以後の残された日数を、扈従の準備とその費用の調達に専念した（扈従には、用具一式の物品費や人員一式の人件費が莫大にかかる）。そのあまり、「今日からしばらく余裕がないので日記は書かない」と、日記で弁解したほどだ。(52)

†「家礼」の論理を逸脱して廷臣を動員

かくして、天皇のもとへ参上する義満の行列を見物した人々は、義満が「諸家一同」＝朝廷の主な構成員全員を従える構図を目の当たりにし、「これからの将軍は公家社会の支配者ともなるのか」という印象を強く刻みつけられた。それは全く新たな将軍の形だった。

何より新しいのは、義満が従来の主従関係や上下関係の常識を、やすやすと逸脱したことだ。扈従は通常、拝賀する人の子弟や、同世代・次世代の一族、もしくは家礼《けらい》の役だ。家礼とは、公事弟子（六八頁）になったり、庇護を得るため、親子関係に近い主従関係を結んだ従者をいう。「家来」の語源である。去就の自由がなく、親子代々が自動的に隷属して、容易に関係を解消できない「家僕《けぼく》（家人《けにん》）」より、家礼は緩く、比較的簡単に契約も契約解消も行えた。扈従した三条実冬は、義満の家族でも同族でもないし、家礼の契約も結んだ記憶がない。それなのに義満は扈従を、つまり従者としての振る舞いを求めた。

すでに拝賀の三ヶ月前、義満が最初の参内で内裏の門を入る時、公卿・殿上人が全員、門の外まで出迎えていた。それは家礼が行う礼節だったが、「皆悉《ことごと》く家礼の有無を謂《い》はず（全員、家礼かどうか無関係に）」出迎えたという[53]。その、家礼か否かを問わない従者の礼を、義満は右大将拝賀を機に、廷臣最上層の全体に広げたのだ。しかし一体、家礼でもない上級廷臣の動員を正当化できる、どんな論理があるというのか。

おかしいといえば、拝賀に扈従した久我《こが》具通《ともみち》・大炊御門《おおいのみかど》宗実《むねざね》・今出川実直《さねなお》・西園寺公永・洞院公定の五人は、権大納言だった。義満も権大納言である。拝賀の扈従は下位の者の務めなので、官職が同じ者を扈従させるなど前代未聞だ。しかも、義満は権大納言の中で一番最近就任した。臈次《ろうじ》といって、地位が同じなら先に就任した順に上席となるのが前近代の基本だ。つまり、扈従した五人は全員、義満より上席の権大納言だった。上位の人を扈従させる行列など、もはや意味不明だが、そんなことがなぜ正当化され、そしてそれを拒否するとどう「生きて行く術を失い」、なぜ義満にはそれらが可能だったのか。

第四章　〈力は正義〉の廷臣支配——昇進と所領を与奪する力

†永徳元年の内大臣大饗——遅刻で断絶した御子左家

それらの疑問の答えは、二年後に義満が内大臣に昇進した直後から、明らかになる。

義満は驚くべき頻度で朝廷行事に参加し、驚くべき速さで習熟した。永徳《えいとく》元年（一三八一）に白馬節会《あおうまのせちえ》の進行を司る内弁《ないべん》を勤めた義満は「其《そ》の作法《さほう》、頗《すこぶ》る以《もっ》て優美《ゆうび》、天性《てんせい》の稟《う》くる所か（その作法はとても優美で天性の才能かも）」と作法の美しさを激賞され、そうした節会の内弁を合計一九回も果たし、「奥義を極めたか」と評された[54]。

義満は、同じ熱心さを全廷臣に求め、怠慢を徹底的に弾圧し、特に遅刻を厳禁した（桃崎有一郎-二〇〇七）。平安期以来、朝廷では遅刻・欠勤や役職の拒否、また不勉強でいい加減な業務が横行していたが、義満は、自分が主導する朝廷にそうした体質を許さず、叱咤と脅迫で職務精励を強要した。そのお蔭で、内乱で衰弱していた朝廷自体が復興した。

義満は、内大臣になった永徳元年（一三八一）七月、「大饗《だいきょう》」という儀礼を行った。大饗は、廷臣を招いて大臣就任を宣言する宴会である。しかし、義満の大饗は、楽しい宴会でも何でもなかった。廷臣の義満に対する畏敬の念を計るための、試練だったのだ。

その試練に敗れた、御子左《みこひだり》（二条）為遠《ためとお》という廷臣がいた。藤原定家《ていか》の子孫で和歌の家を世襲した二条家（摂関家の二条家とは別）の当主だ。永和元年（一三七五）に義満の推薦で、二〇番目の勅撰和歌集『新後拾遺和歌集《しんごしゅういわかしゅう》』の撰者《せんじゃ》（編集責任者）になったが、「平生大《たい》飲過法《いんかほう》」、つまりアルコール依存症で完成しなかった。推薦させておいて仕事をしない彼に義満は怒り、康暦元年（一三七九）までには「武家の所存、以外《もつてのほか》に不快」といわれた。(55)

恐らくアルコール依存症の影響で、為遠は遅刻の常習犯だった。その彼が、永徳元年の義満の大饗への参列と、大饗に先立つ義満の行列の扈従《こしょう》を求められた。ところが、どちらもすっぽかす大遅刻をし、怒った義満に追い返された。ある廷臣は「こりなく候。不可説《ふかせち》に候（こりない人だ。話にならん）」と呆れている。(56) 彼は自業自得だったが、一つ大事なことが明らかになった。義満の登場で、それまで朝廷で大目に見られていた遅刻が死活問題になった、ということだ。為遠は、権力者を待たせるという致命的ミスを犯した。彼はわずか一ヶ月後、大量飲酒の影響らしき中風《ちゅうぶう》（脳卒中）で亡くなり、息子の為衡《ためひら》も昇進と無縁のまま跡継ぎもなく没して、和歌の名門二条派は断絶してしまう。

†永徳元年の等持寺八講――廷臣総動員体制の完成

大饗から五ヶ月後の永徳元年冬、義満は毎年恒例の等持寺八講《とうじじはっこう》（将軍家の祖先供養仏事）を開催した。(57) その日も、大納言西園寺公永《きんなが》をはじめ、定刻に現れなかった僧や廷臣が何人も追い返された。この状況を、摂関家の一条経嗣《つねつぎ》は「凡《およ》そ毎日、早旦《そうたん》より行《おこな》はると云々《うんぬん》。仍《よっ》て公卿・殿上人、払暁《ふつぎょう》より出現す。恰《あたか》も薄氷《はくひょう》を履《ふ》むが如《ごと》しと云々《うんぬん》。嗚呼《おこ》の時なり（義満は毎日早朝から仏事を始めるので、公卿・殿上人は夜明け時から出勤し、戦々恐々としている。馬鹿らしい時代だ）」と嘆いた。

この日、二〇人あまりの殿上人が参列した。殿上人は通常、高僧に布施を渡すなどの雑務を勤めたが、この日は「指《さ》したる所役《しょやく》無し」、つまり何も仕事がなかった。しかも、会場が狭くて座席もなく、「終日、便宜の所に佇《たたず》み立つ」、つまり一日中そこらへんに突っ立っていた。仕事もなく居場所もないなら、いる意味がない。それでも誰も早退しなかった。「是《こ》れ主公《しゅこう》の厳命を恐《おそ》るるの故《ゆえ》なり」、つまり誰もが義満の厳命を恐れたからだ。

義満は、殿上人という特権階級にさえ、定刻に来て行事が終わるまでいるよう厳命した。しかも、呼んでおいて、仕事も居場所も用意せず、ただ終わるまで拘束したのだ。義満の目的は明らかだろう。義満はただ、「とにかく自分が決めた場所に、決めた時間にいろ」という命令を、皆が守るかどうか、計っていた。これは義満の動員令のテストなのだ。

現任の公卿（大臣・大納言・中納言・参議に在職中の公卿）も「大略《たいりやく》（あらかた）責め出されい」た。「責め出す」は「渋る相手を痛めつけ（ようとし）て無理に出させる」ことだ。出仕を渋る公卿たちに、それを翻意させるほど強い圧迫を、義満は加えたのである。

公卿たちが渋ったのは、「古来の八講、更に此《かく》の如《ごと》き例、無きか（八講でのそのような動員は前代未聞）」だからだ。先例がない上、そもそも、自分の個人的な祖先供養のために、公卿全員を呼び出せる権限など、内大臣にはなかった。それでも義満は強行した。

この日、講師《こうじ》（経典の教説を講義する役）のために僧正《そうじよう》（最も地位の高い高僧）が二人も呼ばれた。それも先例がないが、義満の「厳命」だった。しかもその頃、奈良の興福寺は訴訟を起こし、朝廷が興福寺を勝訴させないので、「朝廷の動員には応じない」と抗議中だった。義満は、それもお構いなしに責めたてて呼び出した(58)。

義満を貫くのは、シンプルな欲求だ。まず、自分が主催する行事で、参加者の身分と数を最大まで高めたがった。それが行事の格を上げ、主催する自分の格を上げるからだ。

義満が全員を呼び出す理由を、端的に伝える記録がある。最晩年の応永一五年（一四〇八）、正室の北山院《きたやまいん》（日野康子《やすこ》）を元日に拝礼する儀式で、義満は現任の廷臣に「悉《ことごと》く出仕すべし（全員参列せよ）」と命じた。理由は、来日中だった中国（明《みん》）の使者に見物させるためだという。多人数を動員する最大の目的は、目撃者に自分の権勢を誇示するためだという、義満自身の証言である。(59)参加者の身分や数が前代未聞なら、それで義満の地位が前代未聞であることを表現できたのだ。

もう一つ、義満は自分の動員命令が絶対であることを、公家社会や寺社に思い知らせようとした。「先例がない、都合が悪い、役目がない、席が足りないなどの君たちの事情はどうでもよい。とにかく私は来いと命じた。それが、来なければならない理由だ」と。

†力が正義——制度も家礼（主従）関係も無視

それにしても、職権で説明できない廷臣の総動員は、どう正当化されたのか。ヒントは、右の仏事に先立つ五ヶ月前の、義満の内大臣大饗にある。(60)この行事が画期的だったことは、経嗣が「見任《げんにん》（現任）の公卿、悉《ことごと》く出現す」と記した通りだ。全二八人の大納言・中納言・参議のうち、二六人まで出仕し（欠席した二人は病気か）、経嗣は「古来未曾有、希代の珍事」と驚いた。公卿の総動員は、この時には始まっていたのだ。

大饗の宴会で義満が座を立った時、二六人の公卿のうち二一人が席を立った。朝廷の礼節では、特別に尊重すべき貴人が着席・退席する時は、「起座《きざ》」といって自分も席を離れる。今でも、組織の長などの重役が宴席や会議室に出入りする時、着席していた下々の人が席を立って迎えたり見送るのと同じだ。この「起座」の礼は、家礼《けらい》（九二頁）が行う所作だった。この時、義満のために起座した二一人の公卿は義満の家礼だと判明するわけだが、それにしてもその人数の公卿が起座するのは「古来未曾有」だ、と経嗣はいう。

この時までに義満が、朝廷最上層の大部分を、個別に主従関係に編成していたのは驚くべきことだ。しかし真に驚くべきは、残りの五人が、家礼（主従）でないのに動員に従ったことである。その内訳は、大納言の徳大寺実時《とくだいじさねとき》・久我具通《こがともみち》・大炊御門宗実《おおいのみかどむねざね》・一条経嗣と中納言の九条教嗣《のりつぎ》だった。一条・九条家は摂家《せっけ》、徳大寺・久我・大炊御門家は清華家《せいがけ》で、つまり公卿の最上層だ。官僚として義満の部下でもなく、個人的な従者でもない彼らを、義満は動員に従わせた。それは一体どんな論理で正当化されるのか。

実は、当事者の一条経嗣の証言がある。[61] 経嗣は義満の動員を受けると、実父の関白太政大臣・二条良基《よしもと》に相談した。良基は義満と交渉した。大饗に参列するのはよいが、参内する義満に経嗣が扈従《こしょう》するのはいかがなものか、と。扈従は一族の下位の者や家礼の役割で、扈従すれば、一条家が義満の家礼だと表明するに等しい。旧来の摂家が許容できるのは、〈摂家と足利家は同等〉というレベルまでだ。良基は、「太政大臣の私さえ、経嗣を扈従させることは躊躇している」と補足した。経嗣が二条家の子なら、普通の親子関係として扈従させて問題ない。しかし経嗣は、断絶しかけた一条家を継いでいた。その一条経嗣が二条良基に扈従すると、対等なはずの二条家に、一条家が屈従することになる。それは、せっかく経嗣に継がせた一条家の価値を下げるし、家格の秩序を乱してしまう。

良基が説いたこの正論に対して、義満が露骨な不快感とともに返した言葉こそ、先の問いの答えだ。「所詮、御《ご》扈従《こしょう》無くば然《しか》るべからず」、つまり「扈従しないのは、とにかく認めない」。それが答えだった。良基も例外ではないし、朝廷の常識や仕来《しきた》りに合わせて自分が遠慮したり、そのすり合わせのために議論する気はない、という意思表示だった。義満は、自分の望みを廷臣に強いることを、どう正当化したか。答えは〈正当化する気すらない〉だ。日本最強の実力者が望んでいる、というほかに、何の正当化が要るのか。義満の権力は極めて原始的《プリミティブ》で、義満が朝廷を率いる論理は、〈力が正義〉なのだった。

良基は危険を察して、すべて受け入れた。経嗣にできたのは「この上は左右《とこう》すること能《あた》はず。末代至極《まつだいしごく》、却《かえ》ってその興《きょう》有る事なり（もはやどうしようもない。世も末だ。馬鹿馬鹿しすぎてむしろ笑える）」と、自嘲気味に愚痴を書くことだけだった。

こうして実現した体制を、正親町三条実継《おおぎまちさんじょうさねつぐ》という廷臣は「武家八講の事、諸家漏るる人無く候《そうろう》か」とまとめた[62]。義満はこの仏事で、廷臣諸家を一つも漏れなく動員する体制を実現したのである。二年前の右大将拝賀と同じに見えるが、一つ決定的に違う。右大将拝賀の時には動員を逃れた摂家も含めて、今回から文字通り、すべての廷臣諸家が動員されたのである。義満の支配は、朝廷全体を飲み込んでいた。

この体制を引き継いだ六代将軍義教の時代に、ある皇族が「公方《くぼう》の仰《おお》せは故障能《あた》はず」と日記に書いた(63)。「将軍の動員に「不都合で無理」という返事はあり得ない」。義満が朝廷に植えつけた新たな原理を、一言で表現した名言である。

†独り言で空気を作り暗示的に動員

実は当初、義満は来いと命令しなかった。そこが義満の真骨頂だ。その意味は、義満自身に語ってもらおう。内大臣に昇進した義満の直衣始《のうしはじめ》(初めて直衣《のうし》という普段着を着て出仕する儀礼)に三条実冬《さねふゆ》が動員された時、父の公忠《きんただ》がそれを記録していた(64)。

当日、実冬が室町第へ行くと、二条良基が「義満の直衣始で車簾役《しやれんやく》を勤めてくれ」と囁《ささや》いた。車簾役とは、牛車《ぎつしや》の簾《す》を上げ下げして、義満の乗車・下車を助ける従者の役だ。清華家の実冬は抵抗感を抱いたが、ふと疑問を感じた。これは本当に義満の命令なのか。義満の廷臣支配の片棒を担ぐ良基が、義満の機嫌を取るために勝手に提案しただけではないか、と。実冬は、義満の側近に確認を取った。すると、義満が「車簾役を勤めてくれたら「本意」である(嬉しい)」とおっしゃっている、という。義満の意思なら仕方ない。この期に及んで辞退すれば三条家の「安否」に関わると危惧し、実冬は観念して引き受けた。

ここに、義満が廷臣を動員する手法が明らかだ。義満は「自分の儀礼に奉仕せよ」と命令しない。ただ、「してくれたら嬉しい」と、独り言に似た希望を故意に漏らすだけだ。その発言からは、「私が望んでいると知りながら無視するなら、私は不機嫌になり、それなりの結果を招くぞ」というメッセージを読み取らねばならない。〝空気〟を読むのだ。

それはまさに〝空気〟だった。「してくれたら嬉しい」という独り言も、義満が最初から漏らしたのではない。実冬が疑った通り、義満の側近の廷臣が、率先して義満に奉仕するよう勧めるのだ。それは、皆が義満に奉仕する〝空気〟の中で、一人それをしそびれて無闇に義満の機嫌を損ねないように、という親切心だった。そして実冬のように抵抗を感じた人がいると、側近は義満に「〇〇に××役をさせますか？」と問う。そこで初めて義満は「してくれたら、もちろん嬉しい」と漏らす。二年前の右大将拝賀でも、「皆が扈従してくれたら本望だ」と義満が考えているという噂が流れ、人々は噂の真偽を確認し合い、空気を形成し、空気に突き動かされて義満に奉仕した。それが義満の常套手段だった。

義満の子の義持も、義満ほど嫌らしく露骨でないが、同じことをした。応永二七年（一四二〇）、義持は京都西郊の嵯峨《さが》で、宝幢寺《ほうどうじ》という大寺院の供養（完成式典）を行った。「頗《すこぶ》る動乱の如《ごと》し」といわれた大騒ぎの準備中、義持はふと、「今度の儀、見物せざる人、世にはあらじ（今度の式典を見物しない人は、世の中にいないだろうね）」と漏らした。

これを側近の広橋兼宣《かねのぶ》は聞き逃さず、「見物しないと義持の機嫌を損なう」と触れ回った。これも親切心である。これで「天下、万事を抛《なげう》つ」、つまり京都の誰もが万事を後回しにして参列を最優先した。「現任の公卿、大略出仕すべし（現任の公卿はほぼ全員出仕する予定）」となり、義持が会場に赴く道中も、「諸家悉《ことごと》く扈従《こしょう》申すべし（廷臣全員が随従する予定）」となった。(65)誰もが、権力者の一言一句から、何が望まれ、社会がどんな〝空気〟を形成すべきかを探るのに汲々としていた。

†武家執奏という切り札《ジョーカー》

三条実冬は、義満の動員を断ると「安否（家や自分の存続）」に関わると恐れたが（一〇三頁）、具体的に何が起こるのか。実は、義満は「武家執奏《しっそう》」という権利を持っていた。武家執奏は、幕府が朝廷に何かを要請することで、それは何であれ必ず実現する。何枚でも無限に切れる切り札《ジョーカー》を持っているのと同じで、ほかの誰も、最初から勝てる可能性がないルールだった。その力を使えば、廷臣の官位や所領は、与えるも奪うも意のままだ。

昔から朝廷の上層部は、人が多くて官職が少なく、昇進競争は常に熾烈だった。特に鎌倉時代に、三位《さんみ》以上に昇って公卿になる人の数が爆発的に増えたが、官職の定員は昔通りなので、大臣・大納言・中納言・参議の競争率が跳ね上がった。また、公卿に昇れるかどうかは、近い祖先の実績に大きく左右された。そのため、一度公卿になれない世代が出ると、波及してその子孫も公卿になれない可能性が高まり、家ごと没落してしまう。

しかし、武家執奏なら簡単に突破できた。例えば鎌倉後期には、祖父・父の二代に就任実績がないのに「関東将軍の御吹挙《ごすいきょ》（推挙）」で参議に昇った人がいた。また鎌倉幕府は、奈良の春日社の神主の人事にも最終決定を下した[66]。そもそも、鎌倉後期の伏見天皇や後二条天皇は鎌倉幕府の武家執奏で天皇になったのであり、武家執奏は、天皇の首さえ挿《す》げ替えられる、最強の人事権だった。

武家執奏は室町幕府にも継承された。義満の父義詮も晩年に、三、四世代も就任実績がない権中納言に中山定宗《さだむね》を推挙したり、父の就任実績がない右大将に今出川公直《きんなお》を推挙している[67]。公直は、歴代必ず大将を輩出した本命の家柄である花山院《かさのい》兼定《かねさだ》を、さしおいて任官した。武家執奏には、朝廷人事の流れをねじ曲げる威力があった。

†武家執奏で地位・家格を上げる廷臣

義詮までの将軍には、頻繁に朝廷人事に口を出す理由がない（右の中山定宗は義詮の家礼なので特別［家永遵嗣 一九九五a］）。ところが義満は、康暦元年（一三七九）の康暦の政変を境に、納言・准大臣《じゅんだいじん》・准三宮《じゅんさんぐう》・太政大臣など、最上層の人事を武家執奏で決め始める(森茂暁－一九八四)。朝廷支配の道具として、武家執奏を存分に振り回したのである。

義満の権大納言就任、つまり朝廷支配の開始からわずか三日後、義満の妻の兄で、蔵人《くろうど》だった日野資教《すけのり》が蔵人頭《くろうどのとう》になった。蔵人頭は天皇の側近を統轄する重職で、勤め上げれば参議、つまり公卿への道が開ける羨望《せんぼう》の的だ。それは蔵人や弁官《べんかん》(太政官の実務統括官)を何年も勤め上げた上での栄誉で、しかも蔵人から直接蔵人頭にはなれない慣習だったのを、「武家一体」といわれた縁故で義満が推したのである。(68)

義満が武家執奏を発動する時に後円融《ごえんゆう》天皇に出した、永徳元年(一三八一)の推薦状が残っている。そこには、「花山院《かさのいん》通定《みちさだ》を先に権大納言に推薦しましたが、三条公忠も息子実冬を権大納言にして欲しいと申しています。どちらも相違なく実現するよう、取り計らって頂けたら嬉しいです」とある。(69)義満はもちろん天皇に命令できる立場にないが、例の常套句、「してくれたら嬉しい」を使えば、それは必ず実現した。

武家執奏は無料《ただ》ではない。権大納言に推薦された三条実冬は、「直衣始に扈従して欲しい」という義満の要請を受け入れた(一〇二頁)。三条家はプライドと引き換えに、家柄の維持を優先したのである。同時に権大納言に推薦された花山院通定は、露骨に「今度、大納言に推挙してくれれば、あなた様の家礼になります」と明言している。(70)

義満に臣従すると一度割り切れれば、家を勃興させるは容易だ。単発の儀礼にとどまらず、義満に近侍して雑務をこなす本格的な従者になれば、褒美も大きい。山科《やましな》家では、五世代も前の祖先（源平合戦の頃の人）が権中納言に昇ったきり議政官《ぎせいかん》（公卿の官）を出せなかったが、山科教言《のりとき》が義満に奉公した対価として永徳三年に参議にしてもらい、正二位に昇り、最後は権中納言まで昇って、五世代前の繁栄を取り戻した。(71)

家や氏族の格を上げることもできる。安倍有世《ありよ》は義満に気に入られ、陰陽道《おんみょうどう》の者として史上初めて、内裏の昇殿を許されて殿上人になった。(72) 朝廷の祭祀を司る神祇大副《じんぎのたいふ》を世襲した卜部《うらべ》氏でも、兼凞《かねひろ》が史上初めて殿上人になった。彼の場合はもっと凄い。卜部氏のカバネは「宿禰《すくね》」だったが、源氏・藤原氏などと同等で最も格の高い「朝臣《あそん》」のカバネをもらい、自分の子孫だけ丸ごと「卜部朝臣」姓に格上げしたのである。彼は摂政二条良基に仕えて二条家の家務を取り仕切ったやり手の実務家で、義満の腹心である良基の縁で、これを成し遂げた。(73)

✝廷臣の所領を保つ力と奪う力——洞院家の没落

多数の廷臣が武家執奏を獲得するため義満を喜ばせて当然になると、義満の機嫌を取らなかった者だけが出世競争から取り残されてゆく。それだけで死にはしないが、義満は、より廷臣の生命に直結する力を持っていた。廷臣の経済力を奪い、生き残れなくする力だ。内乱の時代、武士は廷臣の所領を強奪し、軍事力がない廷臣は自力で確保できなかった。それでも年貢が入ったのは、将軍が寺社・本所《ほんじょ》（皇族・廷臣）領の保護令を繰り返し、武士の強奪を非合法化し、違反者を罰するからだ。義満に気に入られれば、この保護を確実に受けられる。たとえば、義満と懇意で「室町准后《じゆごう》（義満）昵近《じっきん》以来、財産を得る事多し」といわれた近衛道嗣《みちつぎ》(74)は、義満に頼んで特使を派遣してもらい、人に占拠された所領をすぐ回復した(75)。

義満の支配が長くなると、廷臣も呼吸がわかり始める。応永二年（一三九五）、三条実冬は義満に会い、義満から求められた仏事への出席を確約する一方で、家領の保全を嘆願した。義満は「仏事に出仕してくれて喜ばしい。あなたは近日中に拝賀もするから出費が大変だろう。訴えは必ず聞き届けよう」と確約し、一ヶ月ほどで実冬は、「尾張の三条家領を実冬の使者に引き渡せ」と守護に命じる書面を手に入れた(76)。

このように、所領の現地を正しい領主に引き渡す強制執行を、所務遵行《しょむじゅんぎょう》とか沙汰付《さたしつけ》という。義満はこの力を、誰に対しても使える。つまり、誰かが義満を怒らせれば、義満はすぐに彼の所領を差し押さえて、他人に引き渡せるということだ。

この力を使えば、気に入らない廷臣を没落させるのはたやすい。永徳二年（一三八二）、権大納言の洞院公定《とういんきんさだ》がその直撃を受けた。義満主催の仏事で不用意な発言をして、義満を怒らせたのだ。経嗣は「彼の発想はいつも異様でねじまがっている。いつかこうなると思っていた」と評しており、よほどの失言だったらしい。義満は、公定が四〇年も領有してきた左馬寮領《さまりょうりょう》を没収し、同族の今出川公直《いまでがわきんなお》に与えた。それは朝廷が与えた所領で、義満に没収する権限はないはずだが、後円融上皇に武家執奏して、没収命令を出させたのである。

公定の場合、さらに「家領等、大略飛行《ひぎょう》」した。「飛行」は、飛び去って跡形もなくなることだ。公定は所領をすべて奪われ、「一家の滅亡」を覚悟した。廷臣は朝廷に奉仕するために代々、文書・記録を蓄積するが、家が滅びるなら無用だ。思い詰めた公定は、それらを焼き捨てて出家すると宣言した(77)。

それは思い止まったが、一ヶ月後の人事異動で公定は権大納言を罷免された。義満の報復である(78)。後年、曾孫の実凞《さねひろ》が「永徳より一向牢籠《ろうろう》(全く没落)」と回顧したように、洞院家は公定の失言一つで、数十年も逼塞を強いられた(79)。洞院家は困窮し、曾孫の実凞は家の維持を諦めて出家を考えたが、応永二八年(一四二一)に偶然、今出川家が不始末をしでかし(二九六頁)、曾祖父公定が奪われて今出川家に渡った左馬寮領を半分だけ返され、首の皮一枚で家が存続した(末柄豊‐二〇〇一)。義満の一撃は四世代、半世紀近くもその家を立ち直れなくさせる大打撃だったのである。

†廷臣と絶交して孤立させる力——没落の連鎖反応

義満がもたらす没落は、没落の連鎖反応を生んだ。実例を挙げよう。満仁《みつひと》王という皇族がいた。彼は亀山法皇の曾孫で、祖父や父に続いて、自分も親王待遇を欲しがった。通常、天皇の子世代でないと親王扱いは難しく、曾孫世代では絶望的だったが、永徳元年、満仁王が愛妾《あいしょう》を義満に差し出した結果、義満の推薦で実現した(80)。

親王となった満仁に、義満は儀礼に精励するよう求め、手始めに永徳三年正月の元日節《がんじつのせち》会《え》(元日の年始行事)への出仕を求めた。しかし、親王は身分相応の大行列を仕立てて会場に向かわねばならず、その費用は莫大だ(かつて、親王を将軍にした鎌倉幕府の財政を追い詰めたほどだ)。満仁は、急には対応できないと断った。彼は親王待遇が欲しいだけで、朝廷儀礼の振興を目指す義満の朝廷で親王になることの責務を甘く見たのだ。

義満は彼を「責め催し(責めたてて動員し)」て、満仁は何とか一六日の踏歌節会《とうかのせちえ》に出仕した(81)。しかし、御子左為遠の時(九六頁)と同じで、推薦させておいて就任後に怠けた彼を、義満は憎んだ。その結果、満仁親王の家礼たちが全員、家礼を辞めた。義満を怒らせた主人の巻き添えは御免だと、すぐ見限ったのである。しかも、儀礼に不慣れな満仁は、進退作法の支援を摂政二条良基に依頼したが、良基が警戒して義満に確認を取ると「だめ

だ」といわれ、依頼を断った。(82)

没落した人と付き合い続けると、「私が悪人と断定した彼を庇うのか」と義満を怒らせ、自分も連鎖的に没落する。それが恐いので、誰かが義満に失脚させられると、周囲は潮が引くように去り、孤立して、社会的にも抹殺されるのである。しかも、人々は「君子危うきに近寄らず」と考え、誰かが義満の機嫌を損ねそうな空気が漂っただけで、すぐに去ってゆく。そうして義満が失脚させる前に、彼は社会的に没落するのである。

義満は後になると、はっきりと「絶交」を通告し始める。例えば応永六年（一三九九）の興福寺の金堂《こんどう》供養（完成式典）で、義満を怒らせた聖護院門跡《しょうごいんもんぜき》の道意《どうい》に、義満は「御絶交」を通告した。(83)義満が絶交した人とは、周囲も付き合い続けられない。門跡（皇族や摂関家・将軍家出身の僧）ほどの貴人でも、こうして簡単に村八分になるのだった。

†武力で所領を差し押さえる力

洞院公定のように、没落は所領の没収を伴った。所領の保護をやめれば、武士は喜んで殺到して押領《おうりよう》（力づくで支配）するが、明示的に没収して他人に与えるのが確実だ。武力で強制執行する遵行《じゆんぎよう》（沙汰付《さたしつけ》）を現地の守護に行わせれば、没収された側の現地管理者は合法的に追い出され、京都の領主には一粒の米も届かなくなって、それで終わりだった。

康暦元年（一三七九）、義満の参内《さんだい》に奉仕した殿上人五人（中山親雅《ちかまさ》・園基明《そのもとあき》・山科教藤《のりふじ》・万里小路《までのこうじ》頼房《よりふさ》・広橋兼宣《ひろはしかねのぶ》）が、昇殿の資格を停止された。何かの理由で怒った義満が、天皇に申請した結果だった。翌日、このうち二人の、山科家の所領である京郊の山科庄と、中山家の京中の九条の敷地が、義満に「押され」た。[84]「押す」とは押領、つまり現地から武力で追い出す占拠である。これが、武士を直接動かせる義満の力だった（京中と山城国は守護がいないので、管轄する侍所《さむらいどころ》が動いただろう）。

山科・中山家は義満の家礼なので、直接的な制裁を受けやすかった（家永遵嗣－一九九五a）。義満が朝廷の一員となった翌年なので、家礼とそれ以外の扱いに、まだ差があったのだろう。しかし一年もすれば、そうした差は消えて、義満の制裁は誰にでも及び始める。そしてこの手法が、すべての廷臣を将軍家に従わせる力として、その後も継承されてゆく。

室町時代は、室町殿を怒らせて所領を没収された廷臣が、本当に餓死する時代だった。その力を最も容赦なく使った息子の義教は、狂気の謗《そし》りを免れない（第十一章）。しかし、義満や義持も、その気になれば同じことが可能で、現に義持は今出川実富《さねとみ》を餓死させた（二九七頁）。室町殿を怒らせると究極的にはそうなる、と誰もが容易に想像できることが重要で、廷臣が室町殿に従う理由としては十分だった。室町殿の廷臣支配には、論理も権利も正当化もない。あるのは、〈従うか、痛い目を見るか〉の二者択一だけだった。

第五章　皇位を決める義満と壊れる後円融天皇

†京都の土地配分権を侵蝕する義満

こうした強制力を背景に、義満が廷臣全員の支配者だとわからせたのが、永徳元年（一三八一）七月の内大臣「大饗《だいきょう》」だった。その翌月、天皇も他人事でないと思い知る。

火元は三条公忠《きんただ》だった。大饗に続けて八月初旬の直衣始《のうしはじめ》にも動員され、屈従しか選択肢がないと悟った三条家は（一〇二頁）、率先して阿諛追従して利益を得ようと方針転換した。

ただ、公忠は割り切りが早すぎた。本来の主君である天皇の権限を侵害し、誇りを傷つけ、心を病ませることに気づかなかった。その経緯は、彼自身の日記『後愚昧記《ごぐまいき》』に詳しい。

直衣始に奉仕した九日後の八月一二日、公忠は早くも義満に対価を要請した。複数の荘園が他人に押領されて苦しいので、京都の土地を一町頂き、その地利《ちり》（賃料収入）を出仕

図９　後円融天皇像（京都府雲龍院所蔵）

の財源としたい、と。義満は困惑した。「京都の地の事、公家《くげ》御計《おはからい》なり（京都の土地の支給は天皇の専決事項）」という原則があったからだ。自分の権限では与えられないが、後円融《ごえんゆう》天皇への推薦状を与えた。武家執奏の発動であり、これで手に入れたも同然だった。

　ところが、八日経っても天皇の返答がない。公忠が義満に催促させると、やっと天皇も動き、二日後の二二日に、後宮に仕えていた公忠の娘の厳子《げんし》を通して、返答が来た。返答は、何と不許可だった。「「京都の地は公家《くげ》の御《お》計《はからい》（京都の土地の支給は天皇の専決事項）」なのに、天皇に願い出ず武家執奏を使うとは怪《け》しからん。その土地は別の希望者に与えるので、要望には添えないと義満に伝える」といい、「以外《もつてのほか》に御腹立《ごふくりゆう》（非常にご立腹）」だという。

　ところが、二日後の二四日、一転して、天皇は許可する綸旨《りんじ》（天皇の命令書）を厳子に渡し、同時に厳子を追放した。「この土地は与えよう。武家執奏を無視しては義満の意に背くからだ。しかし今後、厳子とは口もきかず顔も見たくない」と。公忠は焦った。彼は日記につべこべと弁明を書き、天皇を非難したが、天皇の発言は一〇〇％正論だった。

天皇は、公忠の弱点を正確に突いた。厳子こそ、天皇の唯一の男子幹仁《もとひと》（後の後小松《ごこまつ》天皇）の母、つまり公忠を天皇の外戚にしてくれる女性だからだ。公忠が追放を思い止まるよう請願すると、天皇は「ならばその土地は所望しないと義満に伝えよ。さもなくば武家執奏を拒否した「公家の御咎《おんとが》（天皇の過誤）」になってしまう。辞退すれば別の土地を与えよう」と迫った。公忠は折れて辞退すると約束し、義満にも伝えた。するとその直後、「別の土地を与える綸旨を出すよう指示した」という連絡が届き、一一日後の九月三日、本当に綸旨が届いた。公忠は喜び、現地の測量や、賃貸の事務を検非違使に依頼した。

ところが、二ヶ月半後の一一月一七日、突然天皇が妙な宣言を発表した。「すべての京都の土地を、今の領有者から没収し、本主《ほんしゅ》（本来の持ち主）に返すことにした。ただし、太政大臣二条良基と三条公忠の土地だけは、武家執奏なので除外する」と。しかし、すべての土地を、罪もない領有者から没収して本主に返す法令など、あってよいはずがない。つまり、これは絶対実現しない法令の形を取った、良基と公忠への嫌味なのだった。

天皇はさらに、厳子を通じて「先日与えた土地も辞退せねば、厳子を咎《とが》める」と公忠に伝えた。厳子の勧めもあり、公忠は従った。それでこの件は終わったが、京都の土地配分権に手を出し始めた義満に、後円融が驚愕し、正気を失い始めたことを、如実に示した。

†天皇を村八分にすると脅す義満

武家執奏の拒否は天皇の「咎《とが》」になる、と天皇自身が語った点で、この事件は画期的だ。では、天皇はどう「咎」められるのか。それは、この事件の進行中の、九月二四日に証明された。右近衛府に右近庁頭《うこんのちょうとう》という下級管理職があり、その職にあった大石範弘《おおいしののりひろ》が「勅勘《ちょっかん》（天皇の怒り）」を買った。そこで、上司の右大将、つまり義満が「中原職富《なかはらのもととみ》を後任に」と武家執奏したところ、天皇が返事を渋った。当時、天皇は三条公忠の件で武家執奏にうんざりしていた。しかも武家執奏で推薦される人は、後円融の眼鏡にかなった人でも何でもない、公忠と同類の、ただ義満に阿諛追従する不忠の臣（に見える人）ばかりだ。

公忠の件に続けて武家執奏を黙殺された義満は怒った。天皇は慌てて許可する綸旨を出したが、義満は綸旨を突き返し、右大将を辞任してしまった。官職を放り出すとは、天皇を見捨てるということだ。廷臣を全員支配する義満が見放せば、孤立するのは天皇だった。天皇は説得したが、義満は「撤回する気はない」と公言し、あてつけに「一条経嗣が右大将になれるよう尽力する」と経嗣の父二条良基に伝えた。良基に火中の栗を拾う気はなく、懇々と説得して義満の忿懣《ふんまん》を解いた。七日後の一〇月七日、義満は参内して終夜天皇と話し、右大将の辞表を撤回すると約束した。(85)

こうして後円融天皇は、武家執奏に抵抗しても勝ち目がないと思い知らされたが、不満は鬱積した。その爆発が、一ヶ月後の「武家執奏の分を除いて京都の土地をすべて本主に返させる」という、武家執奏を非難するためだけの、大人げない命令なのだった。

†後光厳流と崇光流の皇位継承抗争

この段階で、後円融は閃《ひらめ》いたようだ。武家執奏が絶対なら、その武家執奏を少しは自分のために使ってもらおうか、と考えたのである。それは、皇位継承問題の解決だった。

後円融は後光厳《ごこうごん》天皇の子である。三〇年前の観応《かんのう》の擾乱《じょうらん》と正平《しょうへい》の一統《いっとう》で、南朝は崇光《すこう》天皇を廃位し、二人の上皇や皇太子と一緒に拉致し、三種の神器も奪ったが、足利義詮と北朝が強引に後光厳を立てた（三四頁）。その後、後光厳は紆余曲折を経て在位を全うし、後円融に譲位して応安七年（一三七四）に没した。当時、崇光上皇が健在だったが、天皇の父でないので院政を敷けず、義満が朝廷に進出した頃は、後円融天皇の親政だった。

崇光は諦めなかった。自分の退位は南朝の不正で、後光厳の皇位継承も手続きが怪しく、神器もない。まともな手続きと神器で最後に天皇となったのは自分で、その息子栄仁《ながひと》親王こそ正統な皇位継承者だと信じた。後光厳はそれを無視し、息子の後円融に皇位を譲った。崇光は反発し、後円融の次こそ栄仁の番だと主張した。こうした皇位継承権の悶着は幕府しか裁定できないので、崇光も後光厳も幕府に運動した。管領の細川頼之は後光厳を支持したが、それは責任を回避して現状を支持したにすぎない。崇光は義満の成長・自立を待ち、再度熾烈な運動を再開した。後円融はこれを恐れ、息子の幹仁《もとひと》（後の後小松《ごこまつ》天皇）に譲位して皇位を確保したいと望んだが、それにも義満の支持が絶対に必要だった。

義満の内大臣大饗の四ヶ月後、そして等持寺八講で廷臣を総動員したわずか二日前の永徳元年（一三八一）一一月三〇日、後円融は義満を呼んだ。以下の経緯は、後円融天皇自身の日記『後円融院宸記《ごえんゆういんしんき》』に記録された、義満との二人だけの、密室での会話だ。一般書で全容が紹介されるのは初めてなので、天皇と義満の生の声をぜひ味わって頂きたい。

後円融は義満を近くに招き、話を切り出した。「朕《われ》は数年前に、後光厳流の皇位継承をよろしく、と義満に頼んだ。覚えているだろう。それは思いつきではなく、祖父の光厳上皇が、「皇位は後光厳の子孫が継げ」と後光厳に遺言したからだ。祖父の自筆の書き置きもある」と。天皇は懐中からそれを取り出し、読み聞かせた。「崇光の所領は、後光厳に相続させる」と書かれていた。天皇は続ける。「これは「後光厳流が皇位を継承せよ」という祖父の遺志の証拠だ。だが、崇光上皇が皇位を返せと訴え、やむ気配がない。そこで、こうして改めて義満に念を押すのだ。崇光の主張は納得できるはずだ。朕の兄弟はだいたい出家したが、弟が一人二人、まだ出家していない。息子の幹仁もいる。それを念頭に、

「朕の進退」をよろしく頼む」と。義満は「承諾の気《け》（了解した素振り）」を見せた。

†義満、後円融に絶対的支援を請け合う

一ヶ月後の一二月二四日、後円融は義満に使者を送って諮問した。「譲位の大筋には議論の余地がないだろう。今は皇太子が空席だが、先に候補者を皇太子にするべきか、それとも譲位する日に皇太子にすればよいか」と。義満は「大筋さえ固まれば、そのあたりは陛下の決定に従えばよいのでは」と答えた。細かく口出しはしない、ということだ。

しかし後円融は、最も重大なことに口出しするよう義満に求めた。「皇位継承者は、真実、ただ義満の考え通りにするから、お前がそれを決めて示しなさい」と。我々はここに、中世の天皇と将軍の関係を示す、決定的な言葉を、天皇自身の口から聞くのである。

意外にも、義満の返答は冷静だった。「私の個人的経験では、弟を立てると碌《ろく》な結果になりません。そんな選択肢があっては、皇子（幹仁）がいらっしゃる意味がありません。なぜそんなことをおっしゃるのですか」と。個人的経験とは、祖父尊氏が弟直義に政務を譲って観応の擾乱を招いたことや、崇光の次に弟の後光厳が立って今日の皇位継承問題を招いたことをいうのだろう。議論の余地がないことをなぜ問うのか、そしてなぜ私に責任を丸ごと取らせようとするのか。義満はそう返したのだ。

後円融の反応は弁解じみていた。「幹仁以上の適任者はないから、確かに議論の余地はないが、六歳の幹仁が幼少すぎて大丈夫かと思い、念押しで確認したまでだ」と。そこに、義満は畳みかける。「念押しも時と場合によります。今なぜ必要なものですか。陛下はただ、結論が出ているのに、崇光院・栄仁親王親子の動向を「御恐怖」なさっているのでしょうね」と、後円融の不安をえぐり出す。単刀直入にいえばよいのに、保身のため、遠回しに別の話をして、私の口からいわせようとするから、話が見えなくなるのだ、と暗に叱責している。そして、この台詞が聞きたいのでしょう、とばかりに、義満は決定的な言葉を吐く。あまりに鮮烈な、義満らしさが凝縮された名言なので、原文で掲げたい。

縦《たと》ひ誰人《たれひと》引級《いんきゅう》申すとも、此《かく》の如《ごと》く我《わ》が身《み》候《そうら》はんほどは、心安《こころやす》く思《おぼ》し食《め》さるべし。

「たとえ誰が崇光院一家に肩入れしても、こうして私がいる限りは、ご安心下さい」と。日本の歴史上、これほど天皇が心強く思えた言葉があっただろうか。義満は、幹仁(後小松)への譲位を全面的に支持すると明言した。皇位継承問題が決着した瞬間だった。

†後円融の丸投げに苛立つ義満

これで丸く収まったはずだが、なぜかここから話が拗《こじ》れ始める。一ヶ月後の永徳二年（一三八二）閏《うるう》正月一一日、後円融はまた義満に、皇位継承者について明言を求めた。義満は苛立《いらだ》ちを隠さず、突き放した。「陛下がお考えの譲位の日程は吉日でない上、私も個人的に大変な時期なので、すぐご希望に添うのは難しい、と先日申し上げたはずなのに、まだこんなことをおっしゃる。皇位継承者についての私の考えも、昨年末に申し上げたはずです。それでもなお納得できずに私に次の天皇を決めよとおっしゃるなら、もう内々に個人的見解を申し上げても無意味です。公に評議して陛下がお決めになればよい。どうして同じ質問を何度も繰り返されるのか。今となっては、正式決定して、正式な手続きで、私に譲位を取り仕切るよう命じて下さい。私はその通りに淡々と遂行するだけです」と。

この時の使者は、日野宣子《のぶこ》だった。宣子は、姪の日野業子《なりこ》と義満の婚姻を仲介し、朝幕の結節点となった後光厳流の柱石で（一二二頁）、この交渉の使者に最適だった。彼女は苛立つ義満に取り成した。「陛下が話を蒸し返したのは、ご自分の進退（希望通りの譲位）が不安で、今一度確認して安心するために、内々に念押しされただけですよ」と。

しかし、義満は「とにかく正式な手続きで（譲位手続きの統轄を私に）命じて下さい」と突っぱね、「太政大臣の二条良基に命じるのもありですよ」と述べた。何なら朝廷で勝手にすればよい、というのだ。義満はうんざりし始めていた。後円融にしてみれば、義満は幹仁の皇位継承を保証したが、二人だけの密室の会話だ。それを、朝廷全体の中で明言して欲しかったのだ。よくいえば全権委任だが、これを公言してしまうと、「臣下の分際で」「世も末だ」などと廷臣たちが陰口を叩き、要らぬ世論の反発を買ってしまう。そんな立場に立つ義理はなかった。義満はあくまでも、内密に後円融だけに保証し、影から支援する立場に徹したいのであり、リスクを義満に押しつける後円融は無責任だと怒った。

八日後の閏正月一九日、左大臣の拝賀で参内した義満に後円融は対面し、真意を伝えた。「朕の在位も一〇年以上に及び、そろそろ皇太子を立てるか検討すべきかと思う。ついてはその件を取り仕切ってくれ。そのついでに皇位も譲るのがよいかと思うが、どう思うか。問題なければ次の天皇の皇居の修築などの事務を統轄してくれ、と先日良基を通して伝えたが、どうだ」と。義満の返事は事務的だった。「譲位の件は陛下がお決め下さい。新天皇の適任者を私が推薦するなど畏《おそ》れ多いので、良基とご相談下さい。もっとも個人的には、皇子幹仁で問題あるとは思いません。皇居は洞院《とういん》（洞院公定の邸宅・中園殿《なかぞのどの》）でどうですか」と。義満が真実、畏れ多いと思っていたとは思えないし、現に義満は自分の案を述べている。私の責任にしないでくれ、後円融の考え通り幹仁でよいから、ということだ。

†安上がりな中世朝廷儀礼と滞る費用納入

皇居や退位後の御所の選定・修築は順調に進み、譲位も翌三月下旬と決まった。「譲位の費用、三千貫文《かんもん》を調達せよ」という後円融の命令も、義満は素直に了解している。先代の後光厳は四千貫文を費やしたが、それに含まれた皇居の修理を幕府が請け負うので、その分の千貫文を差し引いた、と後円融はいう。(86)三千貫文は現代の価値でおよそ三億円だが、たった千貫文（約一億円）で王宮の全面修築が可能なのだから、安上がりなものだ。平成天皇の譲位費用が三五億円で、後円融の譲位費用の一〇倍。二〇二〇年の東京オリンピックの予算は三兆円で、後円融の譲位が一万回できる。今の日本政府がイベントに費用をかけすぎるという問題を差し引いても、中世の朝廷が安上がりだったことは否めまい。

当時の朝廷は、その程度の金額さえ自前で調達できなかった。朝廷の重要行事の費用は、すべて幕府持ちだった。資金を出す者が物ごとを決める、というのが社会の鉄則だ。その意味でも、朝廷は絶対に幕府に逆らえない。そして幕府が衰えれば、資金源は完全に枯渇して、朝廷は譲位も、即位式典も、大嘗祭《だいじようさい》も行えない。戦国時代の天皇の在位期間が長いのはそのためで、時々、名誉として高位高官を欲しがる大名が献金を申し出た時にこれ幸いと行ったが、一六世紀初期の後柏原《ごかしわばら》天皇は即位を二一年、その子の後奈良《ごなら》天皇は一〇年も待たされ、二人とも大嘗祭は行えず、大嘗祭は一七世紀末まで断絶した。

先のやり取りの一ヶ月後の二月一九日に、幕府が費用の二〇〇貫文を納入した。順調に見えるが、実は破綻の兆しが見える。譲位の一ヶ月前になっても、総額三千貫文のうち七%しか納入されていない。富裕な将軍や有力大名がお金を出し合う幕府で、二〇〇貫文の納入など朝飯前で、三千貫文さえどうということはない。それがなぜ、こうなったのか。

†譲位の費用問題と相国寺建立

　これを問題視した学説は聞かないが、ヒントはある。義満がこの八ヶ月後の永徳二年(一三八二)一〇月、相国寺《しょうこくじ》という巨大寺院の造営を始め、短期間で完成させたことだ。名前は当初「昌国寺《しょうこくじ》」の予定だったが、途中で「相国寺」に改めた。「昌国寺」は「国を昌《さか》んにする寺」だが、「相国寺」なら「国を相《み》る寺」になる。太政大臣の別名を「相国《しょうこく》」というように、「相国(国を相る)」とは、国政を一手に統轄する最高権力者という意味だ。義満は、自分がその地位に就いたと物理的に示すため、巨大伽藍《がらん》を造り、「義満が国を相る寺」と名づけたのである。その権力は早速発揮され、建設予定地の家々を壊して土地を接収した。その結果、多数の住人が追い出されて没落した(87)。今も京都御所の北隣にある相国寺の広大な寺地は、義満の強権的な支配の名残である。

　この相国寺造営には、疑いなく巨費が投じられている。その幕府が、比較にならないほど安いはずの譲位費用を出せないはずがない。義満は、出し惜しみをしたのだ。義満が相国寺造営の構想を初めて人に語ったのは九月末なのでまだ先だが[88]、譲位で揉めた頃にすでに構想はあって、出費を予定していた可能性が高い。

二〇〇貫文だけ納めた半月ほど後の三月三日、良基が天皇に持参した書状で、義満は驚くべき宣言をした。「今度の譲位に伴う一連の行事は、左大臣の私が取り仕切るべきですが、手許不如意で困難になりましたので、右大臣などに代行させようと思います」と。その夜、内裏で後円融は良基・義満と三人で会い、雑談したが、その席で良基が「義満の参加・不参加にかかわらず、費用は義満が出します」と述べると、彼の横で義満が「窮困《きゆうこん》（お金がない）」と囁くのが後円融に聞こえた。どう見ても、囁くふりをして後円融に聞こえるようにいったのだ。義満は、資金不足を理由に後円融を揺さぶり始めていた。

後円融は、日記に「是《これ》、「坐事」に依《よ》り猶《な》ほ腹立《ふくりゆう》の由か……皆、腹立難渋《なんじゆう》の体《てい》か」と記した。真の資金不足でなく、何かに腹を立て、資金提供も譲位の統轄も渋り始めた義満の口実と疑ったのである。その〝何か〟は、日記に見える「坐事」という二文字なのだが、よくわからない。普通は「事に坐《ざ》す」と読み、身内の不祥事に連坐して地位を失うことを指すが、そうした事件は記録に見えず、そもそも義満を連坐させて罰を科せる人間は一人もいない。だからこれは「坐《ざ》（座）の事」と読んで、何かの行事の座次《ざじ》（席順）で揉めたことを指すか、あるいは商人の商業組合である〝座〟の特権をめぐる紛争で、天皇が義満の意に背く意向を示したことを指すのだろうが、後円融の日記は黙して詳細を語らない。

いずれにせよ、義満を怒らせた、と後円融が自覚したのは確かだ。八日後の三月一一日、また内裏に来た義満に、後円融は良基を介して、また自分からも口頭で、譲位統轄のことを頼み、義満は了承した様子を見せた。その六日後、費用不足で皇居修築が間に合わないので譲位を延期することになったが、一ヶ月後の永徳二年四月一一日に無事、幹仁（後小松天皇）への譲位が果たされ、義満も左大臣として約束通り行事を取り仕切った。

幹仁は、乳母《めのと》の夫である日野資教《すけのり》の家に住んでいた。幹仁は彼の家から即位の会場に向かう予定だったが、「名家の日野家では家柄が低すぎて不適切だ」と土壇場で良基が指摘した。そこで急遽、当日の朝に幹仁は義満の家に移り、そこから行列を組んで参内した。それは単なる行列の出発点の問題ではない。行列が義満の家から出発し、幼少の幹仁が義満と同じ車に乗って行くことで、義満こそが新天皇の後見人だと、万人に示したのである。

†後円融、義満と決裂し後小松の即位を欠席

義満はつべこべいいつつ、自分の権勢を示す手段として譲位を使い倒した。しかし、課題はまだある。皇位に就いた天皇は即位礼と大嘗祭を行うが、それらも幕府の協力抜きには不可能だった。後小松の即位は永徳二年の年末の一二月二八日、大嘗祭は翌年一一月だ

が、その長期間、後円融の精神が保《も》たなかった。三条公忠《きんただ》によれば、譲位の一七日後の四月二八日、後円融院（上皇）が義満の家に御幸始《ごこうはじめ》（院が初めて外出する儀礼）をして以降、義満は院の御所に行かなくなり、「不快（仲違い）」が生じたという。理由は後で述べよう。

九月に入り、後小松の即位の準備に取りかかるよう義満が促すと、後円融は返答しなかった。義満の振る舞いが気に入らないという。この反応に今度は義満が怒った。両者は決裂し、仕方なく、一〇月下旬から、後小松の摂政になった二条良基と二人だけで即位を取り仕切ることになった。一条経嗣は「叡慮《えいりよ》、尤《もつと》も不審（院のお考えは理解不能）」と訝《いぶか》り、三条公忠は辛辣に「仙洞《せんとう》の御意《ぎよい》、毎事尋常ならず（院のお考えはすべて異常だ）」と断言し、「後小松の即位は後円融の念願だったはずなのに、義満が遂行を促すと受け入れないとは何だ。武家（将軍）と仲違いして、どうして院の希望が実現できようか」と非難した。(89) これこそ、朝廷と将軍の関係の核心だ。その周知の真実を知りながら無視した後円融が、いかに冷静さを失っていたかがわかる。

実際問題としては、左大臣義満と摂政良基が取り仕切るなら、朝廷の運営には何の支障もない。準備は円滑に進み、一二月二八日、後小松の即位はつつがなく実現した。

当日の朝、後小松はまた普段の住居（日野資教の家）から義満の家に移され、改めて義満の家から、義満と同じ車に乗って出発し、式場の太政官庁《だいじようかんちよう》に入った。高御座《たかみくら》（天皇の玉座)に座って即位を宣言する後小松の側近くには、摂政良基と左大臣義満が控えていた。幼少の天皇の所作をサポートするためだが、それは通例を逸脱していた。特に義満は、高御座を囲む帳《とばり》の中まで入り込み、後小松を手取り足取り介助した。義満が天皇を後見している図を廷臣全員の目に焼きつけ、この国の最大の柱石が誰かを示す光景だった。そして、後円融はこの即位の式典に、何と、来もしなかった(90)。上皇が、息子である天皇の即位礼を見届けないなど、空前絶後だ。

†後円融、女房三条厳子を傷害する

翌一二月二九日、早くも「新院《しんいん》と武家との間以外《もつてのほか》(後円融と義満の仲が極端に悪化)」という事態が起こった。幕府が馬を進上する貢馬《くめ》の行事があり、義満はついでに、二日後に迫った元日の諸行事の費用も進上した。ところが、後円融は病気と称して受け取らず、すべて送り返した。しかも、「所詮、御生涯一途《いつと》思《おぼ》し食《め》し定《さだ》めらる(もう生きていても仕方ないと思い定めた)」という。後円融の発言は常軌を逸していた。さらに驚くべきことに、それを聞いた義満は少しも動揺しなかったという(91)。

二日後の永徳三年(一三八三)元日は、年明けから騒然としていた。そして月末の正月二九日、後光厳院の命日を弔う仏事を後円融が主催したが、公卿・殿上人は、義満に睨ま

れるのを恐れて一人も来なかった(92)。朝廷上層部の全員が治天より義満を選び、治天を村八分にしたのである。恐らく、これが後円融の正気を完全に失わせたのだろう。

二日後の二月一日、後円融は三条厳子の部屋に「打ち入り」、刀の峰で厳子を滅多打ちにした(93)。理由は些細なことだった。内裏や院御所には「御湯殿《おゆどの》」という湯浴《ゆあ》みの施設があり、垢を落としたり洗剤をつける女房が奉仕した。彼女らは衣服を汚さないために、上半身を「湯巻《ゆまき》」という白い衣服で覆い、下半身は作業着として袴を穿《は》いた。その日、後円融が御湯殿に厳子を呼ぶと、厳子は「手許に袴と湯巻の用意がありませんので」といって参上しなかった。これで後円融は激怒し、右の暴挙に及んだ。厳子の父公忠が非難したように、上皇が刀を振り回して臣を傷害するなど論外だ。後円融は壊れていた。

厳子の出血は止まらず、何度も意識不明になり、翌二日にようやく出血が引いた。その日、後円融の母の崇賢門院《すけんもんいん》（広橋仲子《なかこ》）が院御所を訪れ、後円融に酒をもてなして気を引き、その隙に厳子を密かに脱出させた。後円融が脱出に気づけば、次は殺してしまうだろうと崇賢門院は危惧した。公忠は医者に治療させ、義満も医者を派遣し、彼女は一命を取り留めた。公忠が義満に顚末を語ると、義満は驚愕したという。

†後円融院の切腹未遂事件

八日後の九日、後円融が天皇直轄領の丹波の山国荘《やまぐにのしょう》へ没落する、と噂が立った(94)。後円融がそう口走ったのだろう。義満がすぐに崇賢門院に連絡し、彼女がまた慌てて駆けつけて、何とか制止した。彼女は義満から、このまま北山にある彼女の梅町殿《うめまちどの》という邸宅に、院を連れ帰るよう提案されていた。経緯を聞いた経嗣は呆然とし、「聖運《せいうん》の至極《しごく》なり(天皇・王家の命運はもう尽きる)」と嘆いた。

後円融は、京都にいると自分の身に危害が及ぶ、という被害妄想に取り憑《つ》かれていたようだ。自分を傷つけると彼が信じたその敵は、義満以外にない。そこで義満は、京中から少しだけ北西に離れた北山に院を匿《かくま》わせ、母の庇護のもとで安心させようとしたのだ。

三日後の一一日、後円融は寵愛していた按察局《あぜちのつぼね》(橘知繁《ともしげ》の娘)を出家させ、追放した。前年の冬、つまり後小松の即位礼の頃から、院は彼女を憎んでおり、今回の騒動で憎しみが頂点に達したという。ようやく、狂気の理由が見えてきた。院は、最愛の彼女が義満と密通していると確信していたのだ。院は怒り、恐れた。義満は自分の大切なものを次々と奪い、最後に自分の命を取りに来る、という被害妄想に囚《とら》われたのである(95)。

妄想は極限に達し、四日後の一五日に、「義満が後円融を流刑にして京都から追放する」

という噂が後円融の耳に入った。義満の使者として二人の廷臣が院御所を訪れると、後円融は流刑の使者と確信して対面を拒み、持仏堂《じぶつどう》（仏像を安置する堂）に立て籠もり、「朕は切腹する」と宣言した。流刑の辱めを受けるくらいなら自害しよう、と決意したのだ。天皇の切腹など空前絶後で、話にならない。彼はこの時も母の取りなしで少し気を静め、使者には会ったが、結局追い返した。(96) 翌一六日の夜、義満の提案通り、崇賢門院は後円融を自宅に引き取って、帰って行った。(97)

半月後の三月一日、義満は後円融に「絶対に按察局と密通していません」と誓う誓文を届け、後円融は受け入れた。二日後の三日、後円融は義満と同じ車に乗って、京都に戻った。上皇の外出に必要な道具や人員を揃える余裕がないため、〈外出して帰宅する義満の行列の車に、密かに院が忍び込んだ〉ことにしたという。(98)

これで一連の事件は終息し、後円融の被害妄想も衝動的自殺願望も収まったが、彼はそのまま政治から完全に姿を消した。この時まだ二四歳で、実は義満と同い年だった。そして一〇年後の明徳四年（一三九三）にひっそりと、三四歳で生涯を閉じた。

†他人の妻を欲しがる義満と密通疑惑

それにしても、これだけ後円融を怒らせ、絶望させ、自暴自棄にさせ、人格崩壊させた理由は何だったのか。大量出血するまで三条厳子を鉄の棒（刀）で打ち据えた後円融の暴走は異常で、明らかに、彼女を憎む強い理由があった。では、それは何か。

後小松に譲位した四月までは、義満と後円融の仲は、互いに「あいつとは解り合えない」とぎくしゃくした程度だった。それが譲位直後、後円融が一方的に怒る形で決定的な対立に変わった。その変化は、四月二八日の御幸始より後だ（一二七頁）。ただ、御幸始の記録のどこにも、トラブルの形跡がない。だから二人の仲違いは、御幸始より後だ。公忠がその情報を日記に書いたのは五月一三日なので、その一四日間に〝何か〟があった。

その間、朝廷のめぼしい出来事は、五月六日に、院の女房の三条厳子たちが湯巻を初めて着た行事しかない。後円融が上皇となって初の湯浴みで、彼女たちも初めて上皇の女房として湯巻を着た。その女房の筆頭の三条厳子こそ、後円融の傷害事件の被害者だ。しかも、事件の引き金になったのは、後円融に召された厳子が湯巻を持っていなかったことだ。つまり二つの出来事には、三条厳子と湯巻というキーワードが共通している。傷害事件は、厳子が院御所で初めて湯巻を着た行事から、どうにかして派生した結末なのだろう。

事件を振り返ると、後円融の傷害事件に対して、義満が直接示した反応は「按察局と密通していない」という誓約だった。事件の根底には、義満が後宮の女性と密通している、という後円融の疑心暗鬼がある。後小松を産んだ厳子も後宮の女性なので、彼女も密通を疑われた可能性が高い。このことは、すでに指摘されている（今谷明－一九九〇）。

厳子は、実は即位式典の五日前の永徳二年一二月二三日に、後円融の子を産んだばかりだった。しかし、産後二〇日目で産所で養生中だった彼女を、後円融は「すぐに戻れ」と呼び戻した。公忠は、娘への仕打ちが苛酷すぎると憤っている。[99] そして初めて湯巻を着た前年五月、彼女は妊娠二ヶ月目だった。[100] すでに妊娠の自覚症状が出て、妊娠が気づかれていた可能性が十分ある。

状況を整理しよう。①後円融は後宮女性と義満の密通を疑った。②後円融は三条厳子を傷害した。③後円融が義満を憎悪した時期は、厳子が妊娠を自覚し始める時期と一致する。④後円融は、産後間もない厳子を無理に自分の手許に呼び戻した。以上の状況証拠は、後円融が厳子と義満の密通、特に厳子が義満の子を妊娠したと疑ったことを示している。

この疑惑が真実か否か、確かめる術はない。しかし、義満が他人の妻妾を欲しがったのは事実だ。満仁《みつひと》王が愛妾を提供して親王になったことは前述した（一一〇頁）。奪ったのではないが、気に入った素振りを見せ、物欲しそうな顔をしたのは確かだろう。また、後光厳院の女房で中山親雅《ちかまさ》の妻だった、箏《そう》という弦楽器の演奏が得意な加賀局《かがのつぼね》は、義満の家で管絃《かんげん》（音楽会）があるたびに呼ばれ、義満に見初められて密通し、妊娠すると義満に引き取られて男子を産んだ。[101] さらに、義満の子の、梶井《かじい》門跡に入った義承《ぎしょう》を生んだ藤原誠子《せいし》

は、もとは弟の足利満詮《みつあきら》の妻だった。(102)

こうした義満の行動は、公然の事実だ。その、弟や親王の妻まで手に入れる彼の矛先が、天皇や上皇の後宮だけには向かわない、と信じるのは難しい。後円融が三条厳子と義満の密通を疑ったのなら、それには十分な根拠があったというべきだろう。

†力は正義、義満と廷臣は「君臣の如し」

三条厳子傷害事件の直前、後円融主催の仏事に廷臣が来なかった永徳三年（一三八三）正月、白馬節会《あおうまのせちえ》で内弁《ないべん》（進行統括者）を勤めた義満は、親王と同等の礼節で遇された。義満はもはや臣下の域を超え、「近日左相《さしょう》の礼、諸家の崇敬、君臣の如《ごと》し（近日の左大臣義満は廷臣からの礼遇も崇敬も君臣のようだ）」といわれた。(103)

その六日後、近衛道嗣は、踏歌節会《とうかのせちえ》に息子の兼嗣《かねつぎ》が出仕できなくなり、「武命《ぶめい》なり。猶《な》ほ厳密に候《そうら》はんずらんと恐怖の時分に候《そうろう》（将軍の命令なので厳しく催促されるだろうと恐怖している）」と書いている。(104) 義満と廷臣の間に生まれた「君臣」関係とは、動員に従わないと容赦なく報復される「恐怖」の産物なのだった。

この達成までに、画期は三つあった。まず、摂家を除く廷臣上層部を総動員した康暦元年（一三七九）の右大将拝賀。次に、摂家も使役した永徳元年（一三八一）の内大臣大饗。

ここまでは、義満の動員は噂を利用した暗示的なものだった。しかし、同じ永徳元年の等持寺八講で、義満は明示的に命令し、〝暗黙的な支配者〟から〝露骨な支配者〟になった。

それぞれ画期的だが、一つだけ真に画期的な出来事を選ぶなら、右大将拝賀だ。いきなり廷臣総動員を八割方まで完成させ、それを天下に周知させた大イベントだったからだ。それは、制度（官職の上下関係）も社会慣行（個人的な主従関係）も超越して廷臣全体に君臨する、前代未聞の新型の地位が生まれ、そこに義満が就いたと宣言する儀礼だった。

その超越的な権力を、なぜ義満が振るってよいのか、彼は説明も正当化もしなかった。強いていえば、義満が廷臣の誰も対抗できない武力を持ったこと、つまり〈力こそ正義〉というのが、義満の行った最大の正当化だった。では、この地位を人はどういう概念で捉え、呼べばよいのか。そんなものを指す概念も、呼ぶ言葉も、従来の日本にはなかった。

しかし、義満はそれらを用意した。「公方様《くぼうさま》」という概念と、「室町殿《むろまちどの》」という名である。

ここでもう一度、右大将拝賀の経緯を思い出そう。準備の終盤で、拝賀の期日が延期された理由は、義満の「室町殿（室町第・花御所）」の新築工事が、拝賀の「出立《いでたち》の儀」に使える状態まで仕上がっていないからだった。右大将拝賀の舞台装置となることこそ、室町第の最初の使い道であり、したがって室町第を造った最大の目的の一つだった。

右大将拝賀は、室町第で開幕し、室町第から出発する。それにより、右大将拝賀で喧伝された〈全廷臣に君臨する新型の支配者の登場〉という主題は、室町第という建物と結びつけて記憶される。拝賀は一過性のイベントだが、建物は恒久的に残る。内裏の至近に室町第という大邸宅が屹立することで、天皇以下の京都の住人から、京都に短期滞在中の旅人まで、人はそれを見るたびに、日々、新型の支配者の登場を実感する仕組みだった。

義満は、この仕組みをさらに活用した。室町殿（室町第）が〝新型の支配者〟の印象と直結しているなら、その〝新型の支配者〟を「室町殿」と呼ばせてしまえばよい、と。

第六章 「室町殿」称号の独占と定義——「公方様」という解答

†建物名を人の敬称にする日本文化——公《オオヤケ》・公家・禁裏（様）・お内裏様

建物の主を建物名で呼んで敬う慣習は、日本の重要な伝統文化だ。一見、話がそれてゆくようだが、後に問題となる「公方《くぼう》」と大いに関わるので、踏み込んで述べておきたい。

「公」という字を、わが国では古くからオオヤケと読む。「公《おおやけ》」は、今では official とか public の意味だが、半分正解、半分誤りだ。漢字の「公」はそういう意味だが、オオヤケという日本語は全く違う。オオヤケは「大《オオ》きな家《ヤケ》」だ。古い日本語では、権力者の邸宅（区画丸ごと）をヤケといい、「家」や「宅」と書いた。そして、ヤケの規模が大きいなら、それに比例して持ち主は偉い。だからこの「大きい」には偉大という意味がある。それを踏まえてオオヤケを英語に訳せば great mansion とか great palace になる。偉大なヤケは一つでなくてよいが、一つだけオオヤケを挙げよ、と問われたら答えは一つ、天皇（倭王）のヤケだ。だからオオヤケとは内裏であり、そこから転じてその主の天皇を指した。

その証拠に、『大鏡《おおかがみ》』という歴史物語がある。摂関政治期を扱うが、形式上は天皇の年代記である。冒頭に大宅世継《おおやけのよつぎ》という架空の人が現れて、彼が見聞きした天皇の物語を語り始める、という設定だ。なぜ、その語り手の名前が「大宅世継」なのか。それは、「オオヤケのヨツギ」が、「天皇《オオヤケ》たちが世《ヨ》を受け継《ツギ》ぎ続けてゆく」という意味の日本語だからだ。

「公家《くげ》」という言葉は、この「公《オオヤケ》」から派生した。したがって、「公家」を〝廷臣〟と同じ意味で使うのは誤りだ。中世まで、「公家」は天皇自身か、天皇が率いる朝廷しか指さない。〝天皇の専決事項〟を「公家御計《おはからい》」といったのをを思い出されたい（一一四頁）。

なお、クゲと読めば廷臣を指し、コウケと読めば天皇を指す、と説明する歴史学者が多数いるが、裏づけがない都市伝説なので気をつけて欲しい。天皇を指す場合もクゲと読んだ証拠があり、読みで意味を使い分けた形跡はない。だいたい、その説は、クゲという呉《ご》音《おん》（古く中国南方から伝わったらしい発音）、コウケという漢音《かんおん》（隋唐の頃に新しく長安・洛陽から伝わった発音）で使い分けたと信じているようだが、漢音なら「公家」はコウカであって、「コウ（漢音）ケ（呉音）」とごちゃ混ぜに発音することはあり得ない。

「公家」は、鎌倉時代から使用頻度が劇的に増した。幕府が生まれて「武家」と呼ばれ、並立する朝廷と対比する機会が増えたからだ。「公家武家」で〝天皇（率いる朝廷）や将軍（率いる幕府）〟を指した。武家（幕府）という組織とその構成員が確立すると、彼らと廷臣が混在した時に、誰がどちらに所属しているかを示す必要が生まれる。そこで幕府の構成員を「武家の人々」といい、朝廷の構成員（廷臣）を「公家の人々」と呼ぶようになった。そうした表現は、両者が京都で混在した室町時代に流行する。

戦国時代には「〇〇衆」という言葉が好まれ始め、それぞれ「武家衆」と「公家衆」になった。「公家の人々（公家衆）」は〝公家（朝廷）に所属する人々〟という意味なので、廷臣と等しい。ところが、これを〝公家である人々〟と誤解する人がその頃から増え、そこから〈廷臣＝公家〉という間違った等式が生まれた。「武家の人々（武家衆）」にも同じことが起こり、〈武士（侍）＝武家〉という間違った等式が生まれた。その結果、武士を「お武家さん」、廷臣を「お公家さん」と呼ぶ、時代劇風の間違った言葉づかいになった。

天皇その人を単体で呼ぶ場合は、「主上《しゆしよう》」とも呼び、天皇の住居を「内裏《だいり》」とか「禁裏《きんり》」と呼んだことから、「禁裏」の主の天皇自身も「禁裏」と呼ばれるようになった。鎌倉末期の花園《はなぞの》上皇が日記で何度も後醍醐天皇を「禁裏」と呼んでいる。時代を考えると、院政が定着して、天皇その人を（何人もいる）院と区別して名指しする必要が増えたからだろう。戦国時代には「禁裏」の用例が激増し、天皇のことも「禁裏様《きんりさま》」と呼ぶようになった。

その後、「禁裏」と同じ「内裏」も天皇を指すようになり、前後に尊敬語の「御」と「様」をつけて「御《お》内裏《だいり》様《さま》」と呼ぶようになった。雛人形の男雛《おびな》を指す「お内裏様」として、今も生きている言葉だ。なお、女雛《めびな》も合わせて「お内裏様」だ、という説が巷に溢《あふ》れているようだが、それが誤りなのは明らかだ。「禁裏様」と同様、「内裏」は、人としては天皇だけを指し、女雛（皇后）を含めて「お内裏様」と呼ぶことはあり得ない。絶対にだ。

†宮・院・殿・坊（房）・軒・斎・局・御台所

建物（居住区）の名でその主を呼ぶ文化は、日本では普遍的だった。例えば、昔も今も、天皇の家族を「宮」という。宮《ミヤ》は「御屋《ミヤ》」で、ミヤは〝尊いお方のお住まい〟だ。そこに住む〝尊いお方〟も「宮」と呼ばれる。それが、平安時代までにほぼ皇族に限られ、中世以降、天皇の家族（天皇の子孫と后）以外を「宮」とは呼ばない。ただし、〝尊いお方〟は人間に限らないので、〝神のお住まい〟も宮《ミヤ》という。伊勢神宮・鶴岡八幡宮などがそうだ。「院《いん》」も〝極めて高貴な人のお住まい〟で、天皇が退位後のために用意する隠居所を「後《ご》院」といい、地名をつけて朱雀院《すざくいん》・嵯峨院《さがいん》・冷泉院《れいぜいいん》などと呼ぶ。「院」に住むのは上皇（出家すれば法皇）なので、上皇や法皇も「院」と呼び、彼らが行う政治を「院政」と呼ぶ。「殿《との》」も同じ発想だ。「殿」も〝貴人のお住まい〟だが、神や皇族・上皇よりランクが低い。そして「殿」に住む人も「殿」と呼ばれ、前近代には摂政・関白や親王が「殿」とか「殿下」と呼ばれた。彼らの邸宅も地名などの固有名詞をつけて、九条大路に面していれば「九条殿」と呼ぶ。そして、その邸宅の持ち主も「九条殿」と呼ばれ、その殿舎が直系の男子に相続されて歴代「九条殿」と呼ばれると、「九条家」という家《ファミリー》が成立する。

「殿」は万能で、一定以上の身分ある人なら、「殿」と呼べた。官職に付けて「右大臣殿」「大蔵卿《おおくらきょう》殿」「相模守《さがみのかみ》殿」などと呼び、相手の居住地に付けて「西園寺殿」「近衛殿」「三条殿」などと呼んだ（鎌倉末期の両統迭立《てつりつ》期に、大覚寺統の上皇は持明院《じみょういん》統の上皇を「持明院殿」と呼んでいる）。それが武士にも広がり、所領の地名を用いて「千葉殿」「足利殿」などと呼んだ。江戸時代の大名を「殿様」と呼ぶのは、その名残だ。そしてもちろん、源頼朝に始まる鎌倉の主（鎌倉幕府の長）を「鎌倉殿《かまくらどの》」と呼ぶのも同じことである。

「殿」は敬称なので、天皇が武士や神主に対して、つまり相手の身分が低すぎる場合は使えない。普通、そうした相手には天皇が直接文書を書かない（側近の名で書く）のだが、後醍醐のように常識を無視する人は書いた。その場合は、「殿」より格下の「館《たち》」という、建物を指す言葉を用いて、命令書の宛先を「賀茂神主館」「楠木判官《ほうがん》館」などと書いた。

僧侶を「お坊さん」というのも、僧侶の住居（部屋）を「坊（房）」というからだ。それぞれ「武蔵坊」「天光坊」などと好きに名づけ、二人称では「御坊《ごぼう》（御房）」と呼ぶ。「坊

（房）」の主を「坊主」といい、今でも「生臭坊主」など、僧侶の意味で使われている。

　寺の中には、「院」という小さな寺院が付属することがあり、「院」の中には、「軒《けん》」という複数の建物があった。例えば、室町時代に禅宗寺院を統轄した役所は、相国寺の中の鹿苑《ろくおん》院の中の蔭凉《いんりょう》軒にあった。それぞれ相国寺には住持《じゅうじ》（住職）がおり、鹿苑院には鹿苑院主《いんしゅ》がおり、蔭凉軒には蔭凉軒主《けんしゅ》がいる。応仁の乱の頃の蔭凉軒主を蔭凉軒真蘂《しんずい》と呼び、徳川家康に仕えた南禅寺金地《こんち》院《いん》の院主を金地院崇伝《すうでん》と呼び、戦国時代に毛利氏に仕えた安《あん》国寺《こくじ》の僧を安国寺恵《え》瓊《けい》と呼ぶように、それらも人の呼び名になった。

　さらに、「軒」の中の部屋を「斎《さい》」という。今でも書斎というのがそれだ。この「斎」にも名前をつけてよい。今でも、形式上、大徳寺で修行した臨済宗の僧という体裁を取る茶道の千家では、「〇〇斎」と名乗る。例えば裏千家では、歴代、家元になると「千宗室《そうしつ》」と名乗り、全員同じ名なので、区別のために「鵬雲斎《ほううんさい》」とか「坐《ざ》忘斎《ぼうさい》」と呼んで区別する。それぞれ「鵬雲斎」「坐忘斎」という部屋の主という意味だ。戦国時代、禅宗的な趣味が広がると、大名もそれを使いたがった。細川幽斎《ゆうさい》や、東京の有楽町《ゆうらくちょう》の語源となった織田有《う》楽斎《らくさい》などがそうで、それらも「幽斎」「有楽斎」という部屋の主という意味だ。

　今でも勤め先に時々いる「お局様」は、「局《つぼね》」と呼ばれた女房（貴人に仕える女官）に由来する。「局」は〝区画された部屋〟を意味し、その部屋の主である女性も「局」と呼び、官職を組み合わせて「左近局《さこんのつぼね》」「大納言局《だいなごんのつぼね》」などと呼んだり、地名（京中の街路名）を組み合わせて「三条局《さんじょうのつぼね》」「春日局《かすがのつぼね》」などと呼んだ。徳川家光の母が「春日局」と呼ばれたのは、特別に天皇から、禁裏の女房と同等の待遇と名前をもらったからだ。ちなみに、僧侶の話で触れたように、「房」は部屋なので、「女房」という言葉自体が、「女性（女官）の部屋」という意味だ。また、室町時代以降、将軍の正妻を「御台所《みだいどころ》（略して御台《みだい》・御台様）」と呼ぶが、これも「将軍の台所（調理場）を取り仕切る主」という意味である。

†婉曲表現で敬意を表す普遍的文化――your highness とあなた様

このような、〈建物の名前で建物の主を呼ぶ〉習慣は、なぜ根強いのか。それは、貴い人を名指しで呼ぶのが畏《おそ》れ多く、婉曲《えんきょく》に呼ぶべきだからだ。「天皇」と呼ばず、遠回しに「天皇が住む宮殿」やその門（「御門《ミカド》」＝帝）を呼ぶことで、畏れ多さを軽減する。右に挙げたすべてがその用法だ。室町時代には、将軍義持が、国内では「国王」と呼ばれず「御所」と呼ばれていた[105]。御所ももちろん、本来は将軍（を含む最上位の貴人）が住む建物だ。〈本人ではなく、本人の周辺のものを指して婉曲に呼ぶ〉ことで敬意を表すのは、古今東西を問わない、普遍的な知恵である。今でも英国で、王族に面と向かって you と呼ばず、王族には your highness、女王には your magesty と呼ぶのはご存知だろう。

同様に、前近代日本でも、〈あなた様は自分ごときが直接対話・文通できない貴人です〉という態度を示すため、書状（手紙）の宛先を、あえて相手の部下宛にすることがあった。部下を宛名にしたり、貴人の呼び名に「○○殿（様）御宿所《ごしゅくしょ》」とか「○○殿（様）御同宿《ごどうしゅく》中《ちゅう》」と付け足して、「○○様と一緒にお住まいのどなたかから、○○様に披露して下さい」という体裁にした。現代でも、先生などに特別な敬意を表する場合、「○○先生御侍史」と付けて、「先生のお側に仕えている書記役」宛てに書くことがある。

私たちに身近なのは「方」だ。「あの人」を、敬意をこめて「あの方（お方）」と呼ぶ。「あちらの方面にいらっしゃる貴人」という意味だ。江戸時代に二人称の呼びかけを「その方《ほう》」「そなた」というのも、本来は「そちらの（相手の）方角の貴人」「そちら（にいる貴人）」という婉曲表現だ。今でも使う二人称の「あなた」も同じである（「誰？」を「どなた？」というのも同じ）。「あちらの方角にいる貴人」でyouを指す婉曲表現であり、〝そちら〟より〝あちら〟の方が遠いので、婉曲な「そなた」をさらに婉曲にしている。

もう一つ、方角を指して婉曲に表現する「様」がある。「○○様」は、本来は「○○の様《よう》な」という婉曲表現で、「○○の方（方面・方角・方向）」という意味にも使った。そして、「○○殿」が氾濫し、貴人に使っても特別の敬意が払えなくなると、それを補うため、「殿」より上等な敬称として、室町時代から「様」が使われ始める。「○○様」で「○○の方角にいらっしゃる貴人」である。室町時代まで「禁裏」と呼んでいた天皇を、戦国時代から「禁裏様」と呼ぶようになり、それで「禁裏の方角にいらっしゃる貴人」という婉曲な敬称になった。今でも使う「あなた様」は、婉曲な「そなた」をもっと婉曲にした「あなた」をさらに婉曲した、究極の婉曲表現だ。

「○○殿」が「○○殿という建物の主」という、別の原理の敬称だったことから、「殿」と「様」は同時に使えた。その結果、足利将軍家の家督を指して「室町殿様《むろまちどのさま》」と呼ぶ表現が、室町後期に生まれてくる。江戸期に大名を「殿様」と呼んだのも、現代に婉曲の「殿」と「様」と「方」を重ねて「皆様方」とか「殿方」というのも、その名残だ。

以上の文化を踏まえないと、「室町殿」という呼び名の意味がわからない。

†鎌倉幕府と「鎌倉殿」

幕府の長は、実は常に将軍（征夷大将軍）なのではない。鎌倉幕府の初代源頼朝は、晩年近くまで征夷大将軍にならなかった。四代目の藤原頼経《よりつね》は、最初は二歳の幼児で、元服もしていなかった。任官は元服した成人がするのが建前なので、八歳で元服した翌年まで、征夷大将軍には任命できなかった。また室町幕府の六代目の足利義教《よしのり》は、僧侶だったため髪がなかった。元服は「初冠《ういこうぶり》」ともいうように、初めて冠を着ける儀礼であり、冠は髻《もとどり》（束ねた長髪）にかぶせる装身具なので、坊主頭や短髪では元服できない。そこで義教は一年、髪が伸びるのを待って元服し、それから征夷大将軍になった。

「将軍」はラベルにすぎず、〈いずれ必ず将軍になる〉ことが確定していれば、それで幕府の長として十分だった。この、官職に囚《とら》われない幕府の長を、呼ぶ名前が必要だ。

頼朝が拠点を鎌倉に定めた時、関東の人々は頼朝を「推《お》して鎌倉の主と為《な》す（鎌倉の主に推戴した）」と『吾妻鏡《あづまかがみ》』（鎌倉幕府の歴史書）にある。挙兵直後の頼朝の地位が今後どう動くかは不明だが、関東武士（御家人）の主人という地位だけは変わる見込みがない。それらすべてを織り交ぜて、包括的に頼朝の地位を表現できる言葉がなかったので、「鎌倉の主」を意味する「鎌倉殿《かまくらどの》」という呼び名にすべてを籠め、表現することにした。それは、○○の領主を「○○殿」と呼ぶのと同じ日常的な呼び名だったはずだが、鎌倉幕府はこれを改変して、「鎌倉殿」を〝幕府の長〟という社会的地位の呼び名に仕立て上げた。

幕府の実権が執権北条氏に移っても、執権の名で出す幕府の最高決定文書（関東御教書《みぎょうしょ》）には原則として「鎌倉殿の仰《おお》せに依《よ》り、執達件《しったつくだん》の如《ごと》し（鎌倉殿のご命令をこの通り通達する）」と書かれた。この一文を書き込む手続きの場が評定《ひょうじょう》という最高審議機関で、この一文がなければ北条氏の私文書として、法廷では軽く扱われた。一時期（将軍宗尊《むねたか》親王の時）の例外を除いて、その一文は「将軍の～」ではなく必ず「鎌倉殿の仰せに依り」であり、それを連呼することで、「鎌倉殿」こそが幕府の長だという共通認識が再生産された。

源氏三代・摂家二代の鎌倉殿は、公卿だった。公卿は尊いので、通常は本名で呼ばない。その代わり、婉曲に呼んで敬う風習に従って、官職で呼んだ。それで一人を特定できることが目的なので、関白・左大臣など定員一人の場合はただ官職名で呼んだ。大納言・中納言・参議など複数いる場合は、個々人の特性で区別した。中納言のうち二位の者が一人なら「二位中納言」と呼び、定員一人の兼官《けんかん》（兼任している官職）がある場合は、「別当《べっとう》（検非違使別当）」「右大将」「右兵衛督《うひょうえのかみ》」などと呼び、兼官がない場合は邸宅や本拠地の地名をつけて三条大納言・西園寺中納言・唐橋宰相《からはしさいしょう》などと呼んだ（参議だけ中国風に「宰相」）。こうした通称を「称号」という。称号は便利なので、公卿の下にも広まった。特に、近衛中将・少将は何十人もいるので、「一条中将」「冷泉少将」などの称号が多用された。

これに倣《なら》って、鎌倉殿も称号で呼ばれることがあった。初代の頼朝は「（前）右大将」「（前）将軍」としか呼ばれなかったが、二代頼家や三代実朝は「鎌倉中将」と呼ばれ、四代頼経は「鎌倉大納言入道」、五代頼嗣《よりつぎ》は「鎌倉少将」と呼ばれた。

†直義の「三条殿」＋将軍家家督の血統＝「鎌倉殿」義詮

六代目の宗尊以降は親王将軍なので、称号は途絶えたが、室町幕府で復活する。尊氏は朝廷で「鎌倉大納言」と名乗り、義詮も「鎌倉左馬頭《さまのかみ》」「鎌倉宰相中将《さいしょうのちゅうじょう》（近衛中将を兼ねる参議）」「鎌倉大納言」と上昇した。義満も、祖父・父を踏襲していた頃は、「鎌倉左馬頭」「鎌倉宰相中将」と呼ばれた。（建武鎌倉府を除いて）室町幕府が鎌倉にないのに、「鎌倉○○」と称したのが面白い。それは、鎌倉幕府の後継組織の長だという自己規定《アイデンティティ》の表明であり、そして〈幕府は鎌倉にあるべき〉という理念の残骸だった。

　幕府の「執権」直義は、政庁（邸宅）の三条坊門殿《さんじょうぼうもんどの》によって「三条殿《さんじょうどの》」と呼ばれた。「鎌倉」と名乗らないのは、将軍家の長ではない、という直義なりの謙遜の表明だろう。初期の室町幕府は、「将軍」尊氏が君臨し、「三条殿」直義が政務を取り仕切る体制だった。

　その直義の地位は、観応の擾乱《じょうらん》の中で、義詮に継承された。その直後は義詮も「三条殿」と名乗ったが、直義が滅ぶと「鎌倉殿」と名乗り始める。直義を討伐するため関東に下った尊氏は、二年ほど鎌倉に滞在し、京都に義詮が残った。二人は日本を東西に分けて分割統治し、東幕府・西幕府と呼べる状況が二年間続いた。東幕府の長は「将軍」尊氏だったが、西幕府の長を呼ぶ肩書きが必要になった。そこで義詮は、鎌倉幕府の滅亡とともに歴史に埋もれていた「鎌倉殿」称号を復活させ、自分の肩書きとした。鎌倉時代に「将軍」と「鎌倉殿」が分離したことは一度もないので、これは画期的なことだった。

　尊氏が京都に戻っても、義詮は「鎌倉殿」と名乗り続けた。幕府の東西分割は解消されたが、尊氏は政治の実権を次第に義詮に譲り、かつての直義のように義詮が幕府の執政になった。その地位を直義のように「三条殿」と呼ばなかったのは、「鎌倉殿」の称号が(直義の場合と違って)名実ともに幕府の長をイメージさせるからだろう。「三条殿」という執政の地位に、足利氏家督の血統を加味した地位が「鎌倉殿」になった、ということだ。

尊氏が没して義詮が将軍になると、「鎌倉殿」称号は消えた。「将軍」や、それを唐風に呼んだ「大樹《たいじゅ》」、また「武家」と呼べば困らないからだ。その中で、往年の直義と似た「管領」の地位に就いた斯波《しわ》高経《たかつね》が、直義の「三条殿」を真似て「七条殿《しちじょうどの》」と呼ばれたことは、先述の通りだ(四五頁)。ただ、義詮は公家社会で「鎌倉大納言」と呼ばれ続け、この幕府が鎌倉幕府を再起動した組織だとアピールし続けた。それを壊したのが義満だった。

†頼朝の「鎌倉殿」を超克した義満の「室町殿」

義詮までの将軍と違い、義満は朝廷の一員・代表として、朝廷・幕府を一身に従える新しい支配者だ。その地位は、鎌倉幕府や義詮までの将軍と本質的に違うので、それらのイメージが固着した「鎌倉殿」や「鎌倉大納言」の称号は廃止し、新たな称号が必要になる。

義満は、右大将となって〝頼朝の再来〟を演出した。その頼朝は、自分の新たな地位を、本拠地の地名を使って「鎌倉殿」と名乗った。ならば、彼の再来である義満も、同じ方法で表現するのが順当だろう。とはいえ、「京都殿」はだめだ。京都の主は天皇なのだから。ならば邸宅の所在地だが、「三条殿」もだめだ。従来の本拠地の三条坊門殿には、直義・義詮のイメージがこびりついており、「三条殿」では〝新時代の支配者〟を表現できない。

そこで、次の結論が出た。将軍が朝廷の支配者を兼ねて手狭になったことと、朝廷に密着する必要性から、義満は北小路室町に新築した「室町第（花亭）」に転居する。三条坊門殿を捨てることで直義・義詮のイメージを完全に払拭でき、新築の室町第には最初から〝新時代の支配者〟のイメージをこめられる。そのイメージは、右大将拝賀で視覚的に大々的に強調される。その右大将拝賀の行列が出発する出立《いでたち》を室町第で行うことで、右大将拝賀と直結した室町第は〝新時代の支配者の誕生〟の物理的シンボルとして確立する。その室町第のシンボリックな印象を、そのまま自分の地位の呼び名に転用すればよい。

花亭は本来、普通名詞で（七四頁）、しかも「亭」が「殿」と同じ意味なので、「花亭殿」という称号にはできない。「鎌倉殿」に倣《なら》うなら、新たな称号も地名を含むべきだ。花亭は北小路と室町小路に面しているが、北小路も普通名詞に由来する上、〝京より北の小路〟を意味するので、京都が本拠地だと示しにくい。室町小路なら平安京内から延長された道なので、それらの心配がない。ならば、「室町殿」を採用するのが最適だ。

かくして筋書きがまとまる。義満は、頼朝と同じく〝新時代の支配者〟を創造した。それは、頼朝が創造した「鎌倉殿」の限界を超えアップグレードした「室町殿」である、と。

〈鎌倉殿を従える室町殿〉の完成

前述の通り、公卿は兼官があれば兼官で呼ばれる。尊氏・義詮は兼官がなかったので「鎌倉大納言」と呼ばれたが、義満は右大将を兼任するので「右大将」と呼べばよい。続いて昇進した内大臣・左大臣・太政大臣も定員一人なので、官職名で呼べばよい。かくして、自然消滅的に、「鎌倉大納言」という前時代的な称号が処分された。

ただ、将軍家の嫡子は、義満と同様に参議（兼左中将）・権大納言と昇進してゆく。それは地名の称号で呼ぶしかないが、「鎌倉宰相中将」「鎌倉大納言」では昔に逆戻りだ。そこで、義満は息子の義持《よしもち》には「室町宰相中将」「室町大納言」と名乗らせている。

繰り返すが、尊氏・義詮が「鎌倉大納言」と名乗ったのは、室町幕府が鎌倉幕府の再起動であることの帰結として、〈実態が伴わなくとも、幕府は鎌倉にあるべきという理想を捨てない〉という意思表示だった。義詮が京都で西日本を治める地位を「鎌倉殿」と名づけたほど、それは理念レベルで強力だった。しかし、義満は「鎌倉大納言」も「鎌倉殿」も捨てた。それは、右の理念も捨てて、〈幕府は京都にあるべき〉という理念に書き換えたことを意味する。その意味で、義満は室町幕府を鎌倉幕府から真に脱皮させたのである。

では、「鎌倉殿」は消滅したかといえば、実は、鎌倉府の主君の称号になっていた。鎌倉府の初代基氏《もとうじ》は、貞和《じょうわ》五年（一三四九）に鎌倉に下った時、「関東管領《かんれい》」と呼ばれた。彼を支える二人の補佐官は「関東執事」で、高《こう》氏の滅亡後は上杉氏が一人体制で独占した。「鎌倉殿」称号は、京都に上った義詮が使ったので、基氏が「鎌倉殿」と呼ばれた可能性はない。義詮は鎌倉の主君だった時、「鎌倉御所」と呼ばれた(106)。基氏も貞治《じょうじ》元年（一三六二）の段階で「鎌倉御所」と呼ばれている(107)。建武二年（一三三五）末に尊氏が鎌倉を離れた時に鎌倉に残された義詮も、その後継者基氏も、呼び名は「鎌倉御所」だった。

ところが、義詮が将軍になって「鎌倉殿」称号を手放すと、事情が変わる。貞治三年（一三六四）から六年にかけて、義詮自身の文書で基氏を「鎌倉殿」と呼ぶものが四通確認できる(108)。それは、義詮と直義派諸将が次々と和睦した、貞治二年を境に起こった現象と見てよい。というのも、その年に上杉憲顕が帰参した時(109)、基氏が彼に「関東管領」として鎌倉に常駐せよ、と述べた書状があるからだ。上杉憲顕が関東管領なら、もはや基氏は関東管領ではない。基氏の肩書きは、この頃に「鎌倉殿」になったはずだ。その結果、〈京都の「将軍」が鎌倉の「鎌倉殿」を従える〉という構造になったのである。

この形は義満の代にも継承され、義満が「室町殿」に脱皮したことで、〈京都の「室町殿」が鎌倉の「鎌倉殿」を従える〉という形に書き換わり、以後、幕府滅亡まで続く。これで、「室町殿」は「鎌倉殿」を克服した上位の支配者だ、という印象が固まった。

†「室町称号」の独占通知

かくして、朝廷と幕府を一身に支配する、日本初の統一的支配者を「室町殿」と呼ぶ慣習が成立した。すると、「鎌倉殿」と同様に、ほかの誰にもその呼び名を使わせるべきでない。「室町」は京都の街路名なので、普通なら、室町小路に面した邸宅を持つ者は誰でも、自宅や自分を「室町殿」と呼べる。現に、花亭の昔の持ち主だった室町季顕《すえあき》があり、また朝廷の神祇《じんぎ》祭祀（神道）を司る神祇大副《じんぎのたいふ》を世襲した卜部《うらべ》氏が、花亭に隣接する北小路室町に邸宅を持っていた縁から、「室町殿」と呼ばれることがあった。

義満は、「室町殿」の呼び名を独占するために動いた。室町第（花亭）を手放した室町季顕は、もう「室町」と名乗る必要性はなく、この後「四辻《よつつじ》」と称号を変えている。室町第より一町北で、「四辻」とも呼ばれた持明院北大路《じみょういんきたおおじ》の付近に転居したのだろう。

問題は卜部氏だ。義満はその嫡流の卜部兼凞《かねひろ》に連絡して、「室町殿」称号を今後一切名乗らず、義満に譲り渡すよう要請した。文面上は要請だが、もちろん断る自由はない。

その時の書状が、子孫の吉田兼致《かねむね》の日記に引用されている。その存在はこれまで気づかれなかったらしく、学界で紹介されたことがなく、本書で初めて紹介するものだ。「室町殿」誕生の瞬間を示す歴史的な文書なので、以下に掲げておこう。[110]

鹿苑院殿御《ろくおんいんどのご》書《しょ》御自筆

室町称号与奪《よだつ》の事、相違《そうい》無《な》きの条《じょう》、尤《もっと》も以《もっ》て神妙《しんびょう》に候《そうろう》なり。謹言《きんげん》。

永和四

四月十五日　御判《ごはん》

室町侍従殿《むろまちじじゅうどの》　于時兼煕卿《ときにかねひろきょう》

「「室町」という称号を私（だけ）のものとしてくれ、という要請にきちんと応えてくれて大変感心だ」という。日付は義満が室町第に移徙《いし》した三月一〇日の、約一ヶ月後だ。この件で、義満の腹心の万里小路《までのこうじ》嗣房《つぐふさ》という廷臣が出した添え状もある。

御称号の事、旧号《きゅうごう》の内、「冷泉」を用《もち》ゐらるべく候《そうろう》の由《よし》、仰《おお》せ出《いだ》され候の処《ところ》、「吉田《よしだ》」と号《ごう》せらるべきの由、好み申《もう》さるるの上は、時宜《じぎ》、相違有《あ》るべからざるの由《よし》候。御意《ぎょい》を得《う》べく候や。謹言。

五月六日　嗣｜（房）

「『貴方（兼凞）の称号は、旧号（かつて自分や祖先が用いた称号）を再利用して「冷泉」がよいだろう』と義満様から指示されましたが、貴方が『「吉田」と名乗りたい』と申し出られましたので、『問題ない』と義満様はお考えです。その通りでよいですか」という。

義満は、「室町殿」称号を独占するため、卜部氏に「室町」と名乗らないよう要請し、ほかの称号まで提案していた。義満は「冷泉」を提案したが、兼凞は「吉田」を選んだ。京都の鴨川の東にある、吉田神社の神主だったからだ。こうしてこの一族は「吉田」家になった。彼の玄孫《げんそん》（孫の孫）の吉田兼倶《かねとも》は、唯一神道《ゆいいつしんとう》（宗源《そうげん》神道・吉田神道とも）という新興宗教を立ち上げ、応仁の乱で世情が荒廃する中、時の天皇（後土御門《ごつちみかど》天皇）や室町殿（足利義政《よしまさ》）の心を捉えて一大勢力を作り上げて、その末に、江戸時代には日本全国の神道の元締めとなる。その「吉田」家の誕生の瞬間こそ、右の書状のやり取りだった。それは義満によって「室町殿」という新たな権力が成立したことの余波なのだった。

かくして、義満とその後継者の呼び名は「室町殿」と決まり、八代義政の頃まで、将軍を「将軍」と呼ぶことはほぼ皆無となった。応仁の乱直後に、ある将軍直臣が(11)「此《こ》の御家《おいえ》、代々「室町」と号《ごう》す（将軍家は代々「室町」と名乗ってきた）」と証言した通りで、天皇からも「室町殿」と呼ばれた（二九二頁）。

†「室町殿」と「公方」――公武の二重人格

かつて、「義満は公家化した」といわれ、そういう表現を使う専門家がまだいる。それでは〈武士をやめて廷臣に転身した〉という誤った印象を導く。事実はもっと面白い。

中世の人は、自分の文書に花押《かおう》を書く。花押は本人しか書けないマークで、現代の自署《サイン》や印鑑と同じだ（実際、自署《サイン》から生まれた）。花押は「この文書は間違いなく私の意思だ」と示す、人格そのものである。だから通常、一人の人間は一つの花押しか用いない。しかし、室町殿は違った。義満が左大臣になった永徳三年（一三八三）、吉田兼凞はこう証言した。「義満は右大将になってから、決裁文書で花押《かおう》を二つ使い分けた。朝廷関係の案件では廷臣の花押を、幕府関係の案件では武士の花押を使っている」と[112]。室町殿は廷臣の顔と武士の顔を持ち、二つの人格を使い分けて、二つの世界を行き来しながら生きた、ということだ。こうした政治的な〝二重人格〟は、それまでの史上、例がない。

室町殿は朝廷・幕府双方の支配者だが、ややこしい問題があった。幕府の長であるのはよいとして、形式上、朝廷の長でないのに朝廷を支配する「室町殿」は、一体何なのか。前にもそんな地位があった。天皇でないのに朝廷を支配する院（上皇）である。その地位を、朝廷は「治天《ちてん》（の君《きみ》）」と呼んだ。字面通りなら「天を治める者」という意味だが、地上を治める天皇の代行者の呼び名としてはおかしい。恐らく、はるか古代からある「治《ち》天下《てんか》」という言葉が訛《なま》り、長すぎて面倒になって「治天」に短縮されたのだろう。

「治天」の真の意味は「天下を治める者」だ。そして、そう定義できるなら、院が院政を敷かない時に、自ら政治を統轄する天皇も「治天」と呼んで差し支えない。天皇や（複数あり得る）上皇という、誰が政治を統轄してもおかしくない人々の中で、とにかく政治の統括者を「治天」と見なそう、という了解ができた。朝廷は「治天」という概念を創ることに成功し、〈誰それは治天なので政治を統轄するのだ〉という説明が可能になった。

そうした概念化が、「室町殿」にも必要だった。かつては室町殿を治天と見なす説があったが、それは無理だ。義満は最終的に院と同等に尊ばれたが、院ではない。上皇は正式には「太上天皇」といい、本質的に天皇と同じで、義満はその地位を望みながら最後まで得られなかった（後述）。では、〈室町殿は○○なので、治天さえ遠慮する日本の最高権力者なのだ〉と説明できる「○○」を、どう調達すればよいのか。

義満は、自分を「公方《くぼう》（様）」と呼ばせ、その呼び名を独占することで、それを解決した。将軍を「公方（様）」と呼ぶのは当然と思われるかもしれないが、そうではない。鎌倉後期には将軍を「公方」と呼び始めたという説もあるが（網野善彦－一九七二）、誤解だ。

それは義満以降の室町幕府と江戸幕府だけの現象で、実は義満の独創なのである。

「御内」と対比するために生まれた「公方」

「公方」は、後半期の鎌倉幕府で生まれた新語だ。新語が生まれるのは、新しい概念が生まれたり流行した時である。では、鎌倉幕府で生まれたどのような新概念が、「公方」という新語を生んだのか。その観点から記録を通読して、私は答えを見つけた。元亨《げんこう》三年(一三二三)に行われた北条貞時《さだとき》の十三回忌の記録である。(113)そこには、二グループに分かれて列席した御家人の着席場所が、「右は公方の人々、左は御内《みうち》の人々」と書かれていた。

鎌倉幕府では、北条氏の嫡流を「得宗《とくそう》」と呼んだ。そして、普通は家中を「内《うち》」というが、得宗家の場合は強大な権威に敬意を払って「御内《みうち》」と呼んだ。そして、得宗の家中、つまり得宗の姻戚や従者になった人を「御内人《みうちびと》」と呼ぶ。御内人かどうかは得宗家の内部の人(姻戚や従者)かどうかだけで決まり、御家人かどうかは関係ない(御内人になっても御家人身分は保たれるし、御家人でなくとも御内人になれる)。したがって、貞時の十三回忌に参列した二グループのうち、「御内の人々」は〝得宗の家中に所属するので先代の得宗を弔う人々〟であり、それと対比された「公方の人々」とは、〝得宗の家中に所属しないが、幕府で同僚・部下だったので貞時を弔う人々〟である。そこでは〈得宗家の内か外か〉だけが問題なのであり、「公方」はその意味での「御内」の対義語だったのだ。

「公方」が鎌倉後期に幕府で生まれたということは、その時期に「御内」の対義語が切実に必要になったことを意味する。理由は想像に難くない。得宗家の権勢が拡大するにつれ、一般の御家人は数多く淘汰され、幕府（特に上層部）の中で数と存在感を失っていった。逆に、得宗家がそうして没落した御家人を吸収して従者化した結果、御内人の数は増えた。しかも、幕府運営を担える御家人が激減した分、彼らの仕事は御内人に肩代わりされていった。そうして御内人は、一般の御家人と同等以上の存在感を持つに至る。かつて、御内人は幕府の中で少数派であり例外的存在だったのが、主流派に近くなったのだ。

かつては、御家人の圧倒的多数が〝御内人でない御家人〟だった。だから〝御内人でない御家人〟を意味する言葉は不要で、ただ「御家人」といえば彼らを指した。多数派は全体とほぼ同じだ、という数の論理である。しかし、御内人の存在感がそうでない御家人と対等以上になれば、数の論理は成立せず、〝御内でない御家人〟を指す言葉が必要になる。

では、〝御内でない〟ことをどう呼ぼうか。「内」の対義語は「外」なので、「外様《とざま》」と呼んでもよい。しかし、幕府（得宗政権）は違う表現を選んだ。「御内」とは家中のことで、家長が全権を握る閉じた世界だ。それは、〈公か私か〉という対比で捉えた場合、「私」の領域にある。ならば、〝御内でない〟領域は「公」の字を使うことができそうだ。

しかし、ここで日本の困った問題が立ちはだかる。「公」の字は、すでに天皇の同義語だったのだ（一三八頁）。わが国では、物ごとが「公」か否かは、天皇との関係がどれくらい強いか、という問題だった。かつてはそれでよかった。「私」の領域の外は、世界全体の支配者が取り仕切る領域で、その支配者は「公《こう》」であり、それは確かに天皇だった。しかし、摂関政治や院政、そして幕府の登場を経て、天皇がこの国の真の支配者でない時代を迎え、実態と言葉が乖離《かいり》してしまった。天皇以外の支配者を「公」と呼ぶべきなのに、「公」の字はまだ天皇に縛られ、自由に使えない。この問題を、どう突破すればよいのか。

†「公方」と「公界」――突破口としての禅宗

突破口を与えたのは、恐らく中国から最新文化を持ち込んだ禅僧である。そう考える理由は、同じ鎌倉時代に「公方」と似た「公界《くがい》」という言葉が使われ始め、それが明らかに禅僧（臨済宗・曹洞宗）の持ち込んだ言葉だからだ（江頭恒治－一九三八）。中国（南宋や元）から渡来した優秀な禅僧に、得宗は深く帰依した。北条時頼が帰依した蘭渓道隆《らんけいどうりゆう》や、北条時宗が招いた無学祖元《むがくそげん》などが代表格だ。

彼らは当時の独特の中国文化を持ち込んだ。その代表格は、朱子学（宋学）という新しい儒学だ。幕府ではないが、後醍醐天皇はもろに影響を受け、それが〈帝王（天皇）こそ真の君主である〉という彼の信念を裏打ちし、倒幕の原動力になった可能性がある。

禅僧は、当時の中国語だった新たな漢語も持ち込んだ。その代表格が「公界」だ。「公界」は〝個人の領域外の公共の世界（世間）〟を意味し、天皇と結びつく前の、中国語本来の「公」が生きていた。一三世紀半ば、臨済宗の東福寺で、すでに長老以下の寺の役職が「公界人《くがいにん》」と呼ばれていた。(114)「公界」は、少なくとも禅宗の世界では、日本に根づきつつあった。「公」の字を完全に天皇と切り離す発想が、市民権を得つつあったということだ。そして、蘭渓道隆が「公界」という言葉を用いた実例がある。(115)彼は北条時頼が招いた人だ。幕府上層部は、彼ら禅僧から「公界」という便利な言葉を学んだ可能性が高い。

これなら突破口になる。本場の現代中国語で「公」の字に〝世間（public）〟という意味がある以上、日本でもその意味で使ってはいけない道理はない。ただ、「公」の字を単体で使うと、オオヤケと読まれて天皇に引きつけられてしまう。ならば、新たな熟語を創り、新たな意味を与えてしまおう。そうして「公方」という新語が創作されたのではないか。

†〝しかるべき公権力〟を指す万能の「公方」

「公方」の真骨頂は、「方」の字で表現を婉曲にし（一四四頁）、「公の方面」という漠然とした意味になることだ。昭和の頃、消防署と無関係のインチキな消火器売りが家にやって来て「消防署の方から来ました」と嘯《うそぶ》いて騙したのと、同じことだ。「私」の領域の外、世界全体の支配者は、誰しも理屈の上では天皇の支配を代行しており、その意味で、確かに天皇（公《オオヤケ》）の方にいるように見える。ならば、どんな支配者でも「公方」と呼んで差し支えない。実際、「公方」という言葉は、本来、特定の誰かを指さなかった。

中世の契約書には、「問題が起きたら、その時の支配者に訴え出て解決すること」という文言がよくある。数十年も数百年も先に、問題を裁くべき真の支配者が誰なのかは予測不可能だが、必ず支配者はいるはずなので、「その時の支配者」に訴えよ、といえば何でもカバーできる。その、「その時の支配者」を、原文で「時の公方」といった。「公方」とは本来、そのような、極めて抽象的な概念だった（笠松宏至—一九六七、新田一郎—一九九三）。

「時の公方に裁いてもらえ」とは、「公方でない者の間で、つまり当事者レベルで決めようとするな」というのと同じだ。その〝当事者レベル〟こそ「私」の領域であり、つまりその指示は、「私」の領域側にいる人に向けて語られている。「公方」とは、世界全体を上から見下ろして二分したうちの一方ではない。「私」の領域の内部から見た外の世界であり、視点は常に「私」の領域の中にある。一般御家人を「公方の人々」と呼ぶのも、「御内の人々」の視点からの見え方だ。だから「公方の人々」という言葉を創ったのは、「御内」の領域の中の人（得宗か御内人）だと、私は推定するのである。

繰り返すが、鎌倉幕府でいう「公方」は〝御内でない〟ことだ。しかし、得宗が滅び御内人が消滅した時代にも、「公方」は廃れなかった。「公方（しかるべき公権力）で処理する」という漠然とした表現が、便利だったからだろう。「公方」といった時、さしあたり具体的な相手や手続きを特定しなくてよい便利さが、「公方」の真骨頂だった。

†「公方様」の誕生——究極の〝しかるべき公権力〟

ところが、義満の独創性は、この「公方」さえも改変して、自分のものにしてしまった。私の知る限り、明徳《めいとく》四年（一三九三）に、義満だけをピンポイントで指す「公方」の最も古い事例が現れる。「公方の御使の飯尾美濃《いのおみの》（人名）」と書かれた文書だ[116]。さらに義満の晩年の応永一〇年（一四〇三）〜一三年にかけて、次のような事例が目につき始める。

①「公方様、渡御《とぎょ》す（義満様がおいでになった）[117]」
②春日社の木が数千本枯れた件についての訴えを、「強《あなが》ち公方様の御事《おんこと》に非《あら》ず（義満様の関知することではない）」と退ける[118]。
③朝廷が廷臣に与えた内蔵寮《くらりょう》領について「凡《およ》そ当所《とうしょ》の事、公方様の御沙汰《ごさた》有《あ》るべからざ

る事なり（その所領は義満様が決裁すべきでない）」[119]

すべて、疑問の余地なく、「公方様」が義満個人を指している。本来、漠然とした〝しかるべき公権力〟しか指さない「公方」が、特定個人を指すのは変だ。しかも、「公方様」という特定個人の肩書きは、驚くべき新発想だ。こう想像して頂きたい。かつて大学紛争で、運動家の学生は敵視する公権力を「当局」と呼んだ。政府も警察も国家公安委員会も、大学の理事会も教授会も、十把一絡《じっぱひとから》げに「当局」だ。ところが、その中に超強力な実力者が現れ、「当局」といえば彼だけを指すようになり、彼を「当局様」と呼ぶようになった、と。義満を「公方様」と呼ぶのは、それと同じ違和感を感じるべきことなのである。

義満の意図は明瞭だ。「公方」が意味する〝しかるべき公権力〟は、必ず最終的に自分を指す、と表明したのである。天皇制に代表される長い歴史のしがらみがあろうと何だろうと、物ごとに最終決定を下す〝究極の公方〟があり、それは自分であり「室町殿」だと決めたのだ。以後、朝廷や幕府のレベルで「公方」という時、室町殿以外を指すことはなくなる。義満は、史上初めて「公方」を独占し、子孫に世襲させることに成功した。それは幕府が続く限り受け継がれ、江戸時代にも将軍だけが「公方様」と呼ばれた。そうした結末の原点が義満の事業なら、それは〝「公方様」の誕生〟と呼んでよい。

第七章　「北山殿」というゴール——「室町殿」さえ超越する権力

†大名家の分裂を煽る将軍直臣団と土岐康行の乱

義満は、朝廷（北朝）を代表する主導者になった。あとは、大名を屈服させて南朝に寝返らない体制さえ作れば、南朝の吸収合併は可能だ。そこで義満は、守護大名の一族や地方社会の団結に楔《くさび》を打ち込み、じりじりと大名を弱らせる作業に移った。

その一つが、直臣団《じきしん》の整備である。大名の庶子を主体に選抜して、将軍直臣団を番《ばん》（チーム）に編成し、戦時は番単位で一軍を構成する将軍直轄軍とした。まさにこの直後の明徳《めいとく》の乱から、彼らは「馬廻衆《うままわりしゅう》（将軍親衛隊）」という名で姿を現す。彼らは平時にも維持され、「奉公方《ほうこうかた》（戦国時代には奉公衆《ほうこうしゅう》）」と呼ばれ、将軍直属のエリート集団となる。大名の庶子たちは、大名家に残っても大した待遇や出世を見込めないが、将軍直臣になれば大名と並列になれる。将軍は大名家が従順になることを望むので、うまくすれば、本家が没落した時に、従順な直臣である自分が大名家を継げる可能性がある。実際、播磨の赤松氏に対して義持や義教がそれをやろうとし、義教が殺される原因になっている（後述）。

こうして一族間の競争心を煽《あお》った上、将軍は直臣に、御料所《ごりょうしょ》（直轄領）の代官を任せた。そこは将軍直轄領なので、戦争などの一国規模の動員では守護の指揮下に入らず、守護と並列・対等に、将軍に直接奉仕した。これで、守護大名が一国の軍勢を総動員して反抗する道を塞ぎ、逆に、御料所という風穴を通じて、足元から攪乱《かくらん》できるようになった。

中世では、近世や近代ほど、弟が兄に従順ではない。一族が増えて分割相続を重ねた家では、嫡流の家督が「惣領《そうりょう》」として一族全体を支配し、庶子・庶流の従属度が高まっていた。彼らはそれに甘んじず、機会あらば自立しようと狙っていた。その状況で将軍が庶子・庶流に肩入れすれば、一家を分裂させるのは、さほど困難ではなかった。

家の世代交代（次の家督の指名）は家父長権の守備範囲なので、通常は将軍も天皇も、よほど問題がない限り口出しできない。ただ、財産の相続には介入の余地があった。中世の所領は、必ず紐《ひも》付きだ。主人が与えた所領は、原則として主人の都合で回収できる（罪なくして没収すると恨まれて面倒なので、普通はしない）。幕府が与えた所領も、幕府が望む形でしか相続させられない。まして、守護の地位はそもそも財産ではないので、必要に応じて将軍が他人に与えても問題ない。義満はこれを利用して、大名の分裂を促進した。

最初の標的は、美濃・尾張・伊勢の守護大名土岐《とき》氏（源頼光《よりみつ》の子孫）だった。その当主の土岐頼康《よりやす》が没した時、義満は、後継ぎの惣領康行《やすゆき》に美濃・伊勢だけを継承させ、尾張は弟満貞《みつさだ》に与えた。義満が一字を与えた「満貞」という名からして、義満が強く取り立てようとしていたことが明らかだ。義満の狙い通り、康行と満貞の間で紛争になり、これを謀《む》反《ほん》だと満貞が訴えたのを利用して、義満は康応《こうおう》元年（一三八九）に討伐軍を起こした。土岐康行の乱である。義満は討伐軍の大将に故頼康の弟頼忠《よりただ》（紛争当事者たちの叔父）を起用し、土岐氏の内部抗争を助長した。翌明徳元年（一三九〇）、康行は敗れて没落し、義満は美濃を頼忠に、尾張を満貞に、伊勢は仁木《にき》氏にと、分割して与えた。

†山名氏との対決・明徳の乱と戦場化する内野

次の標的が、本命の山名氏だ。かつて直義派の主力だった山名時氏は、五ヵ国もの守護職を親子で持ち、時氏の死後も一族で維持した。その後の勢力拡大も常軌を逸していた。

まず、応安《おうあん》四年（一三七一）に時氏が没した翌年、足利家の家人長《ちょう》氏が守護だった但馬を山名師義《もろよし》（時氏の子）が獲得する。次に、永和四年（一三七八）冬、紀伊で南朝の橋本正督《まさたか》が反乱し、鎮圧に失敗する事件があった（六八頁）。義満は激怒し、山名義理《よしまさ》（時氏の子）に紀伊を、その弟氏清《うじきよ》に北隣の和泉の守護を与えて鎮圧させ、そのまま紀伊・和泉が山名氏の分国になった。さらに翌康暦《こうりやく》元年（一三七九）、康暦の政変で管領の細川頼之が失脚すると、頼之派の今川了俊《りょうしゅん》が備後を、佐々木高秀《たかひで》（導誉の子）が出雲を没収され、それぞれ山名時義《ときよし》（師義の弟）・義幸《よしゆき》（師義の子）に与えられた。すべて頼之が管領の時か失脚時の出来事で、結局、頼之のリーダーシップ不足が山名氏の勢力拡大を招いたようだ。南朝を鎮圧できる大名も山名氏だけで、彼らを登用するしかなかった。

しかし、時氏の後継者師義の死後、弟の時義が惣領を継承すると、師義の子満幸《みつゆき》と時義の兄氏清が不満を抱き、山名氏が不和になった。しかも、時義は義満の指示に応じないことが多かったらしく、義満は時義の討伐を決意した。時義は病死してしまうが、その後を息子時凞《ときひろ》・氏之《うじゆき》らが継ぐと、満幸・氏清の不満は倍加した。義満はこれに乗じて時凞・氏之を討伐し、没落させた。これで山名氏の主導権は満幸・氏清に移ったが、翌明徳二年、満幸の分国の出雲で、満幸の部下が後円融上皇の所領を侵略した。幕府は再三制止したが応じなかったため、満幸は京都から追放され、出雲を没収された。これで、山名氏の反骨心が爆発する。満幸は氏清を誘い、義満との武力対決を決意した。明徳の乱である。

反乱軍は、氏清の分国和泉の貿易港・堺を拠点とし、大挙して京都へ進軍し、義満はこれを迎え撃った。義満軍は、平安京の北部、内野《うちの》のすぐ北に布陣した。そこは鎌倉時代に廃絶した大内裏《だいだいり》の跡地だった（旧著『平安京はいらなかった』参照）。内野は東西一一四六m×南北一三七三mの広大な荒野で、込み入った市街地と違い、大軍の運用が容易だった。京都の市街地はあまりに合戦に不向きで、過去、京都を攻撃されて守りきれた事例はほぼない。義満は内野を戦場とすることで、攻めるに易《やす》く守るに難《かた》い京都の弱点を克服した。

†義満の北野（天神）信仰と南朝の吸収合併

内野で戦えば勝てる、と義満が信じた理由はまだある。内野のすぐ北に、北野社（今の北野天満宮）があったことだ。足利氏の北野信仰は尊氏に始まる。建武三年（一三三六）、尊氏が九州まで没落した時、現地で南朝勢力に勝った尊氏は、近くの大宰府《だざいふ》天満宮の加護だと信じた。天満宮の祭神は天神（菅原道真《みちざね》）で、北野社と同じだ。そこで尊氏は、京都奪回の頃から北野社を特別に崇敬し始めた。その延長上に、義満の熱心な北野信仰がある。

義満自身にも、崇敬を深める機縁があった（桃崎－二〇一六b）。康安元年（一三六一）に将軍義詮が京都を没落した時、東山の寺に逃れた四歳の義満に南朝軍が迫った。この時、北野義綱《よしつな》という赤松家配下の武士が義満を抱えて間一髪で逃れ、旅人を装って播磨（赤松家分国）まで下って保護した。義満は命の恩人の北野義綱を忘れなかったという。

この話は北野義綱の曾孫の証言に基づくもので、実話だろう。そして重要なのは、命の恩人である武士の名字が「北野」だったことだ。義満はこれを偶然と考えず、北野天満宮の加護と信じたに違いない。その証拠に、義満は彼に対して、「天神の御廟《ごびよう》と同じで畏《おそ》れ多いので」という理由で、義綱の名字を「北野」から「喜多野《きたの》」に改めさせている。

命を天神に救われた（と信じた）義満は、北野社を氏神以上に崇拝した。長男義持が生まれる時も、ほかの神社で祈禱を一切させず、北野社だけに祈禱させた。自分の守護神は北野社のみと決めていたのだ。その北野社を背後にして、義満は内野に布陣した。天神の加護を背負い、尊氏の時のように、正念場の合戦を勝利に導くよう願ったと見てよい。

内野合戦は義満の勝利に終わったが、両軍、特に山名方に大量の戦死者を出した。その鎮魂のため、後に義満は内野で北野万部経会《まんぶきようえ》という、一万部の経典を一万人の僧に唱えさせる大規模な仏事を始め、会場として北野経王堂《きようおうどう》という仏堂を造った。それは目を疑う巨大建造物で（図10・11）、戦国時代の『洛中洛外図』にも描かれて京都の名物になった。江戸時代に維持が難しくなって解体され、現在はその一部の部材を使って造り直した小さな堂が、その故地に隣接する大報恩寺《だいほうおんじ》（千本釈迦堂《せんぼんしやかどう》）の境内に残っている。

あの強大な山名さえ義満に敗れ、あとには従順な大名ばかりが残った。そして完全に孤立した南朝は、翌明徳三年（一三九二）、義満の出した講和条件をあっさり呑み、帰京した。形式上、南朝の後亀山《ごかめやま》天皇が北朝の後小松天皇に譲位したことにして、南朝の面子《メンツ》を立てつつ北朝が存続した。この形のため、今でも公式には南朝の歴代天皇が正統とされて平成天皇を一二五代と数えるが、実質的にはどう見ても、北朝による南朝の吸収合併である。

図10 北野経王堂（米沢市上杉博物館所蔵『洛中洛外図』より）

義満が南朝の体面を立てた理由はただ一つ、南朝が土壇場で臍《へそ》を曲げ、三種の神器を回収し損ねないためだ。神器さえ回収できれば、講和の条件はただの紙切れだった。後小松の次は後亀山の皇子を天皇にするはずだったが、義満の没後、後小松の皇子の称光《しょうこう》天皇が立った。後亀山上皇は抗議して京都を出奔したが、誰も反応しなかった。廷臣と武士を吸収され、三種の神器も持たない南朝の生き残りなど、何の脅威でもなかったのだ。

†相国寺大塔・大仏と義満の太政大臣拝賀――権力の集大成

こうして義満の日本統一は完遂した。翌明徳四年（一三九三）、義満はそれを満天下に示す巨大オブジェ

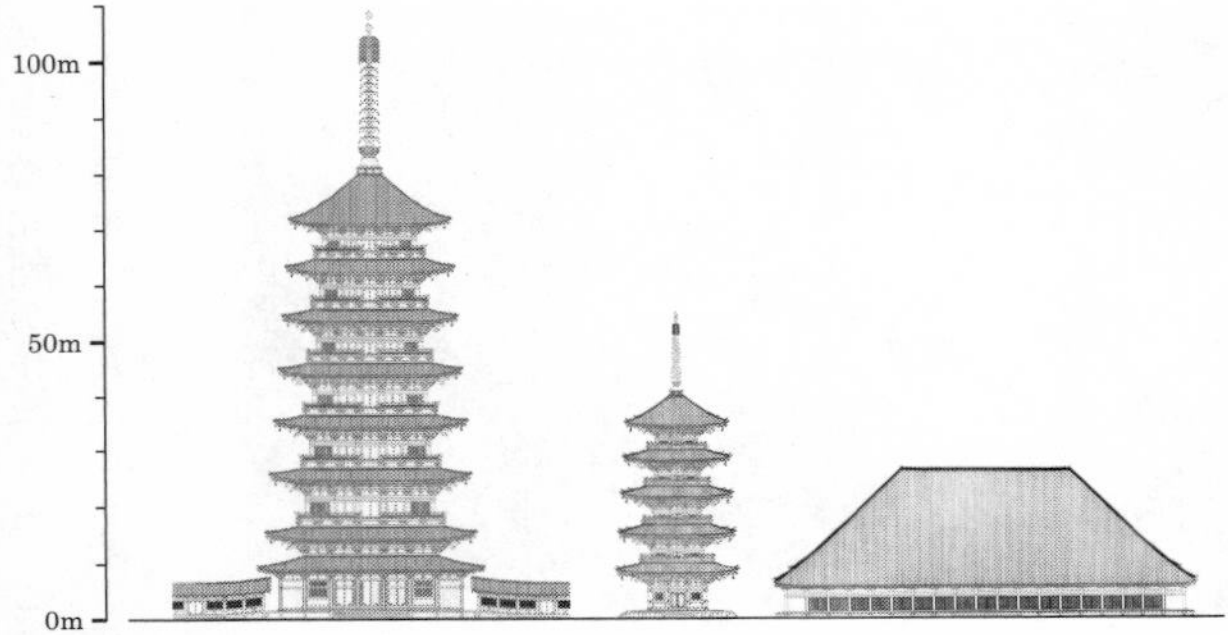

図11　相国寺七重塔（左）・北野経王堂（右）と東寺五重塔（中央）の比較

※左・中央は冨島義幸-2016より転載・加工、右は京都府教育庁文化財保護課-1954より転載

を建造した。相国寺《しょうこくじ》の七重塔、通称「大塔《おおとう》」である。その高さは三六丈《じょう》、何と一〇九mもあり、完成まで六年かけて応永《おうえい》六年（一三九九）に竣工した。[120] 南北朝初期まで、白河の法勝寺《ほっしょうじ》に、白河法皇が建造させた八角九重塔《くじゅうのとう》があったが、それさえ二七丈＝八一mであり（旧著『平安京はいらなかった』参照）、義満の相国寺「大塔」は、それまでの日本史上、最高の建造物だった（前近代で最も高いのではないか）。その大きさを想像するのは難しいが、東京タワー（三三三m）の三分の一であり、東寺の五重塔（五六m）の二倍だ（図11）。一三一mの京都タワーが最も近く、あれより二〇mだけ低い、と想像するとわかりやすい。戦慄すべき高さである。

　もちろん、そんな高層建築に避雷針を取りつけなければ結末は知れている。たった四年後の応永一〇年に、相国寺大塔は落雷で全焼した。[121] 義満はすぐに自分の山荘「北山殿《きたやまどの》（今の金閣寺）」の横に再建したが、[122] 一三年後の応永二三年にまた落雷で全焼した。[123] 二年後に将軍義持《よしもち》が再建し始めたが、[124] 完成しなかった。この短命な大塔は、義満の絶大な権力も世界の摂理に勝てないことを示し、彼のプライドを傷つけた可能性がある。

なお、八年前の至徳《しとく》二年（一三八五）一一月に完成した相国寺の仏殿を、「大仏殿」や「大仏宝殿」と記す記録がいくつもある（『空華日用工夫略集』『武家年代記』『宝幢開山智覚普明国師行業実録』）。もし文字通りの意味ならば、義満は奈良（東大寺）と鎌倉に次ぐ、日本で三番目の大仏を造っていたことになる。その仏殿は現存せず、これ以上の詳細も不明だが、相国寺大塔や北野経王堂のような常軌を逸した巨大建築物を造らせた義満であるから、相国寺の仏殿も普通の大きさに造ったと考える方が不自然だ。彼が、大仏と呼ぶべき巨大な仏像とそれを覆う大仏殿を造った可能性は、大いに認めてよい。

物理的な記念碑とは別に、制度上の義満の身分をどうするかも課題だった。左大臣の義満には、太政大臣になるしか昇進の余地がない（摂関を藤原氏から奪う気はなかった）。太政大臣は名誉職なので、すぐ辞めることになる。その次のライフステージは、出家しか残されていない。南北朝を統一した時、義満は三五歳だった。父義詮の享年が三八歳なので、父と同じ年齢で俗界と訣別するのは自然と考えたらしく、三年後に出家する予定が決まった。そこから、その日までのスケジュールも逆算される。名誉職としての太政大臣の在任期間は、だいたい一年だ。三八歳で太政大臣を辞して出家するなら、太政大臣の就任は三七歳がよい。そして出家までに、将軍職を子に譲る必要がある。幸い、嫡子の義持が育っていた。譲るタイミングはいつでもよいが、義満は太政大臣の就任と同時を選んだ。

応永元年(一三九四)一二月一七日、義満は征夷大将軍を辞して義持に譲り、八日後の二五日に太政大臣になった。そして一二日後、年が明けて応永二年正月七日、義満は拝賀を挙行した。内大臣・左大臣の時も拝賀はしたが、右大将の時ほど特別な拝賀でなく、むしろ規模は小さくなっていた。しかし、太政大臣の拝賀は、久々に特記事項の多い拝賀だった。位人臣を極めた段階を記念する拝賀であり、しかも人生最後の任官、つまり人生最後の拝賀だったからだろう。それは、義満が目指した廷臣総動員の集大成だった。

それに扈従《こしょう》した一条経嗣《つねつぎ》によれば、扈従の公卿は三一人で現任は全員参加、殿上人の前駈は何と六〇人(一説に五八人)、行列は長さ数町(数百m)に及び、あまりに長大すぎて、内裏まで遠回りせねば行列全体が室町第から出ないほどだった[125]。

ほかにも異例尽くしだった。まず、義満の太政大臣拝賀が済んだ後、義満の扈従として参内した右大臣の今出川実直《さねなお》と内大臣の花山院《かさのいん》通定《みちさだ》が、自分の拝賀を行った。〈複数の大臣が同じ日に拝賀しない〉という伝統が破れ、前代未聞で「希代の珍事」だった。前年一一月に関白になった左大臣の経嗣も、この日に拝賀する予定だったが、それを諦めて義満の拝賀に扈従していた。伝統を守ったのだが、「私一人だけ古い先例を守ろうとすると、かえって時議《じぎ》（時代の空気）に背く悪者にされそうだ」と危惧している。〝時代の空気〟といえば、拝賀に関白を扈従させること自体が前代未聞だ。義満の地位が常軌を逸していることを、人々が不思議にも思わなくなったことこそ〝時代の空気〟だった。

また、〈拝賀の時には内裏の正門を用いない〉という平安時代からの伝統もあった。拝賀が朝廷の公式行事ではなく、本質的に個人レベルの御礼参りだったことに由来する、遠慮の表現なのだろう。ところが、義満は今回、正門から入った。それは天皇が出入りするための門であり、朝廷の公式行事で使う門だ。義満は、自分の太政大臣拝賀を単なる個人レベルの行動と考えず、朝廷の公式行事と位置づけようとしていたのである。

興味深いのは、それを、拝賀の「次第（段取り）」を作った前関白の二条師嗣《もろつぎ》が手引きしたことだ。師嗣は良基の子で、良基はすでに故人だったが、〈朝廷で室町殿の権威を高めるよう手引きする〉という良基の役割は、二条家の家業として継承されていたのである。以後、その役割は、師嗣の子の持基《もちもと》、その子の持通《もちみち》へと継承され、本当に家業になった。

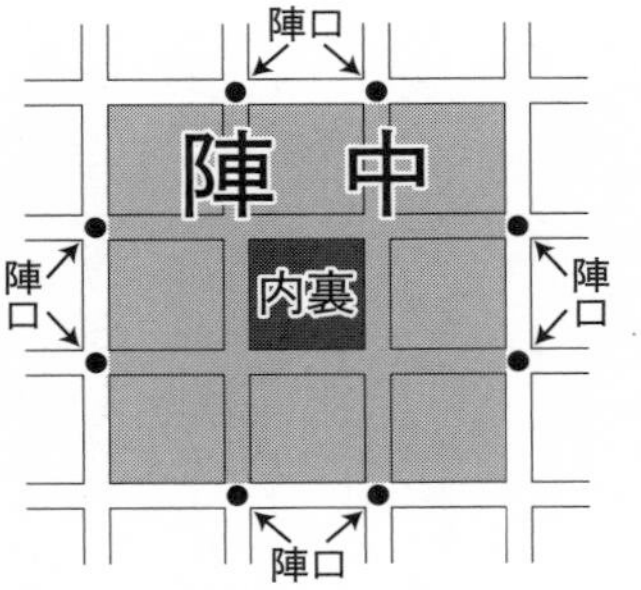

図12　里内裏と「陣中」の模式図

義満、〝臣下を超越した人種〟となる

もう一つ、義満は慣例を破った。三八歳で牛車宣旨《ぎっしゃのせんじ》を行使したのだ。牛車宣旨は、「宮中を牛車で通行してよい」と天皇が認める特権である。「宮中」は平安京本来の宮殿・官庁街「大内裏《だいだいり》」のことで、その中に天皇の居住区「内裏」もあった。大内裏は広い意味で天皇の「宮中」なので、乗物が禁じられた。乗物に乗ることは、それ自体が頭《ず》が高い、尊大な行為だからであり、臣下は例外なく歩かされ、君主と隔絶した身分を実感させられた。

ただ、平安末期には市街地の里内裏《さとだいり》が主流になって大内裏は使われなくなり、鎌倉前期には大内裏が完全に廃絶した。それでも、礼節の上で天皇の尊さを示す〈宮中は乗物通行禁止〉というルールは廃止できないので、里内裏の周囲に観念的な「宮中」を再現することにした。里内裏から一町以内で、乗物通行を禁止したのである（図12）。その空間は、物理的にはただの市街地だが、観念上で、いわば仮想《バーチャル》大内裏として尊重され、「陣中《じんちゅう》」と呼ばれた。陣中は仮想的なので、入口に物理的な門はないが、入口にあたる交差点は

「陣口《じんのくち》」と呼ばれ、そこには「置石《おきいし》」という大きな石の目印があった。そして牛車宣旨は、〈陣中の乗物通行許可〉として機能するようになった。

牛車宣旨は、本質的には体力が弱い者への配慮である。大内裏はやたらと広い（一六九頁）。最短距離の東からのアプローチでも、内裏まで数百m歩かされる。それは女性や老人に酷なので、女性は乗車通行を許され、男性は、一部の高官で「宿老《しゅくろう》」といわれる年齢になると、その功績に免じて老体を優遇し、乗車通行が許される。それが牛車宣旨である。

牛車宣旨は、平安中期に、超越的な地位を表す厚遇として摂関に与えられ始め、次第に純粋な栄誉と化して、若いうちにも与えられた。しかし、本質は老体への配慮なので、四〇歳未満では特権を行使しないのが暗黙の了解だった。それを義満は、まだ三八歳だった太政大臣拝賀で行使した。もはや義満は、一般的な臣下の範疇に属する人間ではなく、宮中を乗車で通行するような尊大な振る舞いが許される人種だ、という表明である。

では、それはいかなる人種か。室町第で行われたこの拝賀の出立《いでたち》の儀で、扈従する経嗣らは、先に出発する義満を「院拝礼《いんはいれい》」と同じ作法で見送ったことがわかっている（今谷明―一九九〇）。院拝礼とは、元日に廷臣が院に拝礼する儀礼で、義満はこの日、「院（上皇）」と同等の待遇を獲得したのである。これが〝臣下を超越した人種〟の正体だった。

朝廷には、院待遇を与える手続きがある。例えば、天皇の母や配偶者に、院と同等の女院《にょいん》という待遇を与え、「〇〇院」と名乗らせる院号宣下《いんごうせんげ》だ。男性でも一例だけ、三条天皇の子の敦明《あつあきら》親王が「小一条院《こいちじょういん》」になった事例がある。彼は寛仁《かんにん》元年（一〇一七）、藤原道長の圧力で後一条《ごいちじょう》天皇の皇太子を辞退し、埋め合わせとして院の待遇を与えられた。これは、天皇を経験せず、息子も天皇でない男性が「院」になった、史上唯一の例外である。

また、退位した天皇は、次の新天皇が太上《だいじょう》天皇尊号宣下《そんごうせんげ》という手続きを踏んで、初めて上皇（太上天皇）になる。これは前天皇に対する崇敬だが、まれに、天皇の父が天皇経験者でない時、天皇の父にふさわしい地位や院政を行う資格を与えるために与えられた。鎌倉時代前期に後堀河《ごほりかわ》天皇の父の守貞《もりさだ》親王が「後高倉《ごたかくら》院」となって院政を敷いた事例と、室町時代中期に後花園《ごはなぞの》天皇の父の伏見宮貞成《ふしみのみやさだふさ》親王が「後崇光《ごすこう》院」となった二例に限られる。

義満は、それら正規の手続きを一切踏まずに、院と同等の待遇を獲得した。つまり、彼は院でも上皇でもないが、〝院と同等の何か〟になった。わが国では、院や上皇は〝国王（帝王）〟つまり君主の範疇《はんちゅう》に属するが、義満は太政大臣という官職を天皇から与えられる立場なので、君主ではない。かといって、義満は通常の臣下を超越している。ということは、義満は単に、身分を上げたのではない。従来、わが国には君主と臣下の二種類しか人種がなかったのに、義満は君主と臣下の狭間にある〝第三の人種〟を作り出したのだ。

振り返れば、義満は、史上例がない超越的身分を作り出して就任する時、いつも拝賀を用いてそれを喧伝してきた。一度目の右大将拝賀では、朝廷・幕府を股にかけた支配者＝「室町殿（公方様）」の誕生を、そして二度目の太政大臣拝賀では、半ば臣下で半ば君主という〝第三の人種〟への進化を喧伝した。普通の儀礼だったはずの拝賀は、義満の手で常識外れの利用価値を付加されて、国家の変貌を宣言する儀礼に進化したのである。

応永二年（一三九五）、義満は予定通り出家したが、最高権力者の地位はいささかも揺るがなかった。義満が出家する時、「世間騒動」して、後小松天皇が室町第に慰留しに行く騒ぎになったが、[126]出家当日、義満は「凡《およ》そ政道《せいどう》以下の事、此《かく》の如《ごと》き間、申沙汰《もうしざた》すべし。参内以下、毎事、相替《あいか》はるべからず（政治は今後も私が取り仕切り、朝廷への出仕も何一つ従来と変わらない）」といい切った。[127]将軍義持には、室町殿という最高権力者の地位はもちろん、幕府の実権さえ継承されなかった。

かくして、室町殿の地位が初めて、朝廷の官職や将軍職と分離したことで、「室町殿」の内実が変わった。〝武士の長であると同時に廷臣の長である者〟から、〝武士の長と廷臣の長を従える何者か〟に変貌したのだ。それは、将軍・廷臣より一段上の次元へと上昇したことを意味するが、それをどう目に見える形で表すか、という次の課題が現れた。

そして、義満はあることに気づいた。それまで、室町殿は幕府と朝廷の一員であり、内部から当事者として幕府と朝廷を支配していた。しかし、出家により、室町殿が幕府と朝廷から飛び出し、どちらの一員でもなくなり、完全に外部からそれらを支配する立場になった。そのことを可視的に表現するためには、朝廷・幕府の物理的実体である京都から出ればよい、と。そうした観点から探した時、京都北西の北山は最適だった。

†北山殿の造営で形骸化する室町第と将軍

北山は衣笠山《きぬがさやま》の山麓で、現在の金閣寺（鹿苑寺《ろくおんじ》）の場所だ。そこには、鎌倉時代から廷臣の山荘があり、敷地内に西園寺《さいおんじ》という寺があったので、彼ら一家は西園寺家と呼ばれた。西園寺家は、義満が朝廷の内部に入り込んだことで急速に権勢を失った（六五頁）。義満が朝廷の外にいた頃に朝廷と幕府を媒介した西園寺実俊《さねとし》は世を去り、子の公永《きんなが》は大臣にも昇れずに早く世を去り、その子で権中納言の、二〇歳にも満たない実永《さねなが》だけが取り残され、ほとんど没落した。その結果、北山は（山荘も西園寺も）荒廃していた。その場所は京都に近いが京都の中でなく、当時西園寺家が活用しておらず、そして幕府は西園寺家と縁故が深いので、取得しやすいし、義満の目的に適《かな》う。そこで義満は西園寺実永にこの場所を

譲らせ、自分の新たな本拠地「北山殿《きたやまどの》」を造った。(128)

応永四年(一三九七)四月、北山殿の本格的な建造が始まった。そしてちょうど一年後の翌応永五年四月、義満は移徙《いし》(転居の儀礼)を行った。もっとも、それは「式の移徙の礼(本式の移徙儀礼)」ではなく、ただ「山荘」に入っただけだという。本式の移徙儀礼を行って室町第を本拠地でなくすことを避け、ただ別荘に初めて居住する意味だけをこめて、略式の移徙を行ったらしい。(129) 事実、義満は当初、北山と室町を行き来し、翌六年頃からなし崩し的に北山に定住して、室町第に帰らなくなった。

北山は、義満が求める条件をよく満たしていた。まず、北山地域の南西の端、現在の立命館大学衣笠キャンパスがある場所に、足利家代々の墓所の等持院《とうじいん》があったので、祖先供養に便利だった。また、北山地域の東の端には、紙屋川《かいかわ》(今は「かみやがわ」)が南北に流れている。(130) その紙屋川は、北野社の西の端でもあった。つまり、義満が何より深く帰依した北野社と隣接しており、義満の信仰生活にこれ以上適した場所はなかった(細川武稔―二〇一〇・二〇一三)。

信仰といえば、義満は応永八年までに、北山に「北山惣社《そうじゃ》」という神社を建立し、北山惣社神楽《かぐら》という神事を創設した。(131) 惣社は「惣《すべ》ての神社」の意味で、一定範囲のすべての神社を一ヶ所で祀《まつ》れるよう招いた、中世らしい単純で合理的な施設である。平安〜鎌倉時代に、諸国では国府の隣に惣社を設け、そこで国司が、国内の神社を一まとめに手軽に祀れる仕組みを作っていた。義満はそれを真似たのである。問題は、その北山惣社がどの範囲の神社を集約したかだ。可能性としては、京都近傍の全神社か、日本の全神社しかなかろう。しかし、京都近傍の神社なら日帰りで参詣すればよい。義満の事業のスケールから考えても、日本全国の主要な神社だろう。それらを一網打尽に祀るという破天荒な独創によって、北山は日本の神社祭祀の中心になった。

北山は、政治の中心でもあった。義満は北山に、主な大名や側近の廷臣の邸宅を造らせ、移住させて勤務させた。そして、北山に移徙《いし》した三ヶ月後の応永五年八月には、「御前評定《ごぜんひょうじょう》」「御前沙汰《さた》」と呼ばれる義満臨席の会議を始動させ、管領畠山基国《もとくに》も出席させて、幕府の重要事項を審議・決定した。(132) その会議には、管領・評定衆《ひょうじょうしゅう》・奉行人《ぶぎょうにん》といった、幕府の評定(最高会議)とほぼ同じ面々が集い、侍所という幕府の重職の人事が決定されるなど、幕府の首脳・枢機の機能が北山に集約されていた(臼井信義-一九六〇)。そして、従来なら、管領が室町第で開催する評定で審理された幕府法廷の訴訟が、次第に北山で、個別案件の担当事務官(奉行人)によって個別に義満に「披露」され、義満一人の裁決を仰ぐ形へと変貌していた(山田徹-二〇〇七)。これにより、将軍義持が残った室町第は、末端の雑務が処理されるだけの、単なる事務室になってしまった。

かくして、北山殿は「山荘」とは名ばかりの、「国家の中心的な政庁であり、宮殿」となる(今谷明-一九九〇)。義満の没後一〇〇年の追善仏事の時、義満の晩年を回顧して、「後継者義持は一二歳で室町亭を継承して幕府の吏僚《りりよう》を率いたが、形ばかりで、「事、大小と無く、これを北山殿に総《す》ぶ(ことの大小を問わず万事を北山殿で決定した)」」といわれた。これが、室町幕府自身の端的な歴史認識だった。(133)

†大内義弘の活躍――義満の最も強く忠実な手兵

この北山第の造営は、義満に最後の試練をもたらした。大内義弘《おおうちよしひろ》の反乱である。大内氏は、足利一門や鎌倉時代以来の有力大名とは、全く毛色が違う(松岡久人-二〇一三)。

大内氏は、周防《すおう》の在庁官人《ざいちょうかんじん》(国府の運営権を握った現地豪族)だった多々良《たたら》氏の子孫で、祖先は百済《くだら》の王室という。源平合戦の頃、多々良氏は周防の在庁官人の筆頭で、源氏に加担して御家人となった。その子孫の大内長弘《ながひろ》を、建武三年(一三三六)、九州へ没落する途中の尊氏が、周防の守護に任命した。その後、長弘の一家と、長弘の兄重弘《しげひろ》の孫弘世《ひろよ》が内紛を始め、尊氏派の長弘一家を、直義派の弘世が駆逐した。直義の滅亡後も、弘世は独自に勢力拡大に努め、周防の北西に隣接する長門《ながと》を経略し、守護の厚東《ことう》氏を駆逐して長門を獲得し、管領の斯波高経が主導していた幕府に帰参して、将軍義詮に両国の守護の地位を認めさせた。さらに周防の北東の石見《いわみ》も平定して守護となり、石見から南下して安芸《あき》（周防の東隣）にも勢力を拡大して、本州最西端の四ヶ国に勢力を誇った。

この弘世の子が義弘である。管領細川頼之が、今川貞世《さだよ》（了俊《りようしゆん》）を九州探題《たんだい》に起用して九州平定に本腰を入れた時、父の弘世は消極的だったが、貞世の弟の娘を妻とする義弘は、貞世に従って九州で転戦した。義満が右大将拝賀を行って「室町殿」となった頃、義弘は弟の満弘《みつひろ》と内紛を繰り広げたが、最後は和解して、義弘が周防・長門の覇者となった。

義満は「室町殿」の覇権を確実にするため、この義弘の取り込みを策した。康応元年（一三八九）、義満は安芸の厳島神社へ参詣し、そのついでに、というよりもこれを口実に義弘と面会し、ほかの大名と同様に京都に常駐させることに成功した。

大内義弘の取り込みは、明徳の乱で大いに役立った。義弘軍は、京都に攻め寄せる山名軍の先鋒と正面衝突し、多数の犠牲者を出し、義弘自身が白兵戦に追い込まれながら敵を切り崩す獅子奮迅の奮戦で、合戦を勝利に導いた。義満は、最大の勲功者が疑いなく義弘だと認め、山名氏から没収した和泉・紀伊の守護職を与えた。それは、康暦の政変直前に、南朝軍に立ち向かえる唯一の戦力だった山名氏に与えた地位であり、大和を中心とする南朝の勢力圏を南と西から抑え込む、最も重要な役割を、信頼の証として与えたのである。

振り返れば、大内氏は、旧直義派として南朝に寝返り、京都から遠い西国に強大な実効支配を築き上げ、山名氏とほぼ同時に幕府に帰参してその既得権を認めさせ、幕府でさらに勢力圏を拡大させた（周防・長門・石見・豊前《ぶぜん》の守護。安芸にも進出）という点で、山名氏と瓜二つだ。その大内氏に、かつて山名氏が明徳の乱で拠点とした、畿内周辺の最も重要な戦略的要地を二ヶ国も与えたのだ。それは、第二の山名氏の誕生といってよい。

義満がそれを許したのは、義弘の忠実さを確信できたからだ。義満の信頼は、翌年の南北朝合一に結実した。南朝と対峙する最前線にあった義弘が、南朝との対話交渉のパイプを確保し、講和の物理的条件を整えたのである。義弘に和泉・紀伊の守護を任せた段階で、義満はそこまで期待していただろう。翌年、義満は長年の功績を賞して、義弘を足利一族に準ずる特別待遇を与え、応永二年に義満が出家すると、義弘も追従して出家した。

†北山第造営と九州平定を同時に強いられた大内義弘

ところが、応永四年（一三九七）、義満が北山殿の造営を諸大名に負担させると、大内義弘は「私の部下は弓矢を業《わざ》とする戦士で、土木工事は彼らの仕事ではありません」と反抗した。(134) この頃から急速に、義弘は疑心暗鬼に囚《とら》われてゆく。前年の応永三年末、新任の九州探題渋川満頼《しぶかわみつより》の力不足に乗じて、九州で少弐《しょうに》・菊池らが挙兵した。義満は、大内義弘・大友親世《ちかよ》ら北九州の有力大名に支援を命じた。義弘は現地の指揮を弟満弘に任せて在京していたが、応永四年末に激戦があって満弘が戦死するほど状況が危機的になる。翌応永五年一〇月に義弘自身が九州に下り、奮戦の末、ようやく事態は沈静化した。ところが、それきり義弘は現地に居座り、京に戻らなかった。

足利一門と異なり、大内氏は現地勢力から生まれた大名だ。義満はその由来の違いを超えて、義弘を足利一門大名と同様に扱おうとして在京させたが、それは本質的に無理であり、大内氏が在国《ざいこく》（現地在住）を好んだのは当然だ。しかも、義弘が弟の満弘という犠牲を払い、二年かけて制圧した少弐・菊池の背後には、実は義満があり、義満が彼らに義弘を討つよう命じていた、という噂があった。事実なら信じ難い背信だが、真相は不明だ。

この義弘の九州征討戦は、実はちょうど北山殿の造営期間と重なる。九州の戦乱が勃発した応永三年末は造営開始の直前、大内満弘が戦死した応永四年末は造営中、義弘が九州へ下った応永五年一〇月は北山殿完成の半年後だ。この大内氏の重大局面に、義満は義弘を下向させずに京都に縛り、北山第の土木工事の監督と資金・人員供出を命じたのである。

その結果、大内義弘だけが、九州制圧（とそれに直結する守護分国の維持）という責務と、京都の土木工事の負担という在京大名の責務を、両方背負い、追い詰められた。それが義満の、大内氏を弱体化させる策略だったかは定かでない。ただ、義満はそうした無理を承知で強いたはずであり、義弘が義満の策略だと疑うのは、やむを得ないことだった。

†応永の乱で大内義弘が激発・滅亡

和泉守護となった大内氏は、畿内と瀬戸内海の物流を扼《やく》する良港の堺を手に入れていた。応永六年一〇月、義満の矢の催促で義弘は堺まで来たが、そこから動こうとしない。義満は禅僧の絶海中津《ぜっかいちゅうしん》を送って説得させたが、義満への不信は解けず、説得は失敗した。しかも、義弘はすでに鎌倉公方の足利満兼《みつかね》（基氏の孫）と、東西から京都を包囲する手筈を整えていて、後に引けなかった。義弘は堺を要塞化し、同志に連絡して挙兵を促した。

義弘の呼びかけに応じたのは、宮田時清《ときよ》・土岐詮直《あきなお》・京極五郎左衛門《ごろうざえもん》や、菊池・楠木一族、安芸の豪族らと興福寺・延暦寺などだった。宮田時清は山名氏清の長男で、明徳の乱の敗者の残党である。土岐詮直は土岐康行の婿で、土岐康行の乱の敗者の残党だった。菊池・楠木はいわずと知れた南朝の最も忠実な武士で、南北朝合一（という名の南朝吸収）の敗者の残党だ。つまり義弘は、義満が弾圧してきた大勢力の被害者を糾合して立ち上がったのであり、応永の乱はさながら、義満に潰《つぶ》されてきた亡霊の総決起だった。

しかし、亡霊は所詮、亡霊だ。義満の悪政を呪う彼らの声は、義満が糾合した有力大名の連合軍の前に掻《か》き消され、今度こそ歴史から一掃されていった。興福寺と山門は動かなかった。一部に呼応する者もいたが、興福寺も山門も義満の弾圧の被害者ではなく、利害も怨みも共有していなかったのだから、当然だ。また関東の足利満兼は、関東管領の上杉憲定《のりさだ》に諫止された。強引に出陣したが、関東を出ないうちに西の敗報を聞いて引き返した。義満は、京都の将軍が動員できる西国（駿河・信濃・越後より西。それより東は鎌倉公方満兼が掌握）の大名を総動員し、義弘が籠《こも》る堺を攻撃させた。

いくら猛将の義弘とはいえ、これではあまりに勝ち目が薄い。なぜ、こんな不合理に見える戦を義弘は挑んだのか。せめて堺ではなく、本拠地の周防を中心とする四ヶ国に戻って防備を固めれば、簡単に敗れなかったはずだ。それが直義派の知恵だったではないか。実は、これまで専門家が、この戦争を単なる反乱だと捉えてきたため、ここが謎だった。

しかし、当時の記録にきちんと耳を傾ければ、謎などない。義弘の挙兵の目的は、義満の打倒ではなく、義満の悪しき「政道」に抗議し、是正を促すことにあった(135)。義弘と満兼の軍勢も、義満を包囲して体制変革を要求するためのものだ。ならばそれは、かつて高師直や斯波義将が行ったのと同じ御所巻《ごしょまき》（三一・七一頁）で、中世特有の主人との交渉だった。幕府軍を側面や後方から攪乱《かくらん》するくらいしかできない亡霊たち（弾圧の被害者の残党）も、戦力として期待されたというより、悪政を糾弾する〝声〟の役割が強かっただろう。

その強談判《こわだんぱん》が破滅的な戦争に突入してしまったのは、関東の満兼の出陣が遅れて義満に先制攻撃を許してしまったから、つまり御所巻が成立しなかったからだろう。義満は速やかに軍を編成し、義弘を反乱軍と位置づけて殲滅《せんめつ》する手に出た。反乱なら、ほかの大名は義満に味方せざるを得ず、大内軍が単独なら、ほかの大名の連合軍で叩き潰せる。

北山第が完成した一年半後の応永六年一二月、幕府軍は大内軍が籠城する堺に進撃した。義弘は目を見張る奮戦の末、殺到する巨大な幕府軍の前に力尽き、戦死した。

†「北山殿」の成立――観応の擾乱を総決算した中世権力の最高峰

大内義弘が足利満兼と組んだのは、鎌倉公方の存在意義を重視したからだ。かつて観応の擾乱《じょうらん》が終わった時、鎌倉で再会した尊氏と直義は、一つの合意に達した。二人はともに、次代の幕府を担う義詮の器を信頼していなかった。そこで、今後もし将軍の政治が誤った方向へ進んだ場合、東から圧力をかけて是正する一種の安全弁となるよう、基氏に力を与えて鎌倉公方とし、彼と子孫の役割とした。これは、観応の擾乱の頃に壮年期を過ごし、晩年に大内義弘とも親交があった今川貞世（了俊）の証言である。(136)

血統上は尊氏を実父とし、理念上は養父直義に共感していた基氏は（一二三頁）、観応の擾乱の落としどころとしての、その鎌倉公方の役割に最適だった。大内義弘も満兼も、ついにその鎌倉公方の存在意義が発揮されるべき時と考えたのだ。

とすれば、応永の乱とは、三つの意味で、観応の擾乱の最終決着だったことになる。第一に、大内義弘も足利満兼も、かつての直義派たちの子や孫だった点で。第二に、擾乱の結末として残された火種（鎌倉公方の役割）に、彼らが初めて着火した点で。そして第三に、それを将軍家と上杉氏がすぐに消火し、擾乱が残した火種が完全に鎮火された点で。

大内の家督は、義弘の弟で幕府に帰順した盛見《もりみ》が継承したが、和泉・紀伊を没収されて畿内周辺の足場を失い、石見・豊前も失って、周防・長門だけの中規模大名に転落した。

一方、義満は応永六年頃から北山に定住し始める。応永の乱の引き金となり、それを克服した上で成し遂げられた北山第の完成と移住は、朝廷に加えて幕府の長としても達成した真の最高権力者の象徴である。それは、観応の擾乱という負の遺産を精算した証だった。

その後、義満は「北山殿《きたやまどの》」や「北山殿大御所《おおごしょ》」と呼ばれ始める(137)。広橋兼宣《ひろはしかねのぶ》という側近の廷臣は、日記『兼宣公記《かねのぶこうき》』で、応永七年二月一九日まで義満を「室町殿」と呼び、応永八年五月二一日以降は「北山殿」と呼んでいる。転換はその一年三ヶ月の間である。もちろん、「室町殿」の時と同様に、義満がそう呼ばせたのだろう。「北山殿」は、約二世紀後に豊臣秀吉が完全な日本統一を実現して近世の基礎を築く以前、最も日本統一に近づいた、中世日本の権力の最高峰だった。

†北山は京都ではない

重要なのは、「北山殿」と呼ばれた義満に対して、義持が「京御所《きょうごしょ》」と呼ばれたことだ。[138]室町第に住む義持を「京の御所」と呼び、それで北山殿と区別がついたからには、「北山殿」は京都ではない。その証拠はまだある。応永八年（一四〇一）、義満の猶子満済《まんさい》が、義満の酒を断って機嫌を損ね、北山の自宅から追放された時、義満は満済に「京へ出《いで》よ」と命じた。[139]また側近の山科教言《のりとき》は、義満の死後、斯波義将《しわよしゆき》が北山の家を撤収したことを「勘解由小路《かでのこうじ》殿、今日ヨリ京ニ移住」と書いている。[140]いずれも北山が京都でなかった証拠だ。

何より、義満自身の証言がある。冗談や言葉遊びを好んだ義満は、応永一四年に狂歌（ふざけた歌）を詠んだ。『古今和歌集』の喜撰《きせん》法師の、「我が庵《いお》は都の巽《たつみ》しかぞ住む　世を宇治山《うじやま》と人はいふなり」をベースにしたパロディで、「我が庵《いお》は世を宇治山にあらざれば都の方を巽にぞ見る」という歌だった。[141]「私の隠居所は、喜撰法師の「世間に醒めて住む都の南東の宇治山」とは違い、醒めるどころか一番ホットな場所だ。だから、ここより醒めている都を、南東に望み見るのだ」という意味だ。北山から南東方向に都が見える以上、北山は都（京都）ではない。

北山殿の所在地が京都でないことは、極めて重要だ。

義満の出家を境に、「室町殿」は、〝朝廷・幕府を内部から支配するそれぞれの長〟から

〝朝廷・幕府を外部から支配する超越者〟へと変貌した。そして、京都は朝廷の実体そのものであり、幕府の所在地でもある。とすれば、義満は朝廷・幕府の外にある人間だという理念を示すために、京都を出ざるを得ない。その彼が、京都内部の地名「室町」を使い続けるのは矛盾している。そこで、京都の外の地名を使って、「北山殿」という称号を新たに作った。「室町殿」の時と同様に、また邸宅名を社会的地位の名に転用したのである（これも混乱を避けるため、邸宅を「北山第《てい》」、肩書を「北山殿」と呼び分けよう）。

一方、この頃から、室町第に残った義持だけが「室町殿」と呼ばれ始める。義持は父と違って、廷臣として活動しなかった。つまり義持は単なる将軍で、しかも父に全権を握られて完全に形骸化した将軍だ。義満は、またしても「室町殿」の定義を変えたのである。

第八章　虚構世界「北山」と狂言――仮想現実《バーチャルリアリティ》で造る並行世界《パラレルワールド》

†個人宅で行う「日本国王」の国交儀礼

義満が没する応永一五年（一四〇八）までの一〇年間、北山は日本の政治の中心だった。その通りなのだが、北山の真価はそこにはない。北山は、義満の独創性の真骨頂だ。彼が創ったのは、日本の宮殿史上、恐らく最初で最後の〝仮想現実《バーチャルリアリティ》空間〟だったのである。

義満は、最も高貴な僧をシフト制で動員し、最も大規模な仏教祈禱をこれでもかと行った。かつて専門家は、それを〝国家的な祭祀権の独占的掌握〟と考えた。しかし近年、北山第が、実は義満個人を護る祈禱ばかり行う宗教空間で、国家の公的な宗教空間とはいえないことがわかってきた（大田壮一郎-二〇〇七、橋本雄-二〇〇九）。これは奇妙なことだ。義満は国家のボスであるのに、彼の政庁が私的空間にすぎないとは、どういうことか。

奇妙といえば、明《みん》との関係もおかしい。中国の皇帝が周辺国の長を「○○王」に任命して支配を追認する形で結ぶ国交を冊封《さくほう》といい、義満は明の皇帝から「日本国王」に冊封された。天皇をさしおいて義満が外国勢力に「日本国王」と認定させた事実は、義満が天皇の地位を奪おうとしていた証拠として、かつて大いに注目された。しかし、近年の対外関係史の著しい進展によって、事実は全くそうでなかったことが明らかになった。

義満が日本国王になっても、朝廷・幕府に対する権威は高まらなかった。日本は一貫して中国を対等な国と見なしてきたのに、明の皇帝に屈従して日本国王にしてもらうなど恥辱の限りだと、朝廷は反応したのである。義満の「日本国王」冊封は、〝義満の僭越《せんえつ》〟という次元ではなく、〝日本の恥〟という次元で非難の対象だった。

廷臣に囲まれた義満は、それを事前に予期したはずだ。それでも冊封を強行したのは、貿易がもたらす巨万の富のためと考えられている。明は、皇帝と国王の間でしか外交も貿易もしない。義満は一度、「日本国准三后道義《じゆさんごうどうぎ》（義満の法名）」という名義で貿易を試みて失敗し、右の仕組みを理解した。それなら「日本国王」と名乗るしかない、と義満は割り切ったのである。「日本国王」は日本国内を支配する道具として機能しないし、義満もそれを期待していない。だから当然、「日本国王」の地位は、国内向けに積極的にアピールされた形跡がない（田中健夫－一九八七、村井章介－一九九五、橋本雄－二〇〇〇・二〇〇九）。

†密室で隠し通された国交儀礼——失敗時の逃げ道

近年、『宋朝僧捧返牒記《そうちょうそうほうへんちょうき》』という記録が発見された（石田実洋・橋本雄 二〇一〇）。それは、応永九年（一四〇二）に来日した明の使者が、義満を「日本国王」に冊封した儀礼の詳細を記したものだ。判明した日明外交の現場の実態は、驚くべきものだった。

普通、大規模な公的行事は、見せるために行う。明の皇帝が国王を任命する儀礼なら、さぞ巨大な開かれた空間で、朝廷・幕府の構成員を勢揃《せいぞろ》いさせて、大々的に行ったと思われるだろう。しかし、事実は逆だった。北山第の閉鎖的な空間で、極めて限定的な側近だけ参加させて行われ、その様子は、朝廷・幕府に喧伝されもしなかった。

それればかりでない。冊封の形式は、中国が千年単位の歴史の中で、磨き抜いて定めてきた厳正なものだ。ところが今回、儀礼の式次第は義満の意向で、正規の形式を大きく逸脱し、明の使者に対して義満は過度に尊大に振る舞い、明側もそれを受け入れていた。

実は、それは中国の伝統的な知恵だった。すでに数百年前の唐王朝が、相手次第・状況次第で臨機応変に儀礼の形式を変える知恵を持っていた。本来なら皇帝の使者に相手国の長が拝礼すべきところ、相手がどうしても望むなら、皇帝の使者が平伏《ひれふ》して相手に拝礼しても構わない、というほど柔軟だった。皇帝の権威にこだわって屈従を拒否した使者は、皇帝から無能扱いされたほどだ。重要なのは、〈とにかく一応相手が少しは下手に出て子分・弟分になった〉という形の国交樹立なのであり、地域・文化・政治情勢や相手の個性が違えば、そこまでの道も違って当然、という知恵があった。今回もそのパターンだった。

外交は面子《メンツ》を重んじる。一番面子が潰れるのは、〈外交関係の樹立に失敗した〉歴史を残すことだ。中国の外交には、譲れない建前がある。地上で最も徳に優れた皇帝が、野蛮な他国を教え導き、足りない徳を中国から降り注ぐようにする、いわゆる「徳化《とくけ》」という形だ。懐柔・外交樹立の失敗は徳化の失敗であり、それは必ず〈皇帝の徳が足りなかったからだ〉という後世の非難を招く。だから明も、冊封関係の樹立を最優先し、〝頑迷な蛮族の長のわがまま〟である義満の要求に、簡単に従った。しかも、正式な王朝の官僚ではなく僧を派遣して、交渉が拗《こじ》れたり万一決裂した場合に、「あれは正式な交渉ではない」といい逃れて面子を保てるように細工していた（橋本雄―二〇一一）。

†〈日本国王の明との国交〉は並行世界の出来事

明が、義満の冊封を〈うまくいったら現実として扱い、失敗したらなかったことにしよう〉という態度で扱ったことは、極めて重要だ。「日本国王」冊封は現実と虚構の狭間にあり、どちらに転ぶかは終わってから決まるのだった（まるでシュレーディンガーの猫だ）。

これは、義満にも有意義だった。義満は閉鎖空間で、側近だけに囲まれて冊封を受けた。それはどう見ても国家的な大行事ではなく、義満個人が行う儀礼という位置づけだ。日明の外交は、朝廷・幕府を場とする国内の政治とは自覚的に切断され、両者が本質的に連動せずに、同時並行で進行する二重構造であり（田中健夫-一九八七）、日本国王と将軍の地位は「本質的に次元の異なる問題」だった（橋本雄-一九九八）。

一三世紀後半の中国（元《げん》）の侵略で途絶えた国交の再樹立という、当時最も壮大な交渉を、義満は個人的に行った。そのことは、最も大規模な仏教祈禱を義満が個人的に行った事実と、よく対応している。「北山殿」義満の権力と彼の人生最大規模の事業は、彼個人に収斂《しゅうれん》するという特色を持っていた。

では、それは何を意味するのか。そのヒントも、近年の研究で見えてきた。義満や息子の義持は、最新の中国文化の摂取に熱心だったが、その動機は、明の皇帝の意に適《かな》う日本国王となることではなく、中国の皇帝自体への憧れだった。ただし、その想いは、外交の現場で発散されなかった。むしろ彼らは、国際秩序の現実と直面するのを避け、日本国内、というよりも自分の身辺だけで、恣意的《しいてき》に中国文化を消化し、ほとんど内面的な自意識のレベルだけで皇帝の振る舞いを模倣したがった。それを指摘した専門家は、その、ほとんど妄想に近い中国文化との接し方を〝中華幻想〟と呼んでいる（橋本雄-二〇一一）。

これは、北山殿という権力、北山という場を理解する上で、大変重要なヒントだ。廷臣や大名・武士らにとって、「日本国王」外交は自分たちと関係ない、義満が個人で勝手に行っている、いわば別世界の出来事だった。義満はそれを十分に自覚し、朝廷・幕府を率いる国内政治と、「日本国王」外交を切り離した。そして、義満にとっても、朝廷・幕府の人々にとっても、国内政治の場こそ直面すべき現実だった。ならば、そこから切り離され、その現実世界に影響を与えない別世界とは、〝虚構の世界〟にほかなるまい。その現実世界と虚構世界は相互に独立した並行世界《パラレルワールド》で、義満は、その間を自在に往来したのだ。

†ハンドルネームで行う虚構世界の外交

義満の外交が、虚構世界の出来事だったことを示す形跡は多い。そもそも、わが国に存在せず、天皇制とも嚙み合わない「日本国王」の地位こそ、虚構の産物の最たるものだ。日本を代表して外国と対話する人の名義も、現実に存在しない虚構だった。例えば、九州探題の今川貞世《さだよ》（出家して了俊《りようしゆん》）は、倭寇《わこう》（と称する朝鮮人の海賊）を捕らえて朝鮮に送還する時、「日本国九州（鎮西）節度使《せつどし》源了俊《げんりようしゆん》」と名乗った(142)。「九州（鎮西）節度使」という地位は日本にはなく、「九州探題」の中国風の表現で、わざわざ外国向けに書き換えている。「源了俊」という名乗りもおかしい。了俊は法名《ほうみよう》（出家した僧としての名前）だ。現代の僧と違い、前近代の僧は、「佐々木判官入道導誉」「赤松律師則祐」などと、通称を法名に加えることはあっても、絶対に姓を名乗らない（佐々木や赤松は姓ではなく通称。姓は源）。〝姓がない〟ことこそ、出家（家を出る）の証だからだ。了俊も、日本では「今川伊予入道了俊」と通称で名乗るか、「沙弥《しゃみ》了俊」としか名乗らない（沙弥は出家したての未熟な僧）。日本には、「源了俊」は実在しないのである。

義満も、出家後は天山道義《てんざんどうぎ》という僧だ。天山は道号《どうごう》（禅僧の通称）、道義が本名（諱《いみな》）[143]で、姓はない。その義満が、応永九年に冊封された時の名義は「日本国王源道義《げんどうぎ》」だった。義満もまた、実在しない「源道義」の名義で国王になったのだ。

図13　出家姿の足利義満像
（京都府鹿苑寺所蔵）

「源道義」という名義は、〈該当する人物が一人に絞れる〉という意味では現実だが、〈その名の者は実在しない〉という意味では虚構だ。それは、義満の独創ではない。一三世紀後半、後醍醐天皇の皇子で、征西将軍宮《せいせいしょうぐんのみや》という肩書で九州統合を任された懐良《かねよし》親王は、明と通交して「日本国王良懐《りょうかい》」の名義で冊封された。「懐良」が転倒して「良懐」になったのは相手のミスではなく、日本側が自ら改変したという説が有力だ（橋本雄－二〇一三）。中世日本には、

〈外交という場で、外交向けの別の顔を作る〉という伝統が根強く、それはちょうど、ネット上の交流で本名を隠すために仮の名前《ハンドルネーム》を使う習慣と、とても似ている。

†虚構世界に課題を逃がして摩擦を回避する外交

こうした習慣の動機は、九世紀末の遣唐使の廃止後、日本の朝廷が外交自体を毛嫌いしたことに由来するだろう。日本は、宋・元と政府レベルの国交を持たなかった。しかし、民間レベルでは日宋貿易が進み、平清盛《きよもり》は嘉応《かおう》二年（一一七〇）に拠点の福原《ふくはら》に宋人を招いた。清盛は気軽に後白河《ごしらかわ》法皇を招いて宋人に会わせ、後白河も自分の欲求に素直な人なので気軽に会ったが、古い価値観の権化だった右大臣九条兼実《かねざね》は、「天魔の所為か（天魔の悪行か）」と非難した。その三年後、福原で清盛が主催した仏事に宋人が参列した時も、兼実は「凡《およ》そ異朝《いちよう》と我国《わがくに》と頻《しき》りに以《もっ》て親昵《しんじつ》す。更に更に甘心《かんしん》せられざる事なり（外国の朝廷と日本の朝廷が頻繁に親しく付き合っている。とにかく全く感心できない）」と非難した。(144)

そうした考え方の根底にあるのは、日本の国際社会観だ。宋が後白河に届けた贈り物には、「日本国王に賜《たま》ふ」と書かれていた。(145) 兼実は「頗《すこぶ》る奇怪なり（とても怪《け》しからん）」と怒り、突き返すべきと主張した。中国の皇帝と対等な日本の天皇を、下位の「国王」扱いし、「賜ふ（与える）」とは何ごとだ、ということだ。中国大陸の王朝は建前上、決して他国を対等に扱わないが、日本がそれに従う理由は何もなく、その無礼な態度を改めない国と付き合う価値はない、というのが朝廷の共通認識だった。

そうした朝廷の価値観と、「日本国王」のふりを両立させる手段こそ、現実と虚構の使い分けだった。日本の政治システムを現実として温存しつつ、それとは無関係の虚構の世界で「日本国王」を演じる、という形でだ。そのため、義満は現実世界の「天山道義」とは別の、虚構世界での仮の名前《ハンドルネーム》を必要とした。それが、現実に存在しない「源道義」名義の正体だ(懐良親王が「日本国王良懐」と名乗った動機も、本質的に同じだろう)。

室町時代には、日本から貿易利潤を求めて、明や朝鮮に相当数の偽使《ぎし》が渡った。偽使とは、幕府やその許可を受けた大名の使者を装って、明や朝鮮に回賜品《かいし》(外国使に皇帝や王が与える財物)を要求した、国際的詐欺のことだ。しかし、公式・正式の日明外交さえ、根本は壮大な偽使だと理解した方が腑に落ちる、という指摘がある(桜井英治-二〇〇一)。外交のためだけに肩書や名義を変造し、現実の日本国政府とは違う国家の姿を意図的に演出した義満一家の対外関係は、まさに壮大な偽使というにふさわしい。

極東の島国に特有の矮小な振る舞いだと、筆誅を下すのは簡単だ。しかし、それは机上の空論にすぎない。外交は取り引きであり、取り引きで何より重要なのは成果であり、成果を出すためなら、形は後からどうとでもついてくる、ということを忘れるべきでない。

†明の使者は虚構世界（北山）で処理

懐良親王のように、「日本国王」としての活動を大宰府で完結させたり、国書の交換だけで付き合うなら、仮の名前《ハンドルネーム》という小細工で十分だし、京都に影響を与えない。しかし義満は、実際に明の使者を政府中枢に迎え、冊封の儀礼を行った。そうなると名前だけでは足りない。実際に「源道義」として明の使者と対面するための、物理的な場所が必要だ。

現実世界（朝廷・幕府）と辻褄が合わず、非難しか浴びない冊封儀礼を、彼らの目の届かない場所で、彼らと無関係の出来事のように行うなら、現実世界の都（京都）ではできない。ここで、義満の政庁「北山」が京都でない（京都の外）ことが、真価を発揮する。

伝統的な中国への嫌悪感のお蔭で、平安時代以来、外国の使者は天皇に会ったり、天皇の都（京都）に入る資格がないと考えられてきた。あの平清盛でさえ、宋人を都には入れようとはしなかった。元寇《げんこう》の時も、元・高麗との国書の交換や使者の往来は九州の大宰府と鎌倉で済まされ、京都には誰も足を踏み入れていない。その伝統は南北朝時代にも引き継がれ、貞治六年（一三六七）に倭寇の取り締まりを求める高麗の使者が来日した時も、西の郊外の嵯峨にある天龍寺に滞在させて、京都には入れなかった。(146)

義満はこの伝統を利用し、明の使者を北山に入れて一歩も京都に入れず、北山で冊封などすべての外交行事を完結させて、明に帰らせた。使者が滞在した法住寺《ほうじゅうじ》という寺（仁和寺《にんなじ》の一部だったらしい）では、門が厳重に警備された。その目的は「唐僧を洛中に入れらるべからざるによるなり（明の使者を京都に入れないため）」と、記録に明記されている。(147)

明の使者は、日本の都に来て、日本の王に会ったと信じて帰った。とはいえ、これほどの外交案件を託された使者も、馬鹿ではあるまい。何かおかしいと感づいたか、真実を知っていた可能性もあろう。しかし、「源道義」と名乗るこの日本人と国交を樹立した、という手続きの完遂が最優先なので、気づいても素知らぬ顔を通しただろう。

†北山第の天竺人《インド》とスマトラ島からの南蛮船

外国人といえば、北山には何と「天竺《てんじく》（インド）」人がいた。義満時代から半世紀ほど後の長禄《ちょうろく》元年（一四五七）、奈良の興福寺の大乗院門跡《だいじょういんもんぜき》だった尋尊《じんそん》という僧と親しい、楠葉《くずは》西忍《さいにん》という人がいた。彼が尋尊に語った生い立ちによると、「北山大将軍」、つまり義満の時に彼の父が天竺から来日し、相国寺《しょうこくじ》に滞在した。義満は彼と会って気に入り、北山第に住まわせて「天竺」という名字を名乗らせた。彼は義持の頃に他界し、息子は楠葉西忍と名乗ってそのまま土着したという。(148)義満時代なら、日明貿易の貿易船か、明の使者の船に便乗して来日したのだろう。そのインド人を北山に住まわせたことは、北山の〝異世界〟ぶりを演出するよい材料になっただろう。

この頃、なぜか中国・朝鮮以外の外国との接点が、一瞬だけ急増している。義満が没した一ヶ月後の応永一五年（一四〇八）六月、日本海沿岸の若狭に「南蕃《なんばん》（蛮）船」が着岸した。船の主は本阿《ほんあ》という名の、日本人の問丸《といまる》（海運業者）だったが、彼は南蛮の「亜烈《あり》進卿《しんけい》」という帝王の使者で、日本国王への進物として黒い象一頭（一説に三頭）、孔雀二対《つい》、鸚鵡《おうむ》二対などを携えていた。それらは翌月に都に持ち込まれ、象は高さ六尺あまり（一・八m以上）あった。伝説ではなく、信頼性の高い複数の記録に書かれた事実である。(149)

亜烈進卿は、インドネシアのスマトラ島のパレンバンで、華僑の頭目だった施《せ》進卿《しんけい》である。彼が派遣した船は、一一年後の応永二六年にも南九州に来航し、九州探題の渋川満頼《しぶかわみつより》が博多に廻航させた。船が壊れたため、渋川満頼は船員を琉球に送り、琉球から暹羅《タイ》経由でパレンバンへ帰らせている。(150) 日明貿易は、明と華僑のネットワークを通じて、華僑が進出していたインドネシアまで広がりつつあった。

義満が存命なら、喜んで象を北山で飼い、パレンバンと貿易しただろう。しかし、義持は象を持て余したらしく、応永一八年、朝鮮国王の太宗《たいそう》に象を贈呈した。朝鮮でも本物の象は初めてだと驚かれたが、太宗もすぐに飽き、膨大な飼料を食い潰すので持て余した。象は二年後に人を踏み殺し、島流しにされてしまった（國原美佐子―二〇〇一）。

†空想世界へワープして遊ぶ仕掛け

義満は北山第を熱心に、現実世界から遮断された虚構空間として運営した。

最晩年の応永一四年（一四〇七）、来朝した明の使者はまた北山に通され、義満と紅葉狩りを楽しんだ。その時、義満は「唐人装束《からひとしょうぞく》の体《てい》にて唐輿《からごし》にめされ、即ち宋人舁《か》き申す」、つまり明人の服装を着て、明の様式の輿《こし》に乗り、明人に輿を担わせた。[151]「希代の事」と驚かれたこの仮装遊戯《コスチュームプレイ》に、専門家たちは筆誅を下してきた。日本の絶対的主権を誇示し陶酔しているとか、道化じみた下らない行為、矮小な退廃的振る舞いだ、と（臼井信義―一九六〇、今谷明―一九九〇）。しかし、それは義満のスケールと独創性に、専門家の側が追い着かなかっただけだ。虚構世界（明との国交）で起こるすべての出来事と振る舞いは、要するに演劇である。それなら、ドラマティックに、娯楽性が高くなるよう演出すれば、質の高い演劇になり、出演者も観客も満足度が高まる。義満はそう考えたと見た方がよい。

義満やその子孫たちの〝中華幻想〟を指摘した専門家は、彼らの中国の味わい方・楽しみ方に、一つの屈折を見出している。彼らは唐物《からもの》（明からの舶来品）を多く収集し、義持は自分を徽宗《きそう》（北宋の皇帝）になぞらえる文章を書いた。そうした中国文化の受容姿勢の根底には、皇帝に憧れつつも実現できる見込みがない、という苦悩があったという。実現できないなら、空しさは否定できない。しかし、実現できないと承知の上で、空想の世界でそれを愉《たの》しむことは、無価値ではない。多忙で煩わしい現実世界の政治の合間に、せめて脳内で理想の中華世界に遊ぶ自由を、彼らは確保したかったのではないか。

この時代、宋・元の仏画・水墨画・障壁画（今でいう襖《ふすま》絵）などが、怒濤のように日本に流入してくる。京都の禅宗寺院に行けば、今でも障壁画を多く見られる機会がある。

その寺の一つで、何枚もの大きなキャンバスに描かれた、写実とデフォルメが絶妙な配合で混在する水墨画（風景画）に囲まれた部屋に入った時、私はふと子供の頃を思い出した。空想世界で遊ぶのが好きだった私は、身近な景色を大好きなSF世界に見立てて遊んでいた。小学生の私にかかれば、住宅街のブロック塀は兵器で埋め尽くされたデス・スターであり、私はXウィングのパイロットだった。また、細密な風景画があれば、私はそれを三次元の立体的景観と認識して、絵の世界に入り込み、飽きることなく中で遊んだ。

禅寺で水墨画を見た時、私は無意識に同じことをしていた。そして、ふと気づいた。空想力とこの風景画さえあれば、いつでも誰でも、この世界の中で遊べる。この部屋はそれを促す装置か、と。室町人もまた、唐物と風景画に囲まれた部屋で、自分にとって理想的な中国的世界に心を羽ばたかせ、〝中国の皇帝ごっこ〟を愉しんだのだろう。

†義満は光源氏を意識したか？

〝愉しむ〟は、義満を理解するキーワードである。かつての義満論に決定的に欠けていたものこそ、〝遊び心〟という視点だ。義満は虚構を愉しむ達人だった。

義満は光源氏を演じていたのではないか、という仮説がある（小川剛生－二〇〇三）。源氏の貴公子として位人臣を極め、院と同等になった境遇は、確かに光源氏と共通している（光源氏は「光り輝く源氏の貴公子」を意味する綽名《あだな》）。それまでの歴史上、そうした人生を送った源氏は皆無で、先例を求めるなら光源氏くらいしか候補がない。後円融天皇の三条厳子傷害事件の時、義満が天皇の後宮の女性たちとの密通を疑われたことも、光源氏的ではある。しかも、『源氏物語』の最も重要なヒロインの紫《むらさき》の上《うえ》を、後に夫となる光源氏が見初めた場所は、療養で滞在していた「北山」だった。その「北山」は、義満の北山第がある場所ではなく、京都北方の山地の鞍馬だと考えられているが、重なるのは確かだ。

中世に作られた『源氏物語』の注釈書を繙《ひもと》けば、注釈の根拠のほとんどが、実際の歴史の記録である。また、和歌の名手の藤原俊成《しゅんぜい》は、「源氏みざる歌詠みは遺恨のことなり（和歌の詠み手が『源氏物語』を読まないでは困る）」と断言している（『六百番歌合』）。作中の和歌が名歌として尊ばれた『源氏物語』は、中世の歌詠みの手本だった。それは、『源氏物語』という架空の物語が、和歌の詠作という現実の営みの先例だった、ということだ。『源氏物語』は、現実世界に染み出しつつあった。朝廷の歴史を物語風に仮名《かな》で叙述する、専門家が〝宮廷誌〟と呼ぶ作品群がある。南北朝期にいくつも書かれ、文体は『源氏物語』を模範としていた。それを書けるのは、『源氏物語』などの文学に精通し、しかも朝廷行事の知識が豊富な者だけだ。そうした宮廷誌の作者の代表格が、膨大な知識とセンスを合わせ持った二条良基である。その二条良基が、義満の廷臣活動を万事「扶持（支援）」したブレインだったことを考えると、あの戦乱の時代になお『源氏物語』の世界観をもう一度朝廷と重ね合わせた彼の価値観が、義満に注ぎ込まれたことは十分にあり得る。

もっとも、義満の振る舞いが光源氏を模したと明記した記録はない。その仮説を唱えた専門家自身も、その後、物的証拠がない以上は慎重に考えるべき、とトーンを下げている（小川剛生-二〇一二）。この問題の決着は、もう少し研究の深化を待つしかなさそうだ。

†義満の「狂言（冗談）」好み

義満の〝虚構を愉しむ〟姿勢の証拠は多い。最も顕著なのは義満の「狂言《きょうげん》」愛好である。「狂言」というと伝統芸能の喜劇を誰もが思い浮かべるが、本来は〝冗談〟のことだ。義満の「狂言（冗談）」好きを特筆した記録は多い。たとえば、永徳二年（一三八二）、後円融天皇の譲位の統轄を命じられた義満が、後円融への忿懣からそれを渋り、説得の末に応じたことがあった(二二六頁)。その時、内裏に参上した義満は、承諾の意思を伝えると同時に「狂言に及ぶ(冗談まで口にした)」と、後円融は日記に書いている。[152]冗談をいえるくらいには義満の機嫌は直った、というアピールだった。

その前月、義満は禅僧の義堂周信《ぎどうしゆうしん》に『論語《ろんご》』の講義を依頼した(禅僧は漢詩文を創るのに必要な教養として儒学《じゆがく》を学ぶ)。義堂が「自分はその器ではない」と固辞すると、義満は「戯《たわむ》れて(冗談で)」こう皮肉った。[153]「関東人は謙遜が過ぎると聞くが、長く関東に住んだ和尚もその習俗に染まったか」と。

北山時代にも、ある件の祝賀で義満を訪ねた側近の山科教興《のりおき》に、義満は「例の如《ごと》く御利《ご》口《りこう》」を述べた。[154]この「利口」も「狂言」と同じ冗談だ。「例の如く(いつものように)」というのが重要で、義満の冗談好きは日常茶飯事だったのだ。

義満は人を叱責する時でさえ、「狂言」を多用した。応永六年(一三九九)、義満が臨席した興福寺の金堂《こんどう》供養(完成式典)で、関白二条師嗣《もろつぎ》と権大納言二条満基《みつもと》の親子が、馬副《うまぞい》を省略した。馬副は、乗馬する公卿に随行する従者で、行列の重要な装飾要素であり、大臣以上なら一〇人随行させる決まりだ。ところが、師嗣は関白の地位にありながら、しかも自分の氏寺である興福寺の行事で、義満が見物すると知りながら馬副を略した。

義満は手抜きだと怒り、毎日、「御狂言交じりに責勘《せっかん》（叱責）」した。恐れた師嗣は関白を辞任して出家してしまうが、それを聞いた義満は、「出家されたと伝え聞きましたが、どうしたのですか。驚いています」という書状を送った。(155) 自分が追い詰めておきながら素知らぬ顔でこう訊いたのだが、文面そのものには怒りがない。これは「辞任と出家で許してやる」というメッセージだろう。彼を責めた「御狂言」も、言葉遊びの形を取って引退を促すメッセージだった可能性が高い。

その五年前の応永元年、興福寺の常楽会《じょうらくえ》という仏事を義満が見物した。彼は開始時刻より早く、予告なく明け方から現場に入り、例によって、それより遅れた廷臣を責めた。義満の側近だった広橋仲光《なかみつ》は、朝起きたら「もう義満は現場にいる。遅れた者は来るな」と告知され、顔面蒼白になった。行けば怒られるが、行かないともっと恐い。現場に行くと、二人の公卿と数人の殿上人が追い返されていた。しかし仲光は義満のお気に入りだったため か、謝り倒して懇願したところ、「昨晩と同じ服装でいろ」といわれ、着替えて来て許された。それは義満の「御狂言（冗談）」だったが、「徹夜で仕事したのでついうたた寝した、ということにしてやる」という意味なのだろう。(156)

中世最大の「狂言」好きが中世最大の権力者だと、政治に「狂言」が入り込む。人の叱責にさえ「狂言」を多用した義満は、虚構の効用を社会の操作に活用したのである。それを重ねるうち、義満は、虚構の大いなる可能性に気づいたのだろう。難しい政治的課題を虚構世界に通せば、旧来の現実一辺倒の政治が見つけられない突破口を見つけ出せる、と。義満の権力の終着点・集大成として構築された北山第が、明の「日本国王」冊封という、壮大な虚構の舞台となったことは、虚構の効用を最大限活用した最高傑作といってよい。

†義満の言葉遊び好みが生んだ「裏松」家と「広橋」家

「狂言」は言葉遊びであり、義満の「狂言」好きとは、要するに言葉遊び好きだった。応永一五年（一四〇八）三月、後小松天皇が北山第で連日遊興した時、和歌の会で、義満は「万世《よろずよ》と契《ちぎ》りし花も更に今　君が行幸《みゆき》に限り無きかな」と詠んだ。意味は簡単だが、義満はこれを「真名《まな》（漢字）の難字《なんじ》」で書いた。普通使わない難しい字や、『万葉集』で「山上復有山（山の上にまた山がある）」を「出」と読ませた類の謎々で書いたのだろう。各人の和歌を読み上げる講師《こうじ》は、難解な謎々と化した義満の歌を読めずに冷や汗をかき、かえって盛り上がったという。[157] 和歌といえば、著名な喜撰法師の歌をパロディ化した狂歌を義満が詠んだことも、先に紹介した通りだ（一九一頁）。

義満が、側近で「高倉禅門《たかくらぜんもん》」という通称（禅門は出家入道した者）で呼ばれた高倉永行《ながゆき》のことを、「堕落《だらく》禅門」と呼んでいた事実が、最近紹介された（小川剛生―二〇一二）。これなど、永行の個性を考慮しているとはいえ、もはや駄洒落だ。これほど「狂言（言葉遊び）」で人を翫《もてあそ》ぶのを好んだ中世の権力者は、記録上、ほかに見たことがない。

廷臣の家名に関わる言葉遊びの痕跡は、まだある。義満のお気に入りの廷臣に、日野重《しげ》光《みつ》・勘解由小路《かでのこうじ》仲光《なかみつ》という者がいた。いずれも鎌倉時代から実務官僚を世襲した中級廷臣で、同族だが早い時期に分家して、遠い親戚になっていた。義満が重光を重用したのは、正室日野業子《なりこ》の甥（資康の子）だからだ。その姻戚関係による日野一家の権勢の話は、後に述べよう（二二二頁）。勘解由小路仲光も義満の縁戚で（二二一頁）、先に紹介した、仏事に遅れて義満に「狂言」交じりに怒られた広橋仲光（二一〇頁）と同一人物である。

面白いのは、彼らの称号（家名）が、義満の頃を境に変わったことだ。重光と仲光の祖先は、父の代まで一貫して、それぞれ日野・勘解由小路と名乗ってきた。ところが、義満の権力が完成した頃から、日野重光は「裏松《うらまつ》」と呼ばれ始め、息子の義資《よしすけ》以降、受け継がれて家名になる。同様に、勘解由小路仲光も「広橋《ひろはし》」と呼ばれ始め、息子の兼宣《かねのぶ》以降、家名として定着する。なぜ称号（家名）が変わったのだろう、と私は不思議に思っていた。

ところが、古代・中世の記録の（活字で読めるもの）ほぼすべてに目を通し、京都にそれなりの期間住んで、あることに気づいた。京都には、今も昔も「裏松」や「広橋」という地名が存在しない、と。廷臣の称号（家名）は普通、京都の地名から取る。摂関家の

「近衛」や「九条」をはじめ、大多数は街路の名で、「勘解由小路」や「油小路《あぶらのこうじ》」「押小路《おしのこうじ》」などは街路名そのものだ。「西園寺」「徳大寺」などは寺院の名だが、それでも実在する一種の地名には違いない。「裏松」と「広橋」だけが地名でなく、浮いている。

では、「裏松」や「広橋」の由来は何か。実は、両者には共通点がある。「裏の松」や「広い橋」を意味する普通名詞なのだ。彼らの家名は、邸宅が「裏の松」や「広い橋」の至近にあったことに由来すると考えるほかない。しかし、「裏の松」も「広い橋」も京都近辺にいくつもありそうで、特定できないではないか。いや、違う。廷臣の家名である以上、どこかピンポイントで特定できる場所であるはずだ、と逆に考えるしかない。では、たった一個所の「裏の松」や「広い橋」を特定できるとしたら、何が決め手になるか。「裏松」や「広橋」の称号が義満の時に生まれ、裏松資康と広橋仲光が義満の側近として日常的に近侍していた事実を踏まえると、答えは一つしかなさそうだ。それは、義満の家の「裏の松」であり、義満の家の至近の「広い橋」だと。そして、京都は長い歴史の中で地名が付け尽くされているので、室町第の近くに新たな地名を付けるのは困難だろう。しかし、山荘の所在地、つまり山麓の原野を都市化した北山なら、新たな地名は付け放題で、命名する権利は居住者の義満にある。「裏の松」は義満の北山第の裏にあった目立つ松の大木、「広い橋」は北山第で最も幅広の橋だろう。北山には、宇多川《うだがわ》が南北に流れる。それは、まさに金閣の隣の池を水源とする北山の川だが、南西へと流れる流路が、北山の南北方向のメインストリート「八町柳《はつちようやなぎ》」を横切った可能性が高い。その交差地点に架けられた、メインストリートと同じ幅の、つまり北山で最大幅の橋が「広橋」だろう。

そうした普通名詞を、しかも義満の視点で地名化したものを家名にするのは、伝統の逸脱だ。それを廷臣が自らするとは思えず、まず間違いなく義満の意向だろう。廷臣の家名を自分の言語感覚でいじってしまうのは、義満の言葉遊びの一環と見てよい。もしかしたら、それらは「堕落禅門」と同じで、義満が冗談めかして付けた綽名《あだな》だったかもしれない。それに迎合して、当人が率先して自分の家名にすることは、大いにありそうだ。

†義満と世阿弥――「狂言（冗談）」を極限まで研ぎ澄ます実験

観阿弥《かんあみ》・世阿弥《ぜあみ》親子の台頭も、義満の並々ならぬ「狂言」愛好と無関係のはずがない。義満は猿楽《さるがく》（申楽《さるがく》）を愛好した。猿楽は猿楽能《さるがくのう》ともいい、平安時代以来の、宗教的要素など雑多なものを抱え込む大衆芸能だった。それが、世阿弥の手を経て二方向へ分化してゆく。周知の通り、「能」と「狂言」である。「能」は、謡《うたい》と舞（身体的な技能）で、現実世界と虚構世界が渾然一体となる不思議な世界観を表現する。「狂言」は、滑稽な筋書きや言葉の掛け合いの、狂言猿楽という滑稽劇をベースに、コメディに特化したものだ。

能・狂言は演劇なので、それ自体が虚構である。しかし、世阿弥が完成した夢幻能《むげんのう》という手法では、登場人物の前に異世界の存在（神や死者の霊・鬼・精など）が現れて、夢や幻の中で、土地の伝説や身の上を語る。虚構世界（劇）の中に、虚構世界（夢幻）が二重に現れるのだ。そこまで虚構の効用を磨き抜いた芸を創った世阿弥のパトロンが、義満だった。

世阿弥の芸風が虚構にこだわり抜いたことと、極端に虚構を好んで活用した義満の気風が、無関係や偶然であるはずがない。それらは、大いに影響を与え合っただろう。最初は、観阿弥・世阿弥の側が、虚構の効用を義満に気づかせたのかもしれない。ただ、芸術家はパトロンの好みに沿って作品を創る。世阿弥の芸風は、虚構の新たな可能性の実験へと向かった。一つは言葉遊び（冗談）を極める「狂言」、一つはシリアスな心理描写に虚構を極限まで活用する「能」の構築である。どちらも義満が好んで得意としたことで、そこには義満の嗜好《しこう》が大いに反映していると考えるのが自然だ。その意味で、能も狂言も、義満なくしては、その後の形で成立しなかったといってよい。

北山時代の初期、応永の乱の半年前の応永六年（一三九九）五月、義満は管領の畠山基国に仕切らせて勧進《かんじん》猿楽（猿楽のチャリティ・ライブ）を主催し、芸を尽くした「狂言猿楽」が上演された(158)。北山時代の義満が、狂言猿楽を愛好した証拠である。なお、かつて鎌倉公方基氏が直義を見習って、政治の妨げになる演劇を遠ざけた話を、義満は、基氏に近侍した禅僧の義堂周信《ぎどうしゆうしん》から聞かされた。(159) 義満は恥じたが、演劇好きは治っていない。むしろ、演劇に対する対極的な捉え方は、義満の政治が直義の政治を克服した成果だったことを、これ以上なく象徴的に示している。

世阿弥の証言によれば、「狂言（という芸）」を創った世阿弥と、「狂言（冗談）」好みの義満の関係は、まさに「狂言（冗談）」が担っていた。義満は観阿弥の能を見て感銘し、「児《ちご》は小股《こまた》を掻《か》かうと思《おも》ふとも、ここはかなふまじき（意表を突く技を用いても、人は彼に敵《かな》うまい）」と観阿弥に「御利口」、つまり狂言を述べたという。また、観阿弥・世阿弥親子の名が観世音菩薩《かんぜおんぼさつ》に由来すると知った義満は、「観世はカンゼと読むのだから、それに由来する世阿弥もセアミではなくゼアミと読むのが筋だろう」と主張して、彼の名はゼアミになった。(160) 世阿弥の名前自体が、義満の狂言（言葉遊び）の産物なのだった。

†日常生活と狂言世界が同化した北山

義満は、社会生活の物理的な空間そのものを、現実世界（京都）と虚構世界（北山）に切り分けるという離れ業をやってのけた。そして北山という虚構世界側の空間では、「狂言」が生活の一部になった。義満が目をかけた「後《のち》の槌大夫《つちだゆう》」という狂言役者は、「狂言すべきものは常住《じょうじゅう》にそれに成《なる》べし（狂言猿楽のプロは四六時中、役作りに徹するべき）」と考え、人格を狂言の登場人物のように変えて、北山第に日常的に奉仕した。[161] 北山第には、虚構世界の住人が住んでいたのである。それは、北山第の存在目的を、この上なく明瞭に、北山の住人・滞在者をはじめとする人々に自覚させ続けただろう。

　虚構世界を極度に重視する能や、言葉遊びに核心を持つ狂言を世阿弥が大成したことは、「日本国王」冊封という大事業の結実と、実は一つの大きな現象だった。その現象全体が、北山という場に結びつけられていた。現実的な政治の手段や常識では処理・表現しきれなくなった前代未聞の権力を、一つの地域に作りあげた虚構世界を通すことで処理・表現可能にした義満の独創性には、舌を巻くほかない。北山とは、その一種の天才が未知の権力を創造した発想革新《イノベーション》の壮大な実験場なのであり、そして生活や政治の中に娯楽的な虚構の物語が常に染みこんでいる、アトラクションなのだった。

　当時の姿をほぼ完全に再現した金閣（一九五五年に再建）は、それを偲《しの》ぶよすがである。一階を公家風の寝殿造、二階を武家風の書院造、最上階を禅宗様（唐様）にして複数の文化を混在させ、外観をすべて金箔で黄金色に耀かせた金閣は、まさに空前絶後の、独創性の塊だ。そして、冷静に考えると、それが現実世界の部品をでたらめに組み合わせたような、現実離れした姿であることに気づいて頂きたい。それはファンタジーなのであり、それこそが、そこに虚構世界を作りあげた義満の壮大な実験の痕跡なのである。

義満の独創性を示すオブジェとしては、大塔《おおとう》（七重塔）もあった。それは最初、相国寺に建てられたが、完成から四年後の応永一〇年（一四〇三）に落雷で焼けると、すぐに北山第の横に再建された（一七三頁）。元の場所に再建しなかったのは、義満の権力の象徴をすべて北山に集約し、何より明の使者に至近距離で見せたかったからだろう。義満を日本国王に冊封した使者の来日は応永九年なので、彼らは北山ではなく、東に聳《そび》え立つ大塔を遠望したが、応永一四年の使者は北山で真下から、一〇九mの巨塔を仰ぎ見たはずだ。

金閣や観阿弥・世阿弥の能・狂言は、北山文化といわれる。しかし、中世史の専門家の何人かは、ほかに〝北山文化〟といえるものなどあったかな、と訝《いぶか》っている。教科書や辞典を見ると、禅僧の学問や五山文学や、宋元風の水墨画の流行や、茶の湯の源流の闘茶《とうちゃ》が北山文化の要素だという。困ったものだ。室町と北山の関係を完全に誤解している。

それらの隆盛が、北山を中心とした形跡は全くない。北山で営まれた義満独自の文化と、切り離せない関係にもない。それらは室町時代を通じて、北山でも京都でも盛んだった。それらは〝室町文化〟と呼ぶべきだが、最初の名付け親が、孫の義政の〝東山文化〟と対比したくて無理に〝北山文化〟と命名したのだろう。室町文化を北山文化に代表させてはいけない。時代全体を彩る室町文化の中で、本物の北山文化は孤立しているのだから。社会科や修学旅行の引率の先生は、退屈な禅僧や水墨画家の名前など覚えさせなくてよいから、義満の発想革新《イノベーション》という根本をきっちり教えて欲しい。生徒の反応は全く違うはずだ。

第九章 「太上天皇」義満と義嗣「親王」――北山殿と皇位継承

†義満と日野家の閨閥――日野資康・資教兄弟の栄華

ところで、北山はそもそも、義満を取り巻く姻戚関係の核であり、それは皇位継承問題と一体だった。その話をするために、義満の姻戚関係を押さえておかなければならない。複雑で入り組んだ系譜関係の話になってしまうが、適宜、一四頁の系図を参照して頂きたい。

義満の母は紀良子《きのよしこ》といい、石清水八幡宮に仕えた善法寺《ぜんぽうじ》通清《つうせい》の娘だった。彼女の姉妹の仲子《なかこ》が、勘解由小路《かでのこうじ》兼綱《かねつな》の養女になって後光厳天皇の女官となり、後円融天皇を産んだ。兼綱の子が義満の腹心の広橋仲光で、仲光の登用は義満の義理の伯父だったことによる。

仲光は姻戚として少し遠いが、直接的に姻戚となって栄華を極めたのが日野家だ。日野家は家運が傾いていた。後醍醐天皇の謀臣の日野資朝《すけとも》は、正中《しょうちゅう》元年（一三二四）の後醍醐の第一次挙兵（未遂）で佐渡に流され、元弘《げんこう》二年（一三三二）の第二次挙兵の時に斬られた。家督は兄の資名《すけな》だったが、翌元弘三年に六波羅探題の北条仲時《なかとき》が足利尊氏に攻められて近江へ逃げる時、同行した光厳上皇に随行し、仲時軍が自害して全滅した時に出家して、五年後に没した。その子の時光《ときみつ》は一一歳で孤児になり、日野家は存亡の危機に陥る。時光は成長して日野家を立て直したが、貞治六年（一三六七）に四〇歳の若さで没した。資康《すけやす》・資教《すけのり》・資国《すけくに》という男子三人のうち、なぜか二〇歳の長男資康ではなく、一二歳の次男資教が家督になった。人は訝《いぶか》ったが、時光が偏愛したのだろう。[162]

家督が少年なので、一家は叔母（時光の妹）の日野宣子《のぶこ》が主導した。宣子は、後光厳天皇の女官筆頭である。宣子は、日野家の立て直しのためと、後光厳流を崇光の攻勢から守るため、将軍の取り込みを画策した。自分と同じ後光厳の女官だった姪（時光の娘）の業《なり》子《こ》を、義満の正室にすることに成功し、業子は義満の寵愛を得た。[163] 永和三年（一三七七）正月に業子は女子を死産するので、結婚は永和二年の春かその直前頃だろう。

閨閥戦略の効果は覿面《てきめん》だった。日野資教の妻は幹仁《もとひと》（後の後小松）の乳母《めのと》に抜擢され、[164] 資教自身も蔵人《くろうど》から、通常は直接昇進できない蔵人頭《くろうどのとう》に大抜擢された。絶対に実現する義満の武家執奏（一〇四頁）が発動したからで、「武家一体」といわれた癒着の成果だった。[165]

資康・資教兄弟は虎の威を借る狐を地で行き、「武家の権威に依《よ》り此《かく》の如《ごと》く傍若無人」「近日の権勢、傍若無人か」といわれる権勢を誇り、下級廷臣などに対して居丈高に振る舞った（「傍若無人」は「傍《かたわら》に人無《な》きが若《ごと》し」で、並ぶ者がないこと）[166]。

下は上に倣《なら》う。業子の乳父《めのと》（乳母の夫）・後見人で日野資教の青侍《あおざむらい》（廷臣に仕える侍）だった本庄《ほんじょう》（斎藤）宗成《むねなり》は、資教とともに義満の家に同居し、権勢を笠に着て人々の所領を強奪し、義満は能登の守護職まで与えようとした。地位を奪われる能登守護の吉見氏頼《よしみうじより》が怒り、義満の家で本庄と戦争になりかけたほどだ[167]。本庄宗成はこの後、義満の直臣になり、子孫はそのまま幕府の一員になってしまった。

幕府では反感が高まり、康暦元年（一三七九）には、康暦の政変で細川頼之が失脚した七日後に、土岐頼康ら諸大名「一同」が資康・資教の断罪を要求した[168]。しかし義満は処罰を拒み、逆に二ヶ月後には資教を検非違使別当に昇進させた。

義満は当初、家督の資教に目をかけたが、次第に兄の資康へと比重が移った。嘉慶三年（一三八九）、資康の子の重光が、斯波義将《しわよしゆき》・高倉永行（「堕落禅門」）とともに義満の武家執奏で位階を上げた時、「近日、武威《ぶい》に依《よ》り権勢を振《ふる》ふ。何《いず》れの輩《ともがら》相争《あいあらそ》ふべきや（最近、武家の権威で権勢を振るう。誰が競合できようか）」といわれた[169]。資康は翌明徳元年（一三九〇）に四三歳で没するが[170]、寵愛は息子の重光《しげみつ》や、その子の義資《よしすけ》に及んだ。一方、資教の存在感は薄れており、何かの理由で義満を怒らせた可能性が高い。

重光は義満の政務の右腕になった。彼は義満が与えた「裏松」の称号で呼ばれ始め、「日野東洞院《ひがしのとういん》」と名乗り始めた資教から分家した印象を与えた。義満は、別家にして資教と同等以上の地位を重光に与えるため、「裏松」の称号を与えたのだろう。

義満は、裏松重光の子義資を寵愛した。彼は「石御料人《いしごりょうにん》」と呼ばれたが、「御料人」は貴人の妻や息子を指し、明らかに義満の息子扱いだった。義満の最晩年の応永一四年（一四〇七）、一一歳の石御料人は義満が臨席する式で元服し、義資と名づけられた[171]。義満の頃までに、将軍の諱《いみな》（本名）の文字は将軍の許可なく人名に使えなくなり、気に入られると「満」や「持」など下の字をもらえるが、上の字の「義」はまれだ。義満は彼を義資と名乗らせることで、義満の子と同等の破格の厚遇を示した。

同じ日に、同じ一一歳になる、斯波義将の孫（義重《よししげ》の子）義淳《よしあつ》も元服した。父義重は応永九年に義満の猶子《ゆうし》（義理の子）となって名を義教《よしのり》と改めている[172]。義重が義満の息子相当なら、その子の義淳は孫に相当する。その義淳と同日に元服した義資が、義満一家扱いだったことが、ここからも裏づけられる。そして斯波家は管領の家柄であり、事実、義淳は元服の二年後に一三歳で執事になった（祖父義将が後見人として管領になり、幕府行政の実権を掌握した。管領と執事の関係は四四頁参照）。義淳もいずれ管領として室町殿を補佐する幕府側の筆頭になる人なので、同時に元服した義資は、同じく朝廷側の補佐者の筆頭になれと期待されたと見てよい。特に義満の念頭にあったのは、最愛の子義嗣《よしつぎ》の補佐だろう（後述）。元服の翌年、裏松義資が一二歳で右兵衛佐になる破格の昇進を遂げた日、義嗣が参議になって公卿デビューしているからだ。[173]

応永一二年（一四〇五）に義満の正室業子が没すると、次の正室を資康の娘（重光の姉）康子《やすこ》とし、義満の日野家との縁戚はいよいよ「裏松」家との縁戚に特化された。息子の義持・義教兄弟や孫の義政も日野家から正室を取ったが、すべて裏松家の流れであり、義政の母の日野重子《しげこ》も、義政の正室として著名な日野富子《とみこ》も、裏松重光・義資親子の子孫だ。

後光厳流の拠点としての北山――崇光流の最終敗北

一方、義満の母方の広橋（勘解由小路）家との姻戚関係は、皇位継承という大問題と関わった。それは、義満の権力の終着点を、北山に導く力になったようだ。

実は、義満は前から北山と縁があった。義満の母は、後円融天皇の母の広橋仲子（崇賢《すけん》門院《もんいん》）と姉妹で、その仲子が北山に住んでいたのだ（家永遵嗣－二〇一六）。永徳三年（一三八三）に三条厳子を傷害した後円融は、母の仲子の家に引き取られた（一三一頁）。この時、一条経嗣は仲子を「北山准后《じゆごう》」と呼び、後円融は「北山」に移ったと記録している。[174]

当時、仲子が北山に住んでいた証拠である。
その仲子は北山で、日野宣子と同居していた。[175] 後円融の父の後光厳天皇に女官筆頭として仕えた宣子は、後円融の母と義満の母の姉妹関係を利用して、義満を後光厳の皇統と癒着させ、崇光院に対抗する切り札にした。その一環で、後円融の母の仲子を確保するため、自分が住む北山に彼女を同居させたらしい。
その宣子が北山に住んでいたのは、夫の西園寺実俊《さねとし》が北山第の所有者（義満に譲る前）だったからだ。二人は娘を儲け、その娘を寵愛した後光厳院が、彼女と宣子に会うために頻繁に北山を訪れた。[176] 宣子は、後光厳から後円融の代に移っても皇統の庇護者として振る舞い、永和三年（一三七七）に後円融の待望の長男幹仁《もとひと》（後小松天皇）が生まれると、すぐに引き取って養育した。幹仁の乳母には、義満の義兄弟・日野資教の妻が抜擢され、幹仁に義満の強力な庇護を約束した。宣子は義満とも親しくなり、義満が右大将拝賀を遂げた翌年の康暦二年（一三八〇）頃には、義満が密かに宣子の北山の家に遊びに来るような関係になっていた。[177]
かくして北山は、後光厳流が、義満と組んで崇光流と対抗する拠点となった。ならば、義満が移住先に北山を選んだことも、皇位継承問題と関係する可能性が高い。となると、応永四年（一三九七）冬に崇光院が発病し、翌五年正月に死去した意味は大きい。[178]

義満はこの機に攻めた。四ヶ月後の五月、崇光の皇子で皇位継承の候補者だった栄仁《なかひと》親王に、出家を強要したのである。(179) また、その直前、義満は崇光流の主な所領（長講堂《ちょうこうどう》領・法金剛院《ほうこんごういん》領・熱田《あつた》社《しゃ》領・播磨国衙《こくが》など）を回収して後小松に渡し、経済的基盤を完全に奪った。(180) さらに出家から三ヶ月後の八月、義満は栄仁親王から伏見の御所「伏見殿《ふしみどの》」も奪い、萩原殿《はぎはらどの》に移住させた。(181) 萩原殿は、臨済宗の妙心寺《みょうしんじ》の母胎《ぼたい》になった花園法皇の御所で、妙心寺ができても、まだ皇族の御所として残っていたらしい。その場所は足利家の墓所・等持院のすぐ南、北山地域の西の境である宇多川の西岸だった。義満は、監視が容易な北山の隣に栄仁親王を隠居させて仏道に専念させ、皇位獲得運動の再開を封じたのだろう。かくして義満は、崇光流の息の根を止めた。

†義満の後光厳流贔屓と後小松の後継者問題

義満の北山第造営が本格的に始まったのは応永四年四月で、崇光が発病する半年前だ。前後関係から見て、北山第の造営開始は、崇光の発病の結果ではない。しかし、前年の四月、義満が伏見に崇光院を訪れ、二人で大いに楽しんだという記録が気になる。

その日、義満が空けた盃を、崇光が取って酒を飲んだ。盃は上位の者から空けるので、これは崇光の露骨な追従だった。義満は恐縮して盃を渡そうとせず、それを無理に取ろうとした崇光と、相撲のように取っ組み合いになった。じゃれ合っているだけだが、「太上《だいじよう》法皇（崇光）と前太政大臣（義満）と御相撲《ごすまい》、未曾有の事なり」と驚かれた。義満は「面目極まりない」といい、代価として翌日に千貫文（約一億円）を献上した(182)。崇光もそのお礼に、庭で田植えを行わせ、田楽も上演させて、「いとおもしろき御あそび」という、大盛況の和気藹々とした遊興の日々を過ごした(183)。この和やかな雰囲気と、二年後の栄仁親王に対する容赦ない弾圧が、どうにも嚙み合わない。弾圧は事実なのだから、和やかな雰囲気の方が、偽りか仮初めだったと考えるべきだろう。

義満は表面上、皇位継承問題に中立を保った。かつて義満は後円融に「私がいる限り崇光流のことは心配無用」と約束したが、二人きりの密室でのことだ。むしろ、その約束を公の場で明言してくれという後円融の頼みを、義満は断固として拒んだ。義満は、皇位継承問題の矢面に立つことを嫌い、あくまで裏からの（しかし鉄壁の）支援に徹した。

しかし、その応永三年、義満は中立姿勢を捨てる必要に迫られた。二〇歳を迎えた後小松に、男子がなかったからだろう。普通なら一〇代で一人や二人の子を儲ける当時、これは崇光流の皇位獲得運動を熾烈化させる理由になる。義満はこの段階で、皇位継承問題の最終解決を画策し、崇光流に皇位継承の可能性がないことを示す決意をしたのではないか。

当時、崇賢門院が住む北山は依然として後光厳流の拠点だった（崇賢門院は応永三四年まで生きた)。そして当時、彼女は「北山殿」と呼ばれていた。(184)義満は、その北山に拠点を設けて崇賢門院と一体化し、彼女が名乗った「北山殿」の称号を引き継ぐことで、義満が後光厳流だけを贔屓する姿勢を示した可能性が高い。義満は、親睦を深める行事で崇光を油断させ、この計画を一挙に進めたのではないか。義満の北山第造営は、翌応永四年に始まる。出家して〝朝廷・幕府を外から支配する超越者〟になってから二年の空白がある北山第造営は、崇光流対策の総仕上げとして始まった可能性がある。

そうだとすると、義満の室町第への移住も(八四頁)、北山第への移住も、ともに崇光流の皇位継承を阻害する意味があったことになる。義満が創りあげた「室町殿」や「北山殿」という権力のあり方は、常に、北朝の皇位継承問題の対策を兼ねてきたのである。そして、そのことは、もう一つの、より根本的な皇位継承問題の克服、つまり南北朝の合一が、「室町殿」を成立させた重要な目標だったという、私の見立てを補強するだろう。

†義満の子孫を加護する北野社と融合する北山

では、超越者「北山殿」となった先に、義満は一家や子孫をどのような権力に仕上げようとしたのか。そのヒントは、北山第に隠されていた。北山に住む「北山殿」義満の子孫繁栄を担い、約束する神は誰か。その視点を持ち込むと、この問題を解く鍵が見えてくる。

北山に設けた義満の御所へ、牛車より徒歩で移動した方が便利なほどの至近距離にあった[185]。その崇賢門院の御所は、「梅町殿《うめまちどの》（梅町亭）」と呼ばれたが[186]、京都に梅町という地名はない。ところが、この御所が応永六年一〇月に焼けた時の記録により、本当の名前が「梅松殿《うめまつどの》」で、訛《なま》って「梅町殿」と呼ばれていたことが判明する[187]。

崇賢門院の御所は、北山の惣門《そうもん》（平安京右京との境界で、中軸街路「八町柳《はっちょうやなぎ》」の南端にある北山地域の正門）の内側にあった[188]（八一頁の地図参照）。この、地理的に北山の内部の梅松殿は、その名に「梅」と「松」を含んでいる。梅も松も、北野社の象徴にほかならない。北野は、北山の東に隣接する別の地域だが、理念上、北山と一体化していたのである。また、義満の愛妾《あいしょう》の一人は、北山と北野の境を流れる紙屋川の高橋《たかばし》（水面よりかなり高い岩壁に架かる橋）の近くに住んで高橋殿《たかばしどの》と呼ばれたが、彼女は「北野殿」とも呼ばれた（松岡心平−二〇〇九）。これも、北山が北野と一体化していた証左である。

義満は、嫡子義持の誕生を北野社の加護の賜物と信じていた（一七〇頁）。北野社は、義満一家の繁栄を一手に担う神だった。その北野社と一体化していた北山の、梅松殿の隣に義満が移住して、後光厳流に有利な皇位継承問題の最終決着が図られた。とすれば、後光厳流が唯一正統な皇位継承の家になったことと、義満一家の繁栄、特に義満の後継者問題は、北山・北野を介して、一つの大問題として義満から扱われていたことになるだろう。

では、後光厳流の勝利と不可分の関係にある義満の後継者問題とは、いかなる構想か。ここに、義満晩年の最大の謎が関わる。息子義嗣《よしつぎ》の登場と、彼の「親王」化である。

†足利義嗣の異常な昇進

足利義嗣は応永元年（一三九四）に生まれた。父義満が将軍職を譲って太政大臣となり、権力の完成が見えてきた年だ。義嗣は幼年期に天台三門跡の一つ梶井《かじい》門跡《もんぜき》に入室《にっしつ》し、ほかの義満の庶子たちと同様に、高貴だが政治と無縁の僧として、生涯を終えるはずだった。

ところが、義満の最晩年の応永一五年に、彼の人生は劇的に転換する。同じ時代を生きた伏見宮貞成《ふしみのみやさだふさ》親王（崇光の孫）[189]によれば、成長した義嗣に会った義満がいたく気に入り、梶井門跡から「とり返し」た。その年の二月二七日、義嗣は後小松天皇の内裏に参上して、彗星のようにデビューする。彼はその日、内裏で童殿上《わらわてんじょう》を遂げた。それは、元服前の童《わらわ》姿《すがた》で内裏の清涼殿《せいりょうでん》（天皇の日常の住居）に昇る桁《けた》違いの特別待遇で、平安後期の関白藤原忠実《ただざね》以来、三世紀以上も途絶えていた希代の栄典だった。

同じ日、貴族の最下位である従五《じゅご》位下《いのげ》を授かってからの、彼の昇進は常軌を逸していた。正五位下《しょうごいのげ》・左《さ》馬頭《まのかみ》となったのは、わずか六日後の三月四日。その二〇日後の二四日には、後小松天皇の北山第への行幸《ぎょうこう》で、「本家《ほんけ》の賞《しょう》（滞在先の邸宅を提供した褒賞）」として従四《じゅし》位《いの》下《げ》に叙され、四日後の二八日に左中将《さちゅうじょう》に任官した。武士の世界では、左馬頭は将軍と鎌倉公方しか、左中将は将軍しか就任できない。それらの官職と、昇進全体の異常な早さによって、義満は、今後義嗣が、将軍と同等の特別な人生を歩むと宣言したに等しい。

二六日後の四月二五日、一五歳の義嗣は内裏で元服し、従三位《じゅさんみ》に昇って参議《さんぎ》となった。摂関家の嫡子でさえ、初めて位階・官職を得てから公卿になるまで一年前後を要するのに、義嗣はわずか二ヶ月で果たしたのだ（義満は七年、義持は一年あまり）。二八年前、義満は右大将拝賀で将軍家を摂家と同等の家格にしたが、今や摂家をはるかに凌駕していた。

将軍家では代々、中納言を飛ばして参議から直接、大納言に昇進する。そしてかつての義満でさえ、大納言から大臣への昇進はたった三年だった。今の義嗣なら、矢のような早さで、数ヶ月以内にも大納言・大臣へと昇進するだろう。常識的には皆、そう予想する。

†義嗣「親王」計画

ところが、義満の次の手は意表を突いた。実は、義嗣の元服は後円融天皇の元服に倣《なら》って、親王が元服する作法で行われた。そして同時に、義嗣は後小松天皇の猶子《ゆうし》（養育関係にない義理の子）となり、「若君《わかぎみ》」という通称を「若宮《わかみや》」と改め、さらに後日、親王宣下《せんげ》を行うという予定が、近年発見された記録で明らかになったのである（森幸夫－二〇一四）。

中世以降の日本では、「宮」と呼ばれる人間は皇族だけだ（一四〇頁）。「若宮」義嗣はもはや臣下ではなく、後小松天皇の子として人生を歩むことが示されたのである。しかも、義嗣の前に童殿上を果たした平安末期の藤原忠実は、白河法皇の猶子だった。二ヶ月前の義嗣の童殿上そのものが、天皇の子として人生を歩むという宣言なのだった。

ただ、白河法皇は、幼少期に父師通《もろみち》を失った忠実を庇護するために猶子にしただけで、忠実は摂関家の継承者として育ち、少しも皇族扱いされた形跡がない。しかし義嗣は違う。彼は親王宣下の手続きを踏み、文字通り「義嗣親王」として皇族になる計画だったのだ。

親王は臣下より尊い。父義満はすでに臣下の領域を超越していたが、兄の将軍義持はまだ臣下だ。つまり親王宣下計画が発表された段階で、義嗣は兄義持を身分的に追い越すと確定した。弟より身分が低い家督などあり得ないから、これで義満の後継者は義持ではなく義嗣だと確定した。それでなくとも、義持には不安があった。二年前の応永一三年、義持は義満を怒らせ、恐怖のあまり義満の腹心・裏松重光の家に駆け込み、父への取りなしを頼んでことなきを得たほどだった。無尽蔵の寵愛が注がれる義嗣と違い、義持はいつも父と緊張関係にあった。「御このかみ《(兄)》をもおし《(押)》のけ《(退)》ぬべく、世にはとかく申あひし[190]（「兄の将軍義持を押しのけて出世するに違いない」と世間がとかく噂した）」のは当然だ。だいたい「義嗣」という名前が、〝義満の後を嗣ぐ者〟というに等しい名乗りだった。

†義満の急死ですべては闇の中へ

とはいえ、義嗣はどのようにして義満の後継者となるのか。将軍職が義持から奪われ、義嗣に与えられるのか。それとも、将軍義持さえ従える、別の地位に就くのか。

いずれにせよ、それはすぐに、永遠に不明になった。義嗣が「若宮」となり、親王宣下計画が明らかになったわずか一一日後の五月六日、義満が五一歳で急死したからだ。義満は、自分の権力が目指す最終形や、その中での義持・義嗣兄弟の位置づけを、誰かと相談した形跡がまるでない。当時の記録を見ると、義満の腹心の廷臣さえも、義満の希望を推測しいしい、推測しながら行動しており、誰も義満の将来構想を共有していなかったことが明らかだ。中世権力の最高峰だった「北山殿」義満は、将来構想を胸に秘めたまま世を去ってしまった。

ただ、義満が自分の一家と天皇家を融合させようとしていたことだけは、確かだ。

義嗣がデビューする二年前の応永一三年、後小松天皇の母の通陽門院《つうようもんいん》（三条厳子《げんし》）が没した。後円融天皇が傷害した、あの厳子である（一二九頁）。天皇が父母を失うと「諒闇《りょうあん》」といって、天皇以下、天下が喪に服する。ところが、義満は「在位中に父と母の両方の諒闇を迎えた天皇の先例は不吉だ」と主張した（恐らく後醍醐天皇のことだ）。そして、諒闇を回避するため、誰かを後小松の「准母《じゅんぼ》」（母代わり）に立てよう、といいだした。准母を立てれば、以後、准母が天皇の母として扱われ、実母の死は母の死を意味しなくなる。その〝誰か〟を誰にするか、義満は口にしなかったが、廷臣たちは忖度《そんたく》し、義満の正室・日野康子が推薦されて准母になった。翌年、康子は女院《にょいん》（上皇と同等の女性の最高位）という、天皇の母にふさわしい待遇を与えられて、「北山院《きたやまいん》」と呼ばれることになった。

康子が〝天皇の母〟なら、夫の義満は〝天皇の父〟に等しい。義満はそれに近い院の待遇を、一〇年以上前に得ている。あとは、〝天皇の父〟を制度的に確定させるだけだ。

実は、康子が准母となる前年の応永一二年、義満がその制度的手続きに動いたことが、最近発見された（小川剛生―二〇一二）。義満を正式に上皇とする太上《だいじょう》天皇尊号宣下《せんげ》を行わせようとしたのだ。しかし、その時は「四八歳でまだ若すぎる」として通らなかった。康子が准母になる時、再び義満は尊号宣下を内心望んだが、廷臣たちは忖度しなかった。だいたい、前例のない臣下の尊号宣下に適齢があるはずがない。年齢は口実に決まっていた。

†「太上天皇」は「天皇」と同格

上皇の正式名称は「太上天皇」だ。古代には、太上天皇は天皇と全く同等の権限と地位を持った。太上天皇は文字通り〝もう一人の天皇〟であり、しかも先代なので現天皇より尊い。その地位は時に天皇を脅かし、政争の原因になった。ひどいのは八世紀半ばの奈良時代で、孝謙《こうけん》天皇は、自分が皇位を譲った淳仁《じゅんにん》天皇を憎んで廃し、自分が天皇に戻って称《しょう》徳《とく》天皇になった。それは太上天皇の当然の権限として行われたが、藤原仲麻呂《なかまろ》の乱や道《どう》鏡《きょう》の異常な出世・失脚という大規模な変転をもたらし、朝廷を極限まで混乱させた。

平安時代に入ると、嵯峨天皇に譲位した兄の平城《へいぜい》太上天皇が、勝手に奈良（平城京）を都にして朝廷を造り、「二所朝廷」といわれた朝廷の分裂を招いた。それは平城の寵姫藤原薬子《くすこ》の自殺と兄仲成《なかなり》の射殺、平城自身の出家・失脚という朝廷の内戦（藤原薬子の変）を招いた。太上天皇尊号宣下とは、太上天皇が天皇と同等（以上）の存在であることがすべての元凶だと痛感した嵯峨天皇が、生み出した工夫だった。天皇を退いた者が自動的に太上天皇となる制度をやめ、天皇に太上天皇尊号宣下という手続きを踏んでもらい、太上天皇の身分を差し上げる制度を始めたのである（春名宏昭‐一九九〇）。

これで、上皇の身分は制度上、天皇の専権に従属する建前になったが、それでも太上天皇の身分そのものは何一つ変わっていない。尊号宣下を受けて太上天皇になれれば、〝もう一人の天皇〟になれる。院政期に上皇が、幼年・若年の天皇に代わって天皇の大権を平然と行使し、社会がそれを受け入れたのは、上皇が本質的に天皇と同等だったからだ。

†幻の〝もう一人の天皇〟義満

かつて、義満は天皇になろうとした、という説が唱えられ、有名な歴史家が拡散させて、一世を風靡した（田中義成－一九二三、今谷明－一九九〇）。今、その説を信じる歴史学者は見かけないが、右の説について意見を発表した専門家の中に、古代（特に平安初期やそれ以前）の太上天皇を考慮した人はいない。私は常に、朝廷の制度について言及する時は、可能な限り、古代まで遡《さかのぼ》って考慮すべきだと考えている。中世でも近世でも、朝廷が何か特別なことを行う時は、常に古代を参照し、古代の延長上に生きていたのだから。

その観点から考え直すと、義満に太上天皇尊号宣下を行うことの意味は、従来いわれてきた以上に、重大だ。義満は確かに、天皇になろうとしなかった。しかし、尊号宣下が実現すれば、制度上疑いなく、義満は〝もう一人の天皇〟になっていた。その意味では、義満は確かに天皇になろうとした、と考えなければならないのである。

日本は、少なくとも一五〇〇年以上、一度も血統が交替していない珍しい王朝だ。昔も今も、「天皇」とは血統であり、男系で天皇の血を引くという一点だけが、絶対必要な条件だ。義満の望みに逆らえば痛い目に遭うとわかっている廷臣たちが、太上天皇になりたいという義満の希望だけは、満場一致で却下した。義満が〝もう一人の天皇〟になれば、血統という天皇制の絶対条件を壊し、それに依存する朝廷を完全に破綻させてしまうからだ。廷臣は、血統に依存する朝廷で、同じく血統に依存してこれまで生き延びてきた。その長である天皇が血統を問われなくなるなら、廷臣であるための絶対条件からも血統が外れるに決まっている。それは断じて容認できない。そのかわり、穴埋めを用意した。義満が太上天皇尊号宣下を望んだことを発見した専門家が指摘したように、義満の怒りを恐れた廷臣たちは、康子の女院待遇を用意したのである（小川剛生-二〇一一）。

ただ、廷臣たちの抵抗が、義満の強権に屈するのは時間の問題だっただろう。太上天皇（義満）と天皇准母（康子）の夫婦、そして親王である子（義嗣）。この三人の核家族に後小松天皇を押し込んで融合させ、〈太上天皇義満・天皇准母康子—後小松天皇—義嗣親王〉という家系を人為的に造る義満の構想は、もう少し時間があれば、実現しただろう。

もとより後小松は、すでに応永八年に、長男の躬仁《みひと》（後の称光《しょうこう》天皇）を儲けていた。だから常識的には、後小松の次の天皇は躬仁だろう。しかし、義満の行動を常識で判断するのがいかに愚かしいかは、義満自身が証明してきた。義満の前に、「先例がない」「筋が通らない」という反論は抑止力にならない。むしろ義満は、「先例がない」ことを喜んでいた節さえある。その義満が、〝天皇の猶子〟という設定だけを拠り所として、〝躬仁が成長するまでの中継ぎ〟という名目で、あるいは幼年の躬仁に強要して、「義嗣親王」に天皇の位を禅譲《ぜんじょう》（譲与）させる計画が絶対になかったとは、どうしても確信できない。

†親王将軍誕生の可能性と挫折

ただ、さしあたり太上天皇になれないと決まったことで、義満は路線変更を余儀なくされたはずだ。その新たな路線の中に「義嗣親王」がある。では、義嗣を親王にしてどうするのか。実は、かなり有力な、現実的な可能性がある。それも、これまで誰も指摘しなかった可能性だが、鎌倉幕府の歴史を真剣に考慮すれば、誰でも気づけたはずの可能性だ。

鎌倉幕府では将軍九代のうち、後半四代が親王将軍だった。しかも、その前の摂家将軍二代は、執権北条義時・政子らの政権が、親王将軍の擁立に失敗した負の遺産に過ぎない。そして親王将軍は、実は源頼朝の代から構想されていた可能性が高い(佐藤進一―一九八三)。幕府の理想型は最初から親王将軍であって、六代将軍宗尊親王の擁立は、半世紀の苦闘の末の、幕府の完成だった(桃崎有一郎―二〇一六c)。鎌倉幕府は常に、将軍が親王であることを望んできた。理由は、天皇や朝廷と将軍の関係が、この上なく明瞭に定まるからだろう。

我々は、武士が将軍であるのが当然だと思っている。しかしそれは、室町幕府と江戸幕府の常識に過ぎない。鎌倉幕府を継承してまだ三世代しか経っていない当時、源氏(足利氏)の武士が将軍となって世襲する室町幕府の方が、幕府のあり方としては、実は異常とさえいえた。しかし、現に足利氏が摑んだ将軍職を、手放すという選択肢はない。その現実と、親王将軍という理想型を両立させるなら、〈足利氏が親王になる〉という解決案が、実は最も手っ取り早い。「義嗣親王」計画が始動する前年、すでに将軍義持は嫡子の義量《よしかず》を儲けていたが、義満はいずれ義持に圧力をかけて、弟義嗣に将軍職を譲らせ、室町幕府を、足利の血統を守ったまま親王将軍の幕府にする構想だったのではないか。

義嗣は義満の生前、「若公方《わかくぼう》」と呼ばれた(191)。「公方」義満の後継者という意味だ。しかし、兄の将軍義持が、義満の生前に「公方」と呼ばれた形跡はない。「公方」は後に将軍と同じ意味になったが、それは義満の急死で、義満の構想が白紙に戻った後の話だ。義満段階の「公方」とは、これから完成されようとする（そして未完成に終わった）、中世日本の支配者の最終形を意味した。それを完成させるのは、「若公方」の「義嗣親王」だ。義嗣が、義満の、「北山殿」としての地位の後継者とされたことは、疑いない。そして親王となり、将軍となれば、兄義持の「室町殿」の地位も統合される。それが、義嗣によって完成される、義満の権力のゴールだったのではないか。

†尊号宣下の辞退と義持の家督継承

サプライズ好きの義満のお蔭で、義満が目指した最終形は茫漠《ぼうばく》としていた。ただ、いずれにせよ、現状の先に、義持の幸福な未来は待っていそうにない。義満が急死し、将軍義持と諸大名の手に今後が委ねられた時、義持が既定路線の継続を望まないのは当然である。

諸大名も義持に味方した。当然だ。足利氏の朝廷進出に参加した足利一門や大名は皆無で、彼らは幕府から一歩も出なかった。そこが、一族や諸大名を廷臣にした豊臣秀吉政権との違いだ（肩書だけだが、大臣・大納言・中納言・参議や近衛中将などの官職を与えた）。諸大名には、幕府以外に生きる場がない。幕府の堅持こそ彼らの最大の利益であり、幕府の外で義満が熱中していた朝廷進出は、むしろ幕府にとって有害でさえあっただろう。

義満が没した二、三日後、朝廷は生前の義満の希望を忖度して、故義満に太上天皇の尊号を追贈《ついぞう》すると幕府に提案した。生きた〝もう一人の天皇〟になられてはかなわないが、死後の名誉として、冥土で楽しんでもらう程度ならどうぞ、ということだ。

しかし、朝廷の予想に反し、幕府は辞退した。当時の管領は斯波義教《しわよしのり》だったが、その父で幕府の宿老・重鎮だった斯波義将《よしゆき》が議論をまとめ、「先例がありませんので」と辞退したのである。(192) 管領でない斯波義将が動いて積極的に議論をまとめた事実に、彼の危機感と、諸大名の世論が明らかだ。そしてその世論は、将軍義持を、名実ともに義満の継承者として戴《いただ》くことで一致した。この決定は、疑いなく諸大名の主導でなされた。彼らは義満の死を好機として義満の暴走を食い止め、幕府を北山殿の使い走りから政治の主体へと引き戻すため、「若公方」義嗣を切り捨てて、将軍（室町殿）義持を選んだのだ。

義満が没した一ヶ月後の応永一五年（一四〇八）六月、義持が室町第を出て北山第に入り、同時に義嗣が北山第から母の実家へと去ることが決まり、以後義持が「北山殿」とか「北山大御所《おおごしょ》」と呼ばれて、義満の後継者に確定した。(193)

†北山第と北山殿を捨てて室町殿へ巻き戻す

ところが、一年半ほど「北山殿」として過ごした義持は、その地位を下りる決断をした。応永一六年一二月、義持は北山第を出て「下御所《しものごしょ》」に移住した。(194) 下御所とは、かつて「三条殿」直義や「鎌倉殿」義詮が使い、義詮が将軍になっても使い続け、義満が途中まで使った、三条坊門万里小路《までのこうじ》にある三条坊門殿《さんじょうぼうもんどの》のことだ。これに対して、義満が創建して義持に相続させた室町第は「上御所《かみのごしょ》」という。上・下は、平安京で天皇が住む北側を「上」と呼んだ名残である。この頃も、内裏は土御門東洞院《つちみかどひがしのとういん》という、平安京のほぼ最北端に固定されていたので、この上・下は実際の内裏の所在地とも対応していた。

北山第では、金閣や大塔などを除いてほとんどの建物が解体され、義満の後生安楽を祈るだけの鹿苑寺《ろくおんじ》（今の通称金閣寺）になった。北山第の消滅により、「北山殿」という地位も消滅した。義持と「北山殿」という地位が、どうにも嚙《か》み合わなかったのだろう。そもそも、義満の計画では、「北山殿」の後継者は義嗣であって、義持はそうなるべく育てられていない。義持は北山第で繰り広げられた「北山殿」権力の構想から完全に切り離され、疎外されていて、義満が何を目指したのか、ほとんど知らされていなかっただろう。

顧みれば、義満は自分の地位を変えすぎ、しかも独創的すぎて誰にも落としどころが見えなかった。義満は最初、〝幕府の長〟である将軍だったが、脱皮して〝朝廷の代表を兼ねる幕府の長〟である「室町殿」になった。そしてさらに〝朝廷と幕府を外から支配する超越的支配者〟である「北山殿」に脱皮し、その煽りで「室町殿」は単なる将軍と同じ地位、それも義満の頃の将軍とは違い、父に実権を握られた傀儡にされてしまった。

この体制をそのまま引き継いで義持が「北山殿」になる場合、「室町殿」の処理が問題になる。「北山殿」義満は将軍ではなかったが、将軍義持が「北山殿」になったことで、また先例のない地位になってしまった。最大の問題は、「北山殿」が虚構世界の住人であるのに対して、将軍が現実世界の住人であり、両者が一人の中で両立しないことだ。そして、〝現実世界とは関係ない虚構世界〟として造られた北山第で、現実世界の幕府の行政をすべて行うことは、どう考えても無理だ。足利氏の家督の地位は、何よりまず将軍という地位に拠《よ》って立つのだから、どちらか一方を選ぶなら、虚構世界の北山第と「北山殿」を捨てて、現実世界を取るしかない。そして政庁も現実世界、つまり京都の中に戻すしかないのである。それは、斯波義将ら、有力諸大名の希望でもあったに違いない。彼らは幕府の中でしか生きられず、それ以外の生き方を望んでもいない。その幕府が存続・復権し、それが京都にあるべきなら、その長（義持）を京都に呼び戻すのは必然だったのである。

†義嗣のその後――上杉禅秀の乱で逃亡・殺害

気の毒なのは、すべてから完全に取り残された義嗣だ。義満の庇護なくして、朝廷に義嗣の居場所はない。そして、一度も関わりを持たなかった幕府には、最初からない。義嗣は、「北山殿」の後継者として北山第に現れ、北山で過ごした。彼は徹頭徹尾、北山という虚構世界の住人であって、そこから遮断された現実世界のどこにも、居場所はないのだ。

もっとも、義持は義嗣を憎まず、居場所を失った彼をそれなりに丁重に処遇した。義持は自分と同じ三条坊門に義嗣の新邸を用意して住まわせ、物見遊山《ものみゆさん》や廷臣・大名らの家への出行、寺社の参詣、参内などで、しばしば連れ立って行動した。義満が没した翌応永一六年には義嗣を権中納言《ごんのちゅうなごん》に昇らせ、二年後には権大納言《ごんのだいなごん》にまで昇らせた。その官職にちなんで、義嗣は「押小路大納言《おしのこうじのだいなごん》」と呼ばれた。それは義満の同母弟で「小川大納言《こかわのだいなごん》」と呼ばれた足利満詮《みつあきら》の処遇と同じであり、満詮と同様、幕府で（将軍の相談役という程度以上の）重要なポストに就くこともなく、無害な将軍一族として生涯を終えるはずだった。

しかし、応永二三年（一四一六）一〇月末、突如、義嗣は数人の近臣と京都を脱出し、北西郊外の高雄《たかお》（栂尾《とがのお》とも。神護寺か隣の高山寺だろう）に奔《はし》って、揃って出家してしまう。義持は驚いて帰京を促したが拒否された。義嗣は「所領が足りず苦しいと義持に訴えたのに聞く耳を持たれず、やりきれないからだ」と主張したが、実は幕府は、最初から反逆を疑っていた。

半月前、関東で関東管領上杉禅秀《ぜんしゅう》と鎌倉公方足利持氏《もちうじ》の全面戦争に入ったことが、京都に報じられていた。上杉禅秀の乱である。駿河まで撤退した持氏を支援すると義持と諸大名が結論を下したのは、一〇月二九日。義嗣の出奔はその翌日である。〈禅秀と義嗣が提携し、関東と京都でそれぞれ持氏と義持を斃《たお》す体制転覆を謀ったが、事態が決定的に禅秀の不利に傾いたのを見て、義嗣が京都を脱出した〉という筋書きを、誰もが思い描いた。

義持は侍所《さむらいどころ》を派遣して義嗣を捕らえ、北山の西隣の仁和寺《にんなじ》に入れた後、相国寺《しょうこくじ》に移して幽閉した。義持は、「義嗣の身柄奪還に動く者があったら、直ちに義嗣に腹を切らせよ」と指示した。また、義嗣の近臣の山科教高《やましなのりたか》・日野持光《ひのもちみつ》らは加賀に流罪となり、移送中に殺された。幕府ははっきりと反乱計画の存在を認定したが、義嗣の側近を逮捕して自白させてみたら、反乱の加担者として管領細川満元《みつもと》・斯波義教《よしのり》・赤松義則《よしのり》ら、有力大名の名を挙げたため、幕府は幕府自体の本格的な崩壊を避けるべく、追及を中止した。

しかし、義嗣だけは生き残れなかった。一年あまりの幽閉の末、応永二五年正月、義持は側近の富樫《とがしみつなり》満成に命じて、相国寺で義嗣を殺させた（自害させたともいう）。

†幕府自体である有力大名の追及は不可能

この件は、室町幕府の宿命的な欠陥を露呈させた。幕府は、将軍と数人の有力大名が協議して運営する連合体だ。つまり、反乱者だと名指しされた数人の大名こそ幕府の運営者であり、反乱者を追及すべき立場にある。彼らが事件のもみ消しに走ったのは当然だった。

明徳の乱の山名氏、応永の乱の大内氏、嘉吉の乱の赤松氏のように、一つの大名が挙兵するだけなら反乱として成立するし、ほかの大名が討伐軍を組織できる。しかし、複数の大名が反乱を起こしたら、それを物理的に討伐可能な武力は誰にも編成できない。しかも、彼ら諸大名こそ幕府そのものなのだから、それはもはや幕府に対する〝反乱〟とさえ呼べない。大名が複数結託すれば傷つかないし、無理に傷つけると幕府は立ちゆかなくなる。

しかし義嗣は違う。幕府に不可欠の存在ではないし、そもそも幕府の一部でさえない。彼は義満が残した負の遺産、幕府のどこにも居場所がない余り物、いわば良性の腫瘍のようなものだ。しかし、ともすればそれは反乱の核として祭り上げられ、いつでも悪性腫瘍に変わる可能性を持つ、潜在的な病巣だった。義嗣の処刑は、その危険性を確実に排除するために、不可避と判断された。しかも、幕府の一員でない義嗣は、唯一、幕府自体を傷つけずに反乱未遂事件の責任を取らせて処刑できる人物だ。彼は現体制と反乱の板挟みになり、両者がともに生き残るためのスケープゴートになったのである。

中世の武士の行動様式に照らす限り、義嗣が真に反乱を企てたとは考えがたい。義持と戦う闘志があれば、かつての足利直義《ただよし》や後の持氏《もちうじ》のように、自派を糾合して徹底抗戦し、抗戦が叶わなければ、かつての尊氏や後の一〇代将軍義稙《よしたね》のように、どこまでも没落して再起を期しただろうし、刀折れ矢尽きれば自害しただろう。また、この段階で闘志が萎《な》えたなら、投降しただろう。いずれにせよ、敵中を脱出しながら、抗戦も逃亡も降参もせず、出家だけして、京都のほど近くにとどまるという行動は、中世の反乱軍の首魁《しゅかい》らしくない。

義嗣の行動から伝わるのは、次のようなメッセージだ。〈反逆者として捕縛され殺されたくないので、京都を逃れて出家したが、かといって積極的にどうしたいという方策も意志も特にない。ただ無罪だと主張し、無抵抗だとアピールしたい。いかなる反乱計画に巻き込まれたにせよ、そこに自分の積極性は微塵もないし、身の潔白以外、主張したいことは何もない〉と。その根底には、この窮地から逃げ出したい、すべて投げ出したい、という義嗣の心情が見える。だからといって、義嗣が真に潔白であったかは別問題だが、現体制と雌雄を決する計画と覚悟が、彼の胸中になかったことは確かだ。

顧みれば、北山殿義満の後継者デビューも、禅秀の乱にともなう落命も、義嗣の人生の二つの要点は謎に満ち、ことの真相も、その歴史的意義も深い霧の中にある。ただ確かなのは、義嗣の主体性が皆無に近いことだ。義嗣はただ栄華の頂点に引き上げられ、梯子《はしご》を外され、反乱に巻き込まれ、殺された。彼の人生はまるで、意思を持たない操り人形のようだが、それを彼自身の責に帰するのは、あまりに苛酷だ。他者にレールを敷かれ、その上を走るしかなかった義嗣の人生には、自助努力の余地がほとんどなかったのだから。

†ワンマン演出家が急死して居場所を失った犠牲者義嗣

義満が彼を梶井門跡から取り返さなければ、彼は平凡な貴人として安穏に一生を終えられたはずだ。いや、むしろその方が、彼の人生は好転した可能性がある。

義嗣の死から一二年後の応永三五年(一四二八)、男子がない義持が没すると、将軍職は、僧籍にあった四人の弟から籤《くじ》引きで選ばれた(後述)。その候補者の中に、梶井門跡の義承《ぎしよう》がいた。義嗣が相続しなかったので、義承が梶井門跡を継いだのである。それはつまり、義嗣が梶井門跡にとどまれば、四分の一の確率で将軍になれる可能性があったということだ。その当たり籤を引いた青蓮院《しようれんいん》門跡の義円《ぎえん》、つまり足利義教は、義嗣と同い年であり、義嗣が元服して俗世の栄達を約束された日、彼と入れ替わるように出家し、俗世で栄達する可能性を奪われた。二人の命運はあたかも明暗を分けたかに見えたが、それがむしろ義嗣の生命を奪い、後に義教に将軍職をもたらしたのだから、皮肉というほかない。

義満は力と、謀略と、運に任せて権力の階段を急ぎすぎ、先例や常識を軽視した。社会常識と折り合いをつける努力も、新しい構想を語り、記録する努力も怠った。その結果、中世的権力の一つの終着点となったかもしれない義満の実験的構想は、社会に共有されず、理解されず、根づかなかった。しかも義満は、義嗣に栄華だけを与え、権力を与えなかった。権力も構想も、すべて我が手中・胸中にとどめ、一族の誰とも分かち合わなかった。今後のシナリオも演出も、万一の時に誰が続行するかも、スタッフの誰も知らないし予測もできない、実験的演劇のワンマン演出家に、義満は似ている。義嗣はその犠牲者だった。

義満がワンマン演出家となった動機の根底には、〝一族を信用できない〟という足利氏・室町幕府の根本的な問題がある気がしてならない。初代尊氏は、弟の直義と幕府を二分する内紛を繰り広げた。また、成立から滅亡まで、一度として幕府と対立しない世代がなかった歴代の鎌倉公方は、二代義詮の弟基氏《もとうじ》とその子孫だ。また、八代義政は弟の義視《よしみ》に、一度は将軍職を約束しながらすぐに果たさなかったため、拗《こじ》れて応仁の乱を招いた。室町幕府とは、よくよく将軍の弟のうまい処遇を確立できなかった幕府だった（僧籍にあった者を除けば、平穏無事な人生を貫いたのは義満の弟満詮くらいである）。

将軍の弟を持て余し、有力大名に将軍が振り回され続ける室町幕府の体質の根源は、実はすべて、将軍尊氏の弟の直義が主導した室町幕府の創立過程に遡《さかのぼ》る。室町幕府はその体質を根治せず、ごまかし続けて滅亡を迎える。義嗣はその組織で不幸にも将軍の弟として生まれ、直義の負の遺産と、父義満のワンマン経営のつけを払わされた犠牲者だった。

第十章

義持の「室町殿」再構成――調整役に徹する最高権威

†室町第に住まない「室町殿」義持

義嗣というお荷物を背負ったものの、応永一五年（一四〇八）に権力を継承してから没するまでの一七年間、義持の権力が揺らいだことはない。後に弟の義教が凶暴化するまでの二〇年あまりは、実に安定した政権だった。それは、義持が父の遺産の整理、つまり〈足利氏家督の社会的地位が何であり、何を目指すのか〉を整理した成果である。

その一環として、義持は北山第を捨てた。義満の死後に室町第から北山第に入ったのだから室町第に戻るのが自然だが、代わりに彼が新たに選んだのは、何と三条坊門殿《さんじょうぼうもんどの》だった。

かつて義満が三条坊門殿を捨てて室町第に入ったのは、〝幕府の長〟から〝朝廷の最高権力者でもある幕府の長〟に脱皮する意志の表明だった。その逆を行った義持は〝朝廷の最高権力者でもある幕府の長〟をやめ、〝幕府の長〟に戻る、と宣言したことになる。

しかし、それはもう、かつての将軍と同じではない。義持は応永一七年二月以降、「室町殿」と呼ばれ始め(195)、終生続いた。面白いのは、住居もまた終生、三条坊門殿から動かなかったことだ。つまり彼は義満の没後、一度も室町第に住まなかったのに、〝室町第の主〟を意味する「室町殿」と呼ばれたがったのだ。これは廷臣を混乱させ、日記に「室町殿〈三条坊門万里小路御所の事なり〉」などと、わざわざ室町殿御所の所在地が室町でないことを注記せねばならなかった(196)。

図14　足利義持像（京都府神護寺所蔵）

室町第に住まないのに、義持は「室町殿」という名が示す社会的地位を不可欠と考えた。問題は、義満の生前に何度も変転した結果、「室町殿」が何なのか、よくわからなくなったことだ。しかも、義満の晩年の最終形では、それは単なる父の傀儡の将軍だったが、現在の義持の地位は傀儡ではない。義持は「室町殿」がどのような地位かを定義し直す必要に迫られ、それは逐一、義持自身の行動で示されるしかなかった。唯一確かなのは、北山殿を放棄した以上、義持は足利氏の家督を現実世界へと回帰させた、ということだ。

†朝廷から距離を置く「倹約御好み」の義持

出家後の、晩年一四年間の父義満の地位は、院に相当する格式だった。しかし、義持の「室町殿」はそうでないことがアピールされた。応永一九年（一四一二）の後小松院の御《ご》幸始《こうはじめ》（上皇の初めての外出）で、義持は扈従《こしょう》として院に随伴した(197)。扈従は、下の者が上の者に付き従う行為なので、義持は院より下だと示したのである。

またこの時、公卿ら廷臣たちは率先して、義持の扈従を勤めようとした。義満期に、そうせねば痛い目に遭うと叩き込まれたからだ。ところが義持は、「弟の義嗣と側近の広橋兼宣《かねのぶ》以外は、自分に随伴するのをやめ、先に後小松院の御所に行って院のそばに祗候《しこう》せよ」と命じ、小規模な行列で院御所に参上した。行列の規模や格式は、権勢の可視的なアピールである。義満は廷臣の上層部を総動員して華美で長大な行列を従え、これでもかと自分の権勢を見せつけることを好んだが、義持はそれを冷静に、時と場合によると考えた。

義持は、義満流の廷臣総動員を全廃してはいない。応永二四年に息子の義量が元服して初めて内裏・院御所に参上した時は、「現任公卿大略」、つまり廷臣ほぼ全員が動員された(198)。右の事例と食い違うかに見えるが、話は単純だ。義持は、室町殿（一家）の行列しかないなら、廷臣は全員随行するのが自然と考えていた。しかし、室町殿と院で二つの行列が組まれるなら、院への随行を優先せよ、と命じたのである。

「勝定院殿《しょうじょういんどの》（義持）は倹約御好《おこの》み」といわれ、義持は派手な演出や蕩尽《とうじん》的な贅沢にこだわらなかった。義満の長男ながら常に日陰に置かれ、義嗣の登場で日陰者としての一生が確定しかけたような、生まれつきの境遇に適応するために形成された人格なのだろう。

その性格は「室町殿」の再定義に影響した。かつて義満が廷臣全員を行列に随伴させたのは、自分が〝朝廷の支配者〟だと思い知らせるためだ。しかし、義持はそれをやめ、後小松院の方が御幸始で廷臣総動員の行列を組んだ。「室町殿」は〝朝廷の支配者〟をやめ、朝廷は治天（院政を敷く上皇）のものだという、本来の姿に戻したのである。

官歴も、義持が朝廷から距離を置き始めた証拠だ。太政大臣まで昇った父義満と違い、義持は内大臣で官歴を終え、しかもそれさえ義持の希望ではなかった。朝廷側が内大臣昇進を打診しても、義持は固辞したらしい。しかし、朝廷は義持を信用しなかった。自ら「欲しい」といわず、朝廷が自発的に与えてくる高い待遇を受け取る、という義満のスタイルと同じと思ったのだ。しかし、義持は本物だった。彼がいらないといえば、本当にいらなかった。それでも後難を恐れた朝廷は、義満の死没から一年後の応永一六年七月、たまたま義持が病の床に伏していた隙を突いて、義持を強引に内大臣にしてしまった。

義持が快復した時には手遅れだったが、すぐに辞任せず、応永二六年まで一〇年も在任した。彼の「倹約御好み」は、義満のように度を超したものは望まない、というレベルだったようであり、物ごとにこだわりを持たない、という淡々とした姿勢を意味した。内大臣を何が何でも突き返そう、というほどのこだわりもなかったのである。

義持は、内大臣を辞めた直後の応永二六年八月、称光天皇の朝覲行幸《ちようきんぎようこう》（上皇のご機嫌伺いに参上する儀礼）でも扈従を務めた。(199) 義満の〝国王でないが臣下でもない〟第三の人種を継承せず、〝天皇の臣下〟だという属性を明言したのである。

†室町殿と廷臣一般の身分的距離の調整

義持は、その立場を示すのに拝賀も活用した。かつて義満は、〝自分がいかに特別で超越的な権力者か〟を廷臣に思い知らせるために拝賀を活用したが、義持は逆に、〝自分がいかにそうでないか〟を廷臣に叩き込む手段として活用したのだから、面白い。

前述の応永一九年（一四一二）の御幸始の日、義持はかなり意識的に自分の立場を明示する努力を重ねた形跡があり、「室町殿」の再定義という作業の中では画期的な日だった。義持は、廷臣を後小松院に侍《はべ》らせ、自分も後小松院に随伴して、〈自分も廷臣も、治天の臣だ〉と表明したばかりか、自分に対する拝賀を制限したのである。(200)

その日の昼頃、後小松院の御所に向かおうとする義持の御所に、二条持基《もちもと》（良基の孫）

が権大納言就任の拝賀をしに来た。すると義持は、「摂家の人々が私に拝賀するのは認められない、とこれまで何度も表明してきたのに、なぜ、まだ拝賀しようされるのか。確実にお止めしろ」と近臣の裏松重光に指示した。そして、「万一、それでも持基が参上してきたら、門前でお帰り頂け」と念を押し、本気であることを示した。

拝賀は、圧倒的に立場が下の者が上の者に、〈お陰様で栄典を得られました〉と感謝を表明する行事だ。そのため、廷臣の誰より上にあると示したい義満は、摂家の拝賀を当然のように受けた（至徳四年［一三八七］に、一条経嗣の左大将拝賀を受けている）[201]。しかし義持は、摂家の拝賀を謝絶した。その一方、摂家に次ぐ家格の清華家の三条公量《きんかず》や大炊御門《おおいのみかど》信宗《のぶむね》、貴族の最下層である名家の甘露寺《かんろじ》清長《きよなが》や裏松義資の拝賀は受けていた[202]。そうすることで義持は、〈自分は摂家から拝賀を受けるほど上にいないが、清華家以下に対しては拝賀を受ける程度の圧倒的な身分的距離がある〉と表明したのである。

✝摂家より上位の室町殿と参賀（御礼）の成立

義持は朝廷儀礼で、摂関に準ずる立場で振る舞った（石原比伊呂-二〇〇六）。しかし、自分の家格を摂家と同等と見なしたわけではない。それも拝賀の受けつけ方に明らかだ。応永一三年（一四〇六）、関白一条経嗣は、九条清房《きよふさ》（蔵人・権右少弁《ごんのうしょうべん》）と清閑寺《せいかんじ》家俊《いえとし》

（蔵人・右少弁）の拝賀を受けた。ところが、権中納言の土御門資家《すけいえ》が拝賀しに来ると、「出行の由《しゅつこうのよし》（外出中）」と称して受けなかった。それは「公卿が拝賀しに来た時の常套手段」であり、「公卿が拝賀する時、相手に「外出中」といわれたら強いて拝礼しないが、特別に礼を尽くしたい人は拝礼を強行する。昔からそうしてきた」と、経嗣はいう。(203)居留守という嘘をついてまで拝礼を受けないのは、〈私にはもう、公卿という尊さを手に入れたあなたから拝礼される資格はないのですよ〉という、相手への礼節なのだ。そして、摂家さえも、公卿の拝賀は遠慮して受けないのが常識だった。

ところが義持は、公卿である権大納言の三条公量、権中納言の大炊御門信宗、参議の甘露寺清長・裏松義資の拝賀を受けた。それは、義持が「室町殿」を摂家よりは上と見なした証左である。ほかにも義持は、通常なら中納言以上が勤めない沓役《くつやく》（牛車の乗り降りで沓を献じる役）を、権中納言の日野有光《ありみつ》や中山満親《みつちか》にさせている。義満の踏襲だといい、義持の側近・広橋兼宣の提案だという。(204)義持も、臣下で最も家格が高い摂家を上回る振舞いを継承していた。そしてそれは、側近の廷臣から仕向けられ、その程度なら構うまい、と義持が採用する形で実現していたらしい。

さらに、義持が「室町殿」として自分の地位を再定義し始めた応永一七年頃から、「室町殿参賀《さんが》（御礼《おんれい》）」と呼ばれる儀礼が創造された（酒井信彦－一九八三、金子拓－一九九七）。

現代の私たちは、「御礼」が感謝（ありがとうございます）を伝えることだけだと思っているが、かつての「御礼」は祝福（おめでとうございます）を伝えることも指した。感謝を伝える儀礼には拝賀があるが、祝福を伝える儀礼がなかったので「参賀」が創造されたのだろう。それは、廷臣や高僧が、恒例や臨時の室町殿の慶事（年始・歳末や、室町殿の元服・任官など）ごとに参上して祝言を述べ、引出物を進上する行事だった。

「参賀」は朝廷に存在しなかった独創的な儀礼で、室町殿が唯一、継続的・恒常的に群臣の祝賀を受ける特権的地位にあることを、周知させる仕組みだった。面白いことに、一〇年あまり遅れて、年始・歳末などの恒例の参賀だけ、天皇が室町殿を真似て取り入れている。室町時代的な身分秩序を表すのに、最適な儀礼だと結論されたのだろう。

†室町殿への臣従より朝廷での責務を優先させる

義持は、さらに朝廷から距離を置いてゆく。後小松院の御幸始から八年後の応永二八年（一四二一）、義持は、烏丸豊光《からすまるとよみつ》・日野有光《ありみつ》・裏松義資・高倉永藤《ながふじ》・清原良賢《よしかた》の五人だけを「室町殿昼夜祗候《ちゅうやしこう》の人々（四六時中、室町殿に近侍《きんじ》する廷臣）」と定めた。そして、天皇や院の近臣としての属性をも合わせ持つ広橋兼宣・慈光寺《じこうじ》持経《もちつね》などには、義持の御所に常に近侍するのをやめさせ、内裏・院御所に常に近侍せよと命じた。[205]

三年後の応永三一年には、義持が後小松の院御所に参上する時、院の近臣として待機している広橋兼宣らが「蹲居《そんきょ》」するのをやめさせた。「蹲居」は片膝を地に着いて相手に敬意を表す所作で、家礼《けらい》（個人的な従者）特有の所作だ。義満の時代に、廷臣のかなりの部分が家礼になり、その関係は義持の代にも受け継がれた。家礼が蹲居するのは当然だが、それを院御所でやめさせた理由は、家礼関係の解消ではない（その証拠に、広橋兼宣やその子孫は、室町殿の家礼であり続けた）。院が主役の行事では、室町殿との私的な事情よりも、院の臣という公的立場に徹せよ、と望んだのである。しかも義持は、それと同時に、称光天皇・後小松院の近臣が義持の御所に常時出仕するのを改めて禁止し、呼び出されない限り来ること自体も禁じて、廷臣たちに誓約書まで書かせた[206]。

これらの意味は単純だ。義満期には、多数の廷臣が義満の家礼となって近侍したが、その結果、廷臣が、本来の君主である天皇・院ではなく、義満の臣のようになってしまった（一三四頁）。義持は、そうした（誤った）形で癒着してしまった室町殿と廷臣を引きはがし、〈廷臣は天皇・院の臣である〉という建前を建て直し、本来あるべき姿に戻した。義持は、廷臣や朝廷に影響力を行使する回路を残しておきながら、物理的に朝廷と距離を取り、自分があくまで朝廷の外の、幕府の長であることをはっきりさせたのである。

義持が室町第に住まず、三条坊門殿に住んだ事実も同じ文脈にある。そもそも義満が室町第に移住したのは、内裏の至近距離に貼りつき、朝廷と融合するためだった。逆に、義持が内裏から遠い三条坊門殿に住んだのは、公家社会との距離感を物理的に示すためだろう、と指摘されている（新田一郎‐二〇〇一）。上御所（室町第）と下御所（三条坊門殿）の所在地は、幕府の長がどこまで朝廷と密着したいかを示す、物理的な指標なのだった。

†将軍でない室町殿――室町殿権力の完全な独立

義持は応永三〇年（一四二三）、長男の義量《よしかず》に将軍職を譲り、出家した。しかし、その義量は室町殿の権力どころか、将軍としての職権さえ行使した形跡がない（二年あまりの在職中も含め、彼が出した文書は今日、一通も発見されていない）。将軍が傀儡で父親が全権を少しも手放さない、義満の手法を踏襲したのである。義持は将軍を辞めても、出家しても、依然として最高権力者「室町殿」として振る舞った。ここに「室町殿」は将軍職から切り離され、〝将軍かどうかと無関係に全権を握る将軍家の家父長〟に変貌した。

さらに、義量の短命が変貌を促進した。義量は二年だけ将軍を務め、応永三二年四月に病死してしまう。彼は義持の唯一の息子で、義持自身は出家してしまっている。そのため、将軍になれる人材が義持一家から枯渇した。ただ、僧になった弟たちがいる。その誰かを還俗《げんぞく》させて将軍にすればよいものを、義持はそうせず、自ら「室町殿」として政務を執り続けた。義持が没するまでの三年間、室町幕府は将軍不在だったのである。

重要なのは、それで誰も困らなかったことだ。当時の記録を読むと、義持が義量に将軍職を譲った時も、義量が没した時も、前後で何一つ政治の形が変わらず、何事もなかったかのように、それまで通りの日々が続いた、という印象しか受けない。もはや幕府の長は、将軍である必要も、俗人である必要もない。「室町殿」さえ健在なら、将軍はいてもいなくても同じ、という形にまで、「室町殿」の権力は完成され、自明になっていた。

そもそも、義満が左大臣となることで完成させた朝廷の支配を、義持は一切官職に依存せずに、当然のように果たした。その点で、義満より義持の方が権力として完成されている、と指摘されている（桜井英治-二〇〇一）。それが「室町殿」の達成だった。義満・義持の二代が半世紀近くかけて築き上げ、整備してきた「室町殿」という権力は、もはや全く制度に依存せず、それ単体で自律的に機能する最高権力者として定着していたのである。

†裏築地事件——治天・天皇・室町殿という特権階級

義量の死去から二ヶ月後の応永三二年（一四二五）六月、事件が起こった（桃崎有一郎-二〇〇四）。その事件は、義持期に完成された「室町殿」がいかなる身分かを、図らずも社会に知らしめた。ことの発端は、広橋兼宣が、准大臣《じゅんだいじん》（大臣と同等の待遇）になったの

を機に、自宅に「裏築地《うらついじ》」を造り、朝廷で物議を醸したことだった。(207)

「裏築地」とは、街路の真ん中に、まるで中央分離帯のように設けられた築地塀である。それは貴人の邸宅の門前に設けられ、通行人はその外側、つまり門がない側を通る。裏築地は、そうして門を通行人から見えなくすることで、〈そこは門前でない〉と見なせるようにした。それにより、貴人の家の門前で、通行人が下馬・下車して歩行せねばならないという、礼節の所作を不要にしたのだ。それは貴人側の配慮が生んだ、礼節の装置だった。

問題はその〝貴人〟、通行人を問答無用で下馬・下車させるほどの〝貴人〟に、どこまで含まれるかだった。裏築地は、鎌倉初期までに自然発生的に生まれたので、それを造る有資格者が誰かは法で定まらず、暗黙的な〝空気〟で了解されていた。それをよいことに、兼宣は自分の判断で〈大臣相当より上ならあり〉と考え、准大臣になると同時に裏築地を構築し、こう宣言した。「権大納言の正親町三条公雅《おおぎまちさんじょうきんまさ》という廷臣が、兼宣の家の前で「准大臣の門前は恐れ多い」と乗車通行を避けたので、それに配慮して裏築地を造った」と。

これに公雅は怒って非難した。「嘘だ。大臣家の高貴な血統の私が、たかが名家の広橋家の門前など恐れた事実はない。兼宣は、室町殿に気に入られた権勢で調子に乗り、家柄を忘れて思い上がっている」と。さらに後小松院まで兼宣を非難し、「裏築地を築いてよいのは、内裏・院御所・室町殿だけだ」と宣言した。窮した兼宣に、義持は「壊されて面目を失う前に、自発的に裏築地を撤去するのがよい」と伝え、その通りに事態は収まった。

朝廷のボス（治天）が義持の身分的位置を明言したのは、極めて重要な証言だ。後小松は、裏築地を造る有資格者は三人、天皇・院（上皇）・室町殿のみと宣言した。室町殿は臣下の領域にありながら（義持がそう望んだ）、天皇・院と並ぶ君主の領域に食い込む存在だと、公的に宣言されたのだ。かつて義満は、〝君主でないが臣下を超越した第三の人種〟として院の待遇を得た。院待遇を受けなかった義持は父と違う形で、〝臣下でありながら君主の同類〟という別の〝第三の人種〟へと、室町殿の性質を上書きしたのである。

この騒動で、義持の介入が、怒りや頭ごなしの命令・決定ではなく、最も穏便に事態を解決するための調整役に徹していたことも興味深い。室町殿は、義持は、誰も逆らえない自分の権力を、彼なりの良識に沿った調整・助言に用いた。室町殿は、幕府に対しては長であり、朝廷に対しては、穏当な秩序の破綻を防ぐためだけに動く調整役へと、変貌したのである。

†自分の手足「伝奏」を院の側近に戻す

右の事件は、兼宣の微妙な立ち位置を通して、義持の微妙な立ち位置を浮き彫りにした。

朝廷の政務には、治天が決裁するにあたり、治天と現場（当事者や関係者・事務局など）の間に立って取り次ぐ「伝奏《てんそう》」という者がいて、鎌倉時代から重要な役割を担ってきた。

伝奏は単なる伝言係ではない。治天の意志決定とその遂行を、事務レベルで支える高級事務官である。朝廷の人事・賞罰や重要行事の遂行、廷臣や寺社の訴訟など、治天の決裁を求めて持ち込まれる様々な案件を、伝奏は整理して治天に取り次ぐ。伝奏は、治天の諮《し》問《もん》に答えて意思決定を輔《たす》けつつ、必要な中間手続きや、最終決定（裁決）を下す文書（院宣や宣旨《せんじ》・綸旨）の発行手続きまで統轄した。それは、政務に練達した公卿でなければ務まらず、鎌倉時代に中級の実務官僚から公卿に成り上がった名家に、最適の仕事だった。

伝奏の役割は、機械的な事務や相談役にとどまらない。一方の真意を正しく他方に伝え、時には自分の言葉で補って意思疎通を円滑にし、誤解やすれ違いが起きないよう最大限に気を遣うコミュニケーションのプロであり、先例や事務の知識に加えて、優れたバランス感覚と政治的嗅覚を必要とする、プロの調整役だった。朝廷運営や朝幕関係がうまくゆくかは、ひとえに伝奏の力量にかかっていたといっても過言ではない。

本来、朝廷は、関東申次《かんとうもうしつぎ》の西園寺家を通して外部の幕府と交渉した。しかし、義満時代に将軍が朝廷の内部に入り込んだ結果、関東申次は不要になり、その役割は伝奏が吸収した。その結果、伝奏の重要度はいよいよ増した。

伝奏は複数人いて、治天が対処すべきあらゆる案件を掛け持ちしたが、一人で専念すべき大きな案件や分野には、専従の伝奏が置かれた。案件で切り分ける場合、大嘗会《だいじょうえ》（祭）

や賀茂祭《かものまつり》の企画遂行に専従する、大嘗会伝奏・賀茂祭伝奏などがある。分野で切り分ける場合、伊勢神宮や賀茂社に関わることを包括的に受け持つ、神宮伝奏・賀茂伝奏などがある。戦国時代頃から置かれ、江戸時代まで存続して幕府との交渉に専従した「武家伝奏」は、そうした分野別の伝奏の一つである。ただ、室町殿の全盛期に武家伝奏はいない。武家伝奏とは、朝廷から見て外にある幕府という分野を担当する伝奏にすぎないからだ。

義満は朝廷の内部にいるので、原理的に武家伝奏は存在しない。その義満は、万里小路・裏松・広橋など(後に中山も)、家礼となった者を集中的に伝奏に起用し、伝奏を自分専用のスタッフに作り替えた。伝奏が朝廷の最高判断を形成するための補佐官であるなら、最高判断を下す義満の補佐官になるのが自然だったのだ。裏松義資・広橋仲光らが義満の側近として重用されたのも、姻戚関係に加えて、伝奏として活用されたからである。

かくして義満期の伝奏は、〝武家を担当する朝廷側のスタッフ〟から〝朝廷を担当する室町殿(北山殿)のスタッフ〟に変貌した。それは義持に引き継がれ、裏松義資・広橋兼宣(仲光の子)が義持の側近として伝奏を勤めた。しかし、義持は新たな状況に直面し、伝奏を改変する必要に迫られた。義満時代には、後円融天皇(上皇)は政務を投げ出し、後小松天皇は幼少で、朝廷に政務を主導する治天がいなかった。それが義持の代になると、成長した後小松が院政を敷き、〝室町殿と治天の円滑な合意形成〟が朝幕関係の軸になって、それが伝奏の主な仕事になったのだ。それに最適化するために、義持は室町殿と朝廷の行きすぎた癒着を解消する一環として、伝奏を本来の治天の秘書官に戻す努力をした。

義持は、裏松義資だけを、外戚一族（義兄弟にして正室日野栄子《ひでこ》の甥）なので自分の側近に残した。しかし、広橋兼宣には義持の側近をやめさせて後小松院に貼りつくよう命じた（二五八頁）。室町殿側に全員貼りついてしまった伝奏を引きはがし、一人を手許に、もう一人を治天に貼りつけて、バランスを是正しようとしたのである。

ただ、広橋兼宣は依然として義持の手足には違いなく、それと同時に治天の補佐官の頂点に立ったので、権勢は抜群だった。前述の「裏築地」騒動も、彼の権勢が反発を招いた事件であり、義持は兼宣が反発を買いすぎないよう、制止したのである。

問題は、この騒動で治天の後小松院さえ、兼宣の裏築地建造を僭越《せんえつ》と断じて嫌ったことだ。兼宣は治天の筆頭補佐官でありながら、治天の寵愛に守られず、むしろ警戒されていた。それは、兼宣が本質的に義持の手足であり、真に信頼できる自分の側近でなく、どちらかといえば義持に押しつけられた目付役のようにしか感じられなかったからだろう。

†義持の試行錯誤の終着点――直義的正義感と義満的強権のバランス

後小松の警戒心は、あながち間違ってはいなかった。後小松と義持の意向が対立すれば、兼宣は躊躇なく義持の手足として動くのであり、それを証明する事件が、裏築地騒動の七年前の応永二五年にあったからだ。義持は頻繁に後小松の院御所に参上し、顔を突き合わせて政務を共同運営していたが、その席にはだいたい兼宣が同席させられた。そしてその年の八月、いつものように院御所に参上した義持は、後小松・広橋兼宣と三人きりの席で、急に重大な話を切り出した(208)。

　義持はその頃、後小松の裁決が偏頗《へんぱ》にすぎることを懸念していた。訴訟や紛争を持ち込まれた時、後小松は「理非《りひ》」の究明、つまり事実関係を調べ尽くし、物ごとの道理に沿って考え尽くす作業を怠り、好悪の感情や拙速な決めつけで裁決した。これを制止せねばと考えていた義持は、この席で兼宣に対して、後小松が「妄《みだ》りに院宣《いんぜん》を成《な》す（軽率に裁決文書を出す）」のは容認できないと断言し、裁決を下す治天は、一つも疎《おろそ》かにせず理非を究明すべきだ、と述べた。それは兼宣への談話という形を取った、痛烈な後小松批判だった。

　義持はその場で、院宣（院の裁決文書）を出すルールを定めた。「事前に私（義持）に話を通してから院宣を出す場合は、従来通り出して

図15　後小松天皇像（京都府雲龍院所蔵）

よい。しかし、私に話が通っていない場合は私がチェックする。院から「院宣を書いて発行せよ」と命じられた廷臣は、実行する前に必ず私の耳に入れ、判断を仰げ。内容がおかしくても、下々の彼らは諫言しにくいだろう。その役割は私が担う。問題なければ介入しないが、「非拠《ひきょ》の御成敗《ごせいばい》（不公正な裁決）」なら、私が諫言して制止しよう。兼宣は伝奏として、それを朝廷に周知させよ」と。

これは、院の命令をすべて事前にチェックし、問題があれば発行させないという、驚くべき制限だ。それはちょうど、事前に案件に目を通し、問題があるものは握り潰《つぶ》して天皇の裁決にかけさせない、関白（と、その権限を独立させて摂関以外に与える内覧《ないらん》）の権限と似ている。しかし、関白・内覧が握り潰せるのは、下から天皇へ上がる決裁申請にすぎない。それに対して義持は、治天が上から下す裁決に介入して握りつぶすという。それは、治天の自由な裁量権そのものの否定であり、その重大さは関白・内覧の比ではない。

かくして後小松院は治天の裁量権を奪われ、事実上、義持が朝廷の最高決定権を握った。ただ、自分に決裁案件をすべて持ち込ませた義満とは違う。そこに、義持にとっての〈室町殿とは何か、どうあるべきか〉の答えが凝縮されている。義持は、基本的に朝廷の政務をすべて後小松院にさせ、院が過ちを犯しそうな場合だけ、自分が強権を発動して是正させる、という立場に徹した。それは、古代・中世の考え方でいう「後見」にほかならない。

義持にとって、〈室町殿とは治天の後見である〉という答えが、ここに出されたのだ。

そもそも治天が行う院政自体が、若年の天皇の「後見」なのだが、義持はさらに〝後見の後見〟が必要だと結論した。それは、〈室町殿こそ、政務が理非に基づいて公正に行われるよう保証する、政治の倫理的側面の最後の安全弁だ〉という自覚にほかならない。

かつて義満は、〈公の体現者である自分の望みが正義だ〉という意味で、「公方様」と名乗った。義満にとって、〈正義とは俺様だ〉が正義の定義であり、正義は義満に従属した。それに対して義持は、〈自分が公の体現者である以上、道理に基づく正義を明らかにして万人に守らせる責務がある〉と考えた。正義は自分自身ではなく、義持が正義に従属した。

面白いのは、この正義感が、義満から受け継いだ強権で果たされたことだ。義持は万人を、有無をいわせず強権的に、正義に従属させるのが正しいと信じた。それはいわば、かつての足利直義的な正義感に、義満的な強権政治が結合した、新たな政治だった。

第十一章

凶暴化する絶対正義・義教——形は義持、心は義満

†義持の「室町殿」を継承した義教

かくして、義持《よしもち》は「室町殿」の基本形を定めた。それは室町時代で最も良心的にして強い、最良で安定性が高い権力者の形だった。その権力が順当に継承されてゆけば、室町幕府の寿命はもっと長かったに違いない。しかし、義持は人の努力で解決できない最後の関門に阻まれ、敗れ去った。後継者の男子の不在である。

義持はすでに唯一の息子義量《よしかず》を失い、三年後の応永三五年（一四二八）に死期が迫った時も後継者を指名しなかった。諸大名は指名を懇請したが、義持は「自分が指名しても、諸大名の支持がなければ無意味だ」と拒否し、諸大名の合議で決めさせた。この大問題で責任を負うのを嫌った諸大名は、画期的な方法を考え出した。義持の弟四人の名を記した

図16　足利義教像（愛知県妙興寺所蔵）

籤《くじ》を石清水八幡宮の神前で引き、氏神（八幡神）の判断に委ねる、という案だ。義持は了解した。諸大名はただちに籤を作り、管領畠山満《みつ》家《いえ》が神前で一つ引いて持ち帰り、義持が正月一八日に没するとすぐ開封した。〝神に選ばれた将軍（室町殿）〟義教《よしのり》の誕生である。

今回は、義持の相続時のような、権力の形自体を考え直して再構成する手間も、義嗣のような先代の負の遺産もなく、義持が整理した権力をそのまま継承すればよかった。

義教の権力は、義持の権力の完全なコピーとしてスタートした。それは、その後の義教のあり方を通じて明らかだし、記録上に証拠もある。義持が没した三日後の応永三五年正月二一日、諸大名の会議があった。廷臣の中山定親《さだちか》はそれについて、「将軍家の儀、一事《いちじ》も故入道殿《こにゆうどうどの》の時の儀に相違すべからざるの由《よし》、大名等《たいめいら》評定《ひようじよう》す（将軍家のあり方は、故義持の時と一つも変えないことにしよう、と諸大名が会議で議決した）」と記録している。(209) それまで既成事実として受け入れられていた室町殿のあり方は、ここに諸大名の正式な合意として確定したのであり、義教の登場は、その意味で画期的だった。

後に、義教は義持のやり方から逸脱してゆくが、それは義持の「倹約御好み」という個性が義教にはなく、また〈神に選ばれた〉という義持にない条件を拡大解釈した義教が、無闇に怒りっぽくなったためだ（後述）。そうした義教の変貌の根底には、「室町殿」のあり方についての義教独自の解釈がある。義教は義持の成果、つまり、義持が試行錯誤を重ねて整理し、確定して再度定義し直した「室町殿」のあり方を、手っ取り早くコピーして受け継いだ。それにもかかわらず、父義満のあり方を理想とすることを選んだのだ。

†称光天皇の死と崇光流の勝利

その背景には、一つの偶然があった。義教が室町殿を継いだ半年後の正長《しょうちょう》元年（一四二八）七月、後小松院の子の称光天皇が、男子のないまま、二八歳で死去したのである。称光天皇は奇行が多く、悪い話ばかり多い。好んで武器を振り回し、金属の鞭《むち》で廷臣や女官を打つ暴行を繰り返し、弟の小川宮《こかわのみや》の羊を強引に手に入れてすぐ撲殺し、内裏から出奔を企て、寵愛する女性が伏見宮貞成《ふしみのみやさだふさ》親王と密通したと騒いで後小松や義持を困らせた（事実無根だった）。彼は明らかに、最低限の君主の資質を欠いていた。後継者とされた小川宮は、先に世を去った。後小松と義持は、貞成親王を後継者にするしかないと考えたが、称光が拒んで後小松と対立し、その煽《あお》りで、貞成は出家に追い込まれてしまった。

子を得る見込みがない以上、称光の抵抗は無意味だ。後光厳流の断絶は確定し、貞成の子の彦仁王《ひこひと》が皇位を継ぐしかなかった（南朝の後亀山院《ごかめやま》の子孫は、一顧だにされていない）。

称光は重病を患い、一度は快復したが、終末が少し延びただけだった。後小松は観念して、ただその時が来るのを待った。幸い、朝廷の政務は、義持が後見する後小松院政で動いていたので、天皇の病気も奇行も、廷臣たちに戸惑いと失望を与えるだけで済んだ。

狂気の称光天皇と後小松の対立を取りなし、天皇の奇行をフォローする役割は義持しか果たせず、朝廷の安定は義持の双肩にかかっていた。その義持が称光より先に没したのは痛かったが、世代交代はスムーズに済み、義教が朝廷の安定に責任を負う体制が発足した。

その半年後、ついに来るべき時が来た。称光が没し、彦仁王が後花園《ごはなぞの》天皇として立ったのだ。それは唯一の結末として予見されていたので、称光の死は朝廷を動揺させなかった。

これは、あまりにあっさりと訪れた、皇位継承問題の最終解決《がん》だった。振り返れば、後光厳流に崇光流が挑戦し続けた皇位継承問題は、朝廷の癌だった。その爆発を抑え込むために、後光厳流は数多の努力と犠牲を払った。日野宣子《のぶこ》は義満を朝廷に取り込んで後光厳流の最終兵器に仕立て上げ、味方のはずの義満に鬱陶《うっとう》しがられた後円融天皇は精神崩壊という犠牲を払った。そして、後光厳流の勝利を確定させることは、義満を単なる将軍から前代未聞の「室町殿」や「北山殿」へと脱皮させる、大きな動機となった。それだけの社会変革と、それに伴う社会的混乱をコストとして払ったにもかかわらず、後光厳流は自滅し、崇光の曾孫（栄仁《なが ひと》親王の孫）の後花園が〝棚からぼた餅〟式に勝利したのである。

†「室町殿」権力のバランス――形は義持、心は義満

天皇となった後花園は当時一〇歳で幼すぎたので、摂政二条持基《もちもと》（良基の孫）が天皇を代行し、後小松院が天皇を後見して院政を敷く体制となったが、実はその朝廷政務の全体を包括するように、最初から義教が「よろづに輔佐《ほさ》（万事を補佐）」していた。(210)

問題は、義教の〝補佐〟が、どこまで朝廷の内部に深入りしたか、だ。そのヒントは、三年後の永享《えいきょう》三年（一四三一）の、後小松院の出家にある。(211)その時、院と一緒に出家しようと決断した側近の廷臣たちは、念のため義教の許可を求めた。勝手に出家すると、処罰されるおそれがあったからだ。彼らの要請は二人の伝奏、勧修寺《かんしゅじ》経成《つねなり》と広橋兼郷《ひろはしかねさと》（兼宣の子）に持ち込まれ、義教への取り次ぎを求められた。まず勧修寺経成が自分に来た分を取り次いだが、まさかそこで地雷を踏むとは、誰も思っていなかった。

義教は「自分が怒るとわかりきっている下らん要望を門前払いにせず、あえて取り次ぐとは、なめてるのか」と経成を憎み、恐れた経成は謹慎してしまった。そして出家を希望した前右大臣の西園寺実永《さねなが》、前権大納言の清閑寺家俊《せいかんじ いえとし》、従三位の丹波幸基《たんばのゆきもと》に対して、義教

は「出家すると決まっているなら私に伺いを立てるな」と怒り、「出家するならせよ。ただし今日中にしなければ罪人として処罰する」と迫った。恐れた三人と、広橋兼郷を通じて申し出ていた前内大臣の洞院満季《みつすえ》、前権大納言の土御門資家《すけいえ》は、大急ぎで出家した。

怒りの根本は、傍点部にあった。三人が「院が、一緒に出家せよと命じた」と弁解したように、義教の了解なく、後小松院が彼らの出家を決めたことに、義教は怒っていた。義教は、そもそも後小松院の出家を認めない、と表明していたからだ。ならば、論理的帰結として、それに伴う近臣の出家も認めないに決まっているではないか、と考えた。

出家の希望を示した後小松を、義教は再三制止した。それは本気だったが、社交辞令と受け取ったのか、自分も本気だと示せばよいと思ったのか、後小松は無視した。さらに側近の廷臣にまで出家させて、義教が望まない朝廷の出家ラッシュを引き起こした。義教は後小松に蔑《ないがし》ろにされたと感じ、後小松に「不快(むかつき)」の念を抱いた。後小松の命令で出家した三人や、その件を取り次いだ伝奏まで憎んだのは、「自分がどれほど後小松の出家に反対かを知らなかったとはいわせない」というメッセージだった。

義教がそこまで反対した理由は、後小松が出家によって、後花園天皇を後見する院政を投げ出すように見えたから、という以外に考えにくい。つまりこの事件は、義教がどれだけ後花園への支援を重要な仕事と考えていたかを示し、同時に、その仕事は朝廷がまず責任を負うべきで、義教一人に背負わせるべきでない、と考えていたことを示している。

この状況は、後円融が譲位した直後と酷似している（二二七頁）。あの時も、後小松の即位礼を後円融院が取り仕切るべきと義満が主張したのに、後円融はすべてを投げ出し、怒った義満が院を疎外して、摂政二条良基とすべてを取り仕切らざるを得なくなった。

もっとも、二つの状況には違いもある。当然それを取り仕切るべき左大臣だった義満と違い、義教は権大納言にすぎなかった。また義教は、義満のように廷臣として熱心に勤務して朝廷に深入りすることをせず、義持と同様に外から朝廷を支えていた。

しかし、そうした違いを超えて、朝廷本来のメンバー（天皇・治天・廷臣）にどこまでの主体性を求めるか、という点で、義教は義満とほぼ一致していた。「どうせ室町殿がすべて好きに決めるのだから、自分などいなくても同じだろう」と治天が考えて政務を投げ出すことは認めない、という立場である。その意味で、義教の考える室町殿の理想型とは、〝形は義持が整理した室町殿、心（理念）は義満が作った室町殿〟という折衷型だった。

義教は当初、義持から継承した三条坊門殿に住んだが、後小松の出家騒動があった四ヶ月後の永享三年七月に室町第に戻ると決め、年内に移徙《いし》（転居の儀礼）を行った。室町第の主だから室町殿なのだという、義満的でシンプルな、真の室町殿になったのである。

†義教の官位昇進と右大将拝賀

義教は三五歳で家督を継いだ。三五歳は、父義満なら左大臣になって一〇年目だ。義教は、〈三五歳で左大臣〉という状態に一刻も早く追い着くため、畳みかけるように昇進した。それでも、僧だった義教の髪が伸びて元服が可能になるまで一年待ち、永享《えいきょう》元年（一四二九）に、元服と征夷大将軍・参議左中将・権大納言・右大将までの任官を、一挙に済ませた。年齢を踏襲するのが無理なら、せめて月だけでも踏襲しようということになり、義満と同じく、三月に権大納言、八月に右大将となった。月だけ同じで日を揃えなかったが、それは陰陽師に占わせた吉日を優先した結果である(212)。

次の内大臣昇進まで三年空くが、それは右大将拝賀の準備と実行に時間を要したからだ。義教は、右大将拝賀が「室町殿」義満の最初の画期だと、よく理解していた。それを可能な限り完璧に模倣して、当時の義満と同じ威厳を可視的に再現しようとしたのである。

兄義持の先例を参照しなかった理由は、複数ある。まず、右大将拝賀を行った時の室町殿義持は、北山殿義満の傀儡で、実権も権威もなかった。それを模倣しても仕方ない。そして、先人の経歴を忠実に模倣するのは、その成功を自分も手に入れるためだ。しかし義持の場合、権力や権威には問題ないが、血統が断絶した。栄えた人の人生を模倣して栄えられるなら、滅んだ人の人生を模倣した先に待っているのは滅亡だ。義教が義持の経歴を踏襲せず、しつこいほど「義満の先例を踏襲する」と宣言したのは、当然である。

義教の義満模倣は徹底していた。まず、康暦元年（一三七九）の義満の右大将拝賀と同じ、七月二五日を拝賀の日に定めた。義教の右大将就任は永享元年八月なので、七月に拝賀するなら翌年まで待つしかない(213)。そして、どうせ時間が空くなら、それを逆手にとって、右大将就任から内大臣昇進まで三年かかった義満を踏襲するのがよい、と判断されて、義教の内大臣昇進が三年後の永享四年になったのだろう。

「供奉《ぐぶ》の公卿已下《いか》、大略《たいりやく》諸家、相残《あいのこ》らず参る」といわれたように、義満流の廷臣総動員も踏襲された(214)。さらに、主な登場人物も、義満の時の登場人物の子孫を登用して、再現度を高めた。この方針により、右大将拝賀をはじめ、義満の人生の節目で重要な役割を果たした人の子孫は、自動的に（無理をしてでも）、義教の人生の節目に同じ地位で登場した。つまり、昇進や地位が自動的に保証されたのだ。

たとえば、義満の時に拝賀の惣奉行《そうぶぎよう》（事務局長）を摂津《つ》能直《よしなお》が勤めたので、義教の惣奉行には孫の摂津満親《みつちか》が起用された。しかも、惣奉行の時に能直が従四位下《じゆしいのげ》だったため、満親にも同じ位が与えられた。当時、満親はまだ二段階下の正五位下《しようごいのげ》ですらなく、通常ならあり得ない特進だったが、「幕府関係者は廷臣と違って、順次昇進する原則に縛られない」

という例外扱いが世論に定着していたので、「従四位下を与える日に、実は正五位下だったことにする」というトリックを使って実現された。(215)

二条持基の暗躍——室町殿の権威向上を率先して提案

こうした方針で最大の利益を得たのは、二条家だった。義満の拝賀の準備や習礼《しゅらい》（作法の練習）の指導、当日の儀式次第の作成などを二条良基が担った先例を踏襲するため、良基の孫の摂政二条持基が同じ役割に起用された。その習礼も、義満の時に三宝院光済《こうさい》の家で行われた先例を模倣して、光済の後継者・満済の家で行われた。そこで持基は祖父良基と同じように、二人きりの空間で、義教に作法を授けた。(216)そして、要点を平仮名でまとめた「次第（手順書）」を義教に提供し、当日も義教の「御進退補佐」のために貼りついた。(217)

持基は、廷臣・摂関として室町殿の側近筆頭になることに、何が求められているかを、祖父良基から教え込まれていたのだろう。最大の役割は、室町殿の権威を高める儀礼の形を、率先して提案することである。それは例えば、次のようなことだ。

かつて義満の右大将拝賀では、事務の統括者は幕府側の摂津能直だけで、廷臣側は担わなかった。義満が家司《けいし》（政所別当）という家政機関の統括者を、廷臣と同様に設置して使役し、「奉行家司《ぶぎょうのけいし》」として儀礼の事務を統轄させたのは、三年後の内大臣の拝賀からだった。義満を忠実に模すなら、義教の右大将拝賀にも廷臣側の奉行家司は不要だ。

ところが持基はこう述べた。「室町殿の儀礼を奉行家司が統轄するのは、先代義持の時に定着している。今さら古い形に戻すことはあるまい」と。そんな理由で義満の模倣を避けるなら、義満の模倣という構想自体が成り立たない。しかし、理由がつけられる、ということが大事で、持基はこの詭弁《きべん》により、義教の右大将拝賀でも奉行家司を設置するよう勧めた。より出世してから使うべき格の高い従者を使うことは、義教の格を義満より上げる。義教は喜んで提案を採用した(218)。

室町殿の行列が自宅を出発する出立《いでたち》の儀で、室町殿に沓を献じる沓役《くつやく》という役割がある。履き物を跪《ひざまず》いて捧げる役なので、プライドが高いと勤められない。また、室町殿が牛車を乗り降りする時、乗降口の簾《す》を上げて通れるようにする車簾役《しゃれんやく》も、かつて清華家の三条家が二条良基に割り振られて不快感を示したように(一〇二頁)、貴人の仕事ではなかった。

義満は、自分や息子義持の右大将拝賀で、権力にものをいわせて、この沓役を参議に勤めさせた。公卿に履き物を扱わせるのだから驚くべき尊大さだが、持基にいわせれば、まだ手ぬるい。彼は〈室町殿の権威を高めて迎合する〉という仕事に熱心なあまり、義教の知らないうちに参議の沓役より凄い決定をした。当日、義教が家を出ようとすると、権中納言の日野秀光《ひでみつ》が沓を献じてきたのだ。義教はさすがに驚き、沓の受け取りを固辞した。

†義教に追従して生き残る鷹司家と二条家の支援

義教が沓を履いて門外まで歩き、牛車に乗る段で、また驚くべき光景が待ち受けていた。車簾役を権大納言の鷹司房平《たかつかさふさひら》が勤めたのだ。大臣に次ぐ高官がその雑用係を勤めたこと自体は、義満の時に権大納言の三条実冬が勤めた先例で納得できる。真に驚くべきは、房平が五摂家の鷹司家、廷臣で最も尊い摂関になれる家柄の当主だったことである。

それは、房平自身が繰り返し強く希望して実現したことだった。清華家の三条実冬さえ渋った役を、摂家が率先して引き受けたのだ。これも驚いた義教が固辞したが、最後には義教が折れた。二条持基が熱心に勧めたからだ[219]。

その背後には、鷹司家の危機という事情があった。鷹司房平の父冬家《ふゆいえ》は、正長元年(一四二八)に六二歳で没した。彼の昇進は遅く、義満の生前は権大納言で止められ、応永六年(一三九九)に権大納言を辞任すると、一二年間も無官を強いられた。義持期の応永一八年、やっと四五歳で右大臣に昇ったが、摂家の当主としては異常な遅さと冷遇だ。人格か能力か政治的立場に、決定的な欠点があったに違いない。三年後の応永二一年には右大臣からも下ろされ、それきり出世から完全に見放され、前右大臣のまま死んでしまった。

冬家は一一年間、出家しないで粘ったが、応永三二年に出家してしまう。前年に九条満《みつ》教《のり》が関白を辞したが、後任に二条持基が納まり、老境の自分の最後の機会が失われたと観念したのだろう。そして鷹司家はついに、摂関になれずに没した当主を出してしまった。家の継承は、父や祖先と同じ昇進コースを再現することでしか実現しない。父の昇進を再現できないことは家の没落に直結し、鷹司家は摂家から脱落する危機を迎えた。

父を喪《うしな》った時、房平は一八歳で、権中納言にすぎなかった。翌年、権大納言に昇進できたが、庇護者もなく若い房平には、強い後ろ盾が必要だった。そのことを、二条持基も理解していたはずだ。ほかの四摂家も、摂家鷹司家の消滅を願っているわけではない。しかも、鷹司冬家の最後の関白就任の機会を奪い、鷹司家の没落を確定させかけた人物こそ、その時に関白となった持基であり、彼には鷹司家を没落させない責任があった。

房平にとって、右大将拝賀という室町殿の一世一代の大行事は、義教に貢献して取り入る絶好の機会であり、持基もそれを勧めた。その甲斐あって、房平は義教期に左大将・内大臣・右大臣と、父が就任できなかった摂家の昇進コースを無事に歩み、義政期の享徳《きようとく》四年（一四五五）についに左大臣・関白となって、鷹司家の建て直しに成功するのである。

義満の右大将拝賀は、室町殿が全廷臣の頂点に立つ体制を布告する儀礼で、そのために公卿以下の上級廷臣を総動員した。義教もそれを再現すると明言し、「供奉《ぐぶ》の公卿已下《いか》、大略《たいりやく》諸家相残《あいのこ》らず参る」という廷臣総動員を行った。(220) ところが迂闊にも、田向経良《たむきつねよし》と息子が拝賀の扈従を勤めず、義教の怒りを買った。拝賀の翌月、後小松院が彼を中納言に昇進させようとしたが、義教が「私の拝賀に随行しなかった」という理由で潰《つぶ》した。五ヶ月後の、義教の伏見殿（貞成親王邸）への出行でも、田向親子はまだ恐れて参加を見合わせている。(221) 義教の右大将拝賀は、廷臣が室町殿の動員に従わないと昇進の道を閉ざされることを、早速思い知らせた。

†追従のご褒美——室町時代の摂関をほぼ独占する二条家

かつて良基が「大樹を扶持《ふち》するの人」と呼ばれた理由は、拝賀の企画立案で貢献したからではない。良基は室町殿義満の、朝廷での活動万般に助言し、義満が歩みたい道を用意したのであり、右大将拝賀の企画立案は一つの一里塚《マイルストーン》にすぎない。持基は、そこまで包括的なレベルで良基の役割を継承し、室町殿の恒常的な、最大の補佐者となった。

その〝補佐〟の本質は追従だ。しかし、室町殿に追従するイエスマンではなく、求められる前に室町殿が喜びそうな形を提案する積極性と創意工夫こそ、二条家の真骨頂だった。そして持基の段階で、室町殿の方が驚いて固辞するほど、二条家の追従は徹底していた。

そのご褒美は大きかった。二条家は、摂関の地位をほとんどわが物にしたのである。

鎌倉中期以降、摂関を出せる家は近衛・鷹司・九条・一条・二条の五摂家に固定したが、ある時、私は気になって、五摂家ごとの摂関在任の年数を数えてみた（桃崎有一郎-二〇一〇）。すると驚くべきことが判明した。次に示すのは、狭い意味での室町時代、つまり南北朝合一の明徳三年（一三九二）から、応仁の乱終結の文明九年（一四七七）までの約一世紀（足かけ九六年）の間の、五摂家の摂関就任回数と、在任年数の合計と、全体に対する割合である。

近衛→2回（5年、5％）　鷹司→1回（2年、2％）
九条→2回（9年、8％）　一条→7回（42年、40％）　二条→9回（48年、45％）

どう見ても、二条家・一条家に偏っている。最大の二条家だけで全体の半分近くに及び、次に多い一条家だけでも四割に上る。二条・一条の両家だけで、全摂家の在任期間の八五％も占めた。二条家がこれほど摂関の地位を占有できたことこそ、室町殿に全力で阿諛《あゆ》追従した成果、二条良基が開拓した二条家だけの付加価値の対価だった。

その二条良基を鍵と考えれば、なぜ一条家まで二条家に並ぶ占有率を誇ったかが判明する。というのも、南北朝期に断絶しかけた一条家に入って再興した一条経嗣《つねつぎ》は、二条良基の実子だったからだ。室町時代の一条家は二条良基の子孫であり、したがって二条家と一条家を合わせて、摂関の八五％を二条良基の子孫が占めたのである。摂家に関する限り、室町時代は全く二条家と一条家（良基の子孫）の時代だったといってよい。

割を食ったのは、近衛・鷹司・九条の三家だった。彼らの在任年数はすべて一割を下回り、最も悲惨な鷹司家は、右の統計の開始期間より二三年も前、応安二年（一三六九）に足掛け三年だけ関白に在任して辞任した冬通以来、享徳三年（一四五四）に房平が関白となるまで、何と八五年もの間、摂関を出せなかった。そのため、前述の通り、冬通の子で房平の父である冬家は摂関になれず、一代、穴が空いてしまったほどだ。

†二条家の家業としての将軍家追従

二条家では、義教・義政親子が、節目の重要な儀礼で義満を再現する方針を採ったことが、さらに幸運を加速した。室町殿の節目のたびに、義満期に摂関として貢献した二条良基の再現が何度も必要とされ、子孫が摂関の地位を自動的に手に入れたのである。

その魔法が最初に炸裂したのは、永享四年（一四三二）の後花園天皇の元服だ。当時、摂政は一条兼良《かねら》（経嗣の子）だったが、「後小松天皇の元服を義満が取り仕切った時の摂政が二条良基だった」という理由で罷免され、二条持基が関白に再任された(222)。しかも、兼良は摂政の拝賀をまだ済ませていなかった。拝賀以前に職を辞するのは恥辱で、それを強いられた兼良は、後に義教の死後、その妻（義政の母）の裏松（日野）重子に働きかけ、執拗に摂関復帰を訴え続ける。夫義教がしでかした無茶の落とし前を、求めたのである。

二条家は、室町殿への追従を最大の仕事と割り切り、その一方で廷臣全体に目を配り、特定の家が追従し損なって没落しないよう、〝適切な追従〟を指導した。その意味で、室町時代の二条家の家業は〝室町殿への追従〟だったといっても過言ではない。

その証は、二条家歴代の名前に刻まれている。室町殿は、特に親しく目をかけた廷臣に偏諱《へんき》（名前の一文字）を与えた。ただ、それは家格の低い家、例えば裏松（日野）家（義資・勝光《かつみつ》・政資《まさすけ》・晴光《はれみつ》・輝資《てるすけ》）や勧修寺家（教秀《のりひで》・政顕《まさあき》・尚顕《ひさあき》・尹豊《ただとよ》・晴秀《はれひで》・晴豊《はれとよ》）、中山家（満親《みつちか》）などが中心で、時期にも偏りがあり、しかも全体としてさほど多くない。

摂家で室町殿の偏諱を与えられるのは、九条家が早い。九条家では義満期以降、満家《みついえ》・政忠《まさただ》・政基《まさもと》・尚経《ひさつね》・稙通《たねみち》までが歴代、室町殿の偏諱を得た。偏諱は特別な庇護の証であり、九条家の場合、満家の異母兄忠基《ただもと》が男子なく没して断絶の危機に陥り、それを回避させたい義満が特別に満家を庇護したのだろう。近衛家では、義教期まで偏諱を下される慣習がなく、教基《のりもと》・政家《まさいえ》・尚通《ひさみち》・稙家《たねいえ》の四人にとどまる。鷹司家では義政期の政平《まさひら》のみで、これは恐らく、断絶の危機に瀕した鷹司家を庇護する義政の意向だろう。一条家では義教期の教房《のりふさ》が最初だが、彼は応仁の乱を機に所領があった土佐に土着し、息子の政房《まさふさ》も義政の偏諱を得たが、そのまま分家扱いとなった。そして一条家の本家では、最後の室町殿義昭《よしあき》から偏諱を得た昭良《あきよし》まで、偏諱を下される習慣はなく、そのまま近世を迎えた。

ところが、二条家は全く様相が違う。義満に弾圧された師嗣《もろつぎ》（良基の子）が出家遁世《とんせい》し、子の満基《みつもと》が家督を継いで以来、養子（弟）の持基《もちもと》、そして以後の持通《もちみち》・政嗣《まさつぎ》・尚基《ひさもと》・尹《ただ》房《ふさ》・晴良《はれよし》・昭実《あきざね》と、室町殿の偏諱を受けない当主は皆無だった。そればかりか、その後の当主も、康道《やすみち》・光平《みつひら》・綱平《つなひら》・吉忠《よしただ》・宗凞《むねひろ》・宗基《むねもと》・重良《しげよし》・治孝《はるたか》・斉通《なりみち》・斉信《なりのぶ》・斉敬《なりたか》と、幕末まで全員例外なく、江戸幕府の将軍の偏諱を得ている。〝将軍家と最も密着する摂家〟という良基が創った二条家の自己規定《アイデンティティ》は、室町幕府が滅亡しても揺るがず、明治維新まで保存されたのである。もっとも、吉忠を最後に六世代、摂関を輩出できなくなり、最後の斉敬が関白・摂政となって、そのまま史上最後の関白、そして前近代最後の摂政となった（摂政は、近代に裕仁《ひろひと》親王〈昭和天皇〉が大正天皇の摂政になったのが最後）。

†永享の山門騒動で延暦寺領を押領させる義教

義教への追従に成功すると二条家のように栄えるならば、怒らせるとどうなるか。義満の場合を第四章で紹介したが、義教はそれを最も先鋭化させた。室町殿の権力が最も容赦なく苛烈に発動した時、相手の身に何が起こるのかを、彼は多数の事例で証明した。

氏神に選ばれて将軍となった義教は、最初は神の期待に背かぬよう、皆が満足できる政治を目指した。しかし三〜四年ほど経った頃から、凶暴化し始める。自分は神に選ばれたのだから、自分の政治は正しいに決まっている。自分の望みは自動的に神の望みに叶い、逆らう者は神の敵なので容赦なく痛めつけてよい、ということに気づいたのだろう。

義教が変貌した頃、山門《さんもん》（比叡山延暦寺）が嗷訴《ごうそ》を起こした。山門は平安時代から、鎮護国家仏教の総本山、朝廷・日本を守る最重要の仏教権門だと自負してきた。朝廷と日本が、仏教と、延暦寺の守護神（日吉《ひえ》大社の山王権現《さんのうごんげん》）に守られたければ、その仏と神に奉仕する山門を最も優遇すべきで、どんな身勝手な要求も国家が認めて当然、と考えていた。嗷訴は、それを実現するための実力行使である。

今回も山門は、高利貸との紛争を勝訴させるよう朝廷（を事実上支配する義教）に迫ったが、色よい返事がないので嗷訴した。神が宿る御輿《みこし》を京中で振りかざせば、最終的には神に対する畏《おそ》れ多さに負けて朝廷が折れる。山門はそう考えていた。実際、鎌倉時代まで嗷訴は不敗だったし、室町幕府ができた後も、管領細川頼之の時代には朝廷・幕府を悩ませ、最後には要求を呑ませている。山門はその延長で、今回もうまくいくと思った。

実際には、細川頼之が失脚して義満が実権を握ると、寺社権門も容赦なく圧迫された（九八頁）。応永元年（一三九四）に義満の日吉社参詣を迎えた時など、「今回もし義満の意に背けば延暦寺の浮沈に関わる」と山門は表明し、全力で迎合していた。(223)義満時代に嗷訴は鳴りを潜めたが、この頃また復活してきた。神への信仰が極端に強い義持・義教兄弟には、通用すると思ったのかもしれない。

彼らは甘かった。時代が変わり、支配者が想像を絶する変貌を遂げたことに気づかなかった。山門は神の代弁者と称して利権を貪るが、神の代弁者というなら、神に選ばれた義教こそ最たるものだ、と義教は信じた。山門の嗷訴は許しがたい思い上がりで、鉄槌を下すべきだった。永享五年(一四三三)、義教は山門討伐を決意したが、山門は容易に屈せず、翌永享六年秋には、要害を築いて徹底抗戦の構えを見せた。永享の山門騒動である。

山門は愚かにも、室町殿を本気にさせてしまった。義教は、比叡山がある近江の山門領をすべて「押す」よう命じた。「押領《おうりよう》(実力占拠)せよ」という意味だ。早速、守護で近江南部を支配する六角《ろつかく》(佐々木)氏と、北部を支配する同族の京極《きようごく》氏が現地に下って押領した。近江の北に隣接する若狭と越前へも、それぞれ守護一色《いつしき》氏・斯波氏の代官が「山門領を押す」ため下向した。比叡山を兵糧攻めにしたのである。六角・京極氏は、近江国内の陸路と琵琶湖の水路の封鎖も命じられ、一部の船が航行していると聞いた義教は、完全な封鎖を厳命した。(224)物流を完全に麻痺させ、一粒の米も届かせない経済封鎖だった(桜井英治-二〇〇一)。

面白いのは、近江の百姓らに「封鎖に協力すれば山門領年貢の三分の一を与える」と約束したことだ。様々な権門や利害関係が錯綜する中世社会で、最も簡単に人を動かす原理が利益供与であることを、義教は利用した。しかも、室町時代は地球規模の寒冷期で、収穫が乏しく飢饉に悩まされていた。その中で、秋の収穫を目前にして空腹が極限の端境期《はざかいき》に、「山門領の年貢を強奪してよい」と室町殿が公認すれば、協力しない百姓はいない。

翌永享七年、嗷訴の主謀者らは「命は助けるから京都に出頭せよ」という義教の誘いに乗り、裏切られて斬首され、戦争は終わった。山門の大衆《だいしゅ》（下級僧侶）は憤慨し、根本中堂に籠《こも》って焼身自殺して抗議したが、義教の心を動かした形跡はない。義教は箝口令《かんこうれい》を敷き、事件を口にした商人がすぐに斬首され、貞成親王は日記に「万人《ばんにん》恐怖」と書いた[225]。暴走する室町殿の時代を、四文字で表現し尽くした名言である。

†義教、失脚者の村八分を関係者に強要

室町殿を本気で怒らせれば、食糧供給を絶って生命を脅かせる。それが室町殿の最も根源的な力だと、義教は思い知らせた。この手法で廷臣を追い詰めるのは、朝飯前だった。

山門騒動の前年の永享三年（一四三一）、義教は「御意《ぎょい》に背」いた中御門俊輔《なかのみかどとしすけ》から所領を没収した。それを見て、摂政二条持基も自発的に、自分が与えた所領を俊輔から没収し

た。室町殿の制裁が、ほかの権門の制裁を連鎖的に発動させた典型的事例だ。さらに義教は、俊輔が個人的に家礼《けらい》（主従）関係を結んでいた摂家の一条兼良《かねら》に、「俊輔の奉公をやめさせなさい」と、家礼関係の破棄を命じた。[226] 義教は積極的に、失脚者の庇護者に絶交を命じ、失脚者を確実に孤立させたのである。

四年後の永享七年、三条公冬《きんふゆ》が出仕を禁じられて所領を没収された時、義教は公冬の息子の実量《さねかず》にも「父と中違《なかたがい》申さるべし。然《しか》らずは御参《ごさん》をも止《とど》めらるべし（父と仲違いせよ。さもなくばあなたの出仕も禁ずる）」と、父との絶交を命じた。[227] 義教は親子さえも離間させ、社会どころか家族からも孤立させて、完全に村八分にした。

義教は、治天（上皇）さえ村八分にすると脅した。永享二年（一四三〇）、女房の一条《いちじょうの》局《つぼね》と正親町三条実雅《おおぎまちさんじょうさねまさ》の密通に後小松院が怒り、処罰を望んだ。しかし義教は寛大な処置を望んだ。実雅が、寵愛する側室尹子《ただこ》の兄だからだ。それでも院が処罰を主張すると、義教は「以外《もってのほか》に腹立《ふくりゅう》（尋常でなく立腹）」し、処罰するなら「向後《きょうこう》、院参《いんさん》も斟酌《しんしゃく》すべし（今後は院への出仕を遠慮する）」と迫った。義教が院と付き合いを断てば、義教が全権を握るこの社会で院が村八分になる。それは父後円融の悪夢の再来だった。結局、後小松院は、「今後密通したら流刑に処し所領を没収する」と定めることで折れた。しかしその法さえも、末尾に「右、条々《じょうじょう》の厳法《げんぽう》、室町殿に申し談《だん》ぜしめ定め置く所なり（この法は義教と合意して定めた)」と注記された。この法の効力が義教の権力で保証されている、と告白することだけが、後小松院の法を厳守させる手段だった。(228)

義教の裏松義資暗殺疑惑

日野(裏松)家は、歴代室町殿に正室を提供することで絶大な権勢を誇り、特に裏松義資《うらまつよしすけ》は義満に可愛がられ、義持に重用された。義資から見て、義満の正室業子《なりこ》は祖父の妹、次の正室康子《やすこ》は父の姉、義持の正室栄子《ひでこ》は父の妹だった。この慣例に沿って、将軍家を継いだ義教は、後見人になった栄子の意向で、義資の妹宗子《むねこ》を正室にした。しかし、義教はその婚姻を望まず、栄子が永享三年(一四三一)に病没すると、すぐ宗子を離縁している。

それより前、義教の家督継承からわずか四ヶ月後の正長《しょうちょう》元年(一四二八)五月、早くも大きな亀裂が走った。義教が、かつて青蓮院門跡《しょうれんいんもんぜき》で僧だった頃の、義資の「不忠」の言動を責め、所領を没収したのである。(229) 義資は出仕を禁じられ、以後逼塞《ひっそく》を強いられた。(230)

六年後の永享六年、義資の妹で、義教の側室の重子《しげこ》が、待望の跡継ぎ(後の七代将軍義勝《よしかつ》)を産んだ。人々は義資の復権を信じ、義資に祝賀しに行った。ところが、義教は祝賀した人々の名を記録させ、全員を譴責《けんせき》した。自分がまだ許していない罪人を祝うのは、自分への反抗と同じだ、と。中でも、九条・西園寺《さいおんじ》・花山院《かさのいん》・武者小路《むしやのこうじ》・万里小路《までのこうじ》・柳原《やなぎはら》・

四条《しじょう》・甘露寺《かんろじ》・日野・綾小路《あやのこうじ》などの諸家は強く憎まれ、数人が所領を没収された。日野資教は逐電《ちくてん》（行方不明）、三条公久《きんひさ》も追放されて逐電、前関白九条満輔《みつすけ》さえも義教から「中違《なかたがい》（絶交）」された。[231] まれに見る大粛清である。

すぐ後の六月九日、裏松義資が自宅で強盗に殺された。数日後、義教の仕業と噂され始めたため、義教は「それを口にしたら処罰する」と箝口令《かんこうれい》を敷いた。四日後、高倉永藤《ながふじ》という廷臣が迂闊《うかつ》にも「義教の仕業だ」と口にし、所領を没収されて、九州の南方沖の硫黄島《いおうがしま》に流された。[232]

†義教期前半の処罰者リスト

その報に接した中山定親《さだちか》[233]という廷臣は、これを機に、義教時代に処罰された廷臣の全リストを作り、日記に残した。義教の凄まじさを実感できる希有のリストなので、家格のグループごとに内訳を示そう（清華家・大臣家・羽林家・名家については八九頁参照。儒家《じゅか》は儒学の家。外記史《げきし》は、太政官の文書行政を担う下級官僚の家。諸大夫《しょたいふ》は、四位・五位止まりの中級廷臣）。

摂家……近衛・九条

清華家……西園寺（二人）・洞院・久我《こが》（二人）・花山院
大臣家……中院《なかのいん》
羽林家……正親町《おおぎまち》（二人）・飛鳥井《あすかい》・田向《たむき》・四辻《よつつじ》（二人）・鷹司《たかつかさ》・冷泉《れいぜい》・楊梅《やまもも》・月輪《つきのわ》
名家……日野（二人）・土御門《つちみかど》（二人）・清閑寺《せいかんじ》（二人）・中御門・武者小路・万里小路・裏松・町《まち》・勧修寺・柳原・葉室《はむろ》・甘露寺・日野西《ひのにし》
儒家……東坊城《ひがしぼうじよう》（二人）・高辻《たかつじ》（二人）
外記史……清原（二人）・小槻《おづき》（二人）・中原（二人）
諸大夫……町・三条・惟宗《これむね》・橘
その他……安倍（天文道）・安倍（陰陽道）・丹波（医道、三人）・秦《はた》（近衛府の随身）
神社……春日社・賀茂社（二人）
高僧……仁和寺・妙法院《みようほういん》・相応院《そうおういん》（二人）・菩提院《ぼだいいん》・大覚寺《だいかくじ》の各門跡ら一一人
女房……光範門院《こうはんもんいん》（後小松の後宮、称光天皇の母）・日野宗子ら六人

廷臣五九人を含む合計七九人で、圧巻というほかない。処罰の大部分は所領没収・蟄居《ちつきよ》（謹慎）か「経廻《けいかい》を止《とど》む」だった。「経廻」は〝うろつくこと〟で、「経廻を止む」は京都追放である。多数の廷臣が、義教を怒らせて京都から消えた。しかも、これはわずか足か

け六年間の、義教期の前半にすぎない。嘉吉《かきつ》の変で義教が殺される嘉吉元年（一四四一）までであと七年もあり、さらに凶暴化した義教によって、多数の廷臣が処罰されてゆく。

†室町殿の力＝廷臣を餓死させる力

朝廷は壊滅したかに見えるが、実は違う。五摂家《ごせっけ》のうち二条・一条・鷹司は無事で、清華家も三条・徳大寺・大炊御《おおいのみ》門《かど》などが無事だ。そして、無事でない家でも、父が処罰されても子が残り、弟が残った。つまり、すべて替えが効く人々なのだ。義教は、同格の一族や家族を起用して後を継がせることで、安心して処罰したのである。

永享一二年、義教は一色義貫《よしつら》（丹後・若狭・三河の守護）と土岐《とき》持頼《もちより》（伊勢守護）を暗殺しているので、その六年前の裏松義資の死も、義教が殺させた可能性は高い。しかし、義教は、よほど今すぐ消したい時しか暗殺しない。そこまで急がないが、義教を怒らせた報いとして貧窮に追い込み、死んでも構わないと思った場合は、所領の没収が効いた。義資暗殺の二年前の永享四年、羽林家の正親町実秀《おおぎまちさねひで》が没した。彼は義教を怒らせて家領を没収され、「大略餓死か（ほとんど餓死同然だな）」といわれた[234]。

室町殿を怒らせて餓死した廷臣には、先例がある。応永二八年（一四二一）、清華家の今出川実富《さねとみ》が、父公行《きんゆき》の文書を偽造したり人を殺させる不祥事を犯した。彼は父から「絶交」され、義持の不興を買い、次の家督も実富の子公富《きんとみ》とされた。その年の夏、疫病が公行と家人二八人を病死させて今出川家は危機に陥ったが、その中で実富は大将昇進を所望する和歌を後小松院に届けるなど異様な振る舞いを重ね、「狂気か」といわれた。八月には公富も病死し、今出川家には実富だけが残されたが、「公武時宜《じぎ》不快（院も室町殿も嫌悪する状態）」の中、義持の判断で家督相続は否定され、所領もすべて没収された。実富は路上で義持に直訴までしたが却下され、以後貧窮の中で過ごし、七年後の正長元年（一四二八）七月、「餓死」したのである[235]。将軍家を継いで半年だった義教はこれに学び、積極的に武器として使った。四年後の正親町実秀の餓死は、その実践だった。

第十二章　育成する義教と学ぶ後花園天皇——二人三脚の朝廷再建

†〈室町殿＋摂政二条家〉で後見する後花園朝の《礼》復興

義教は永享《えいきょう》五年（一四三三）頃から急速に凶暴化したが、後花園天皇を守り育てることには全力を尽くした。廷臣の処罰も、後花園の朝廷への、義教流の愛着に根差していた。

かつて義満は、即位礼で高御座《たかみくら》に座る後小松の横に、摂政二条良基を従えて付き添い、自分こそが天皇の後見者だと示した。義教もこれを再現した。永享二年一二月、一二歳の後花園が初めて紫《し》宸殿《しいでん》（内裏の正殿）で高御座に着座した時、義教は高御座を覆う帳《とばり》のすぐ後ろに、摂政二条持基（良基の孫）を従えて付き添ったのだ。[236]

天皇を補佐して義教が最高決定を下す体制は、ほぼ摂政と同じだが、摂政は別にいる。記録上、義教が、天皇のすべての仕事を代行していた様子はない。細々《こまごま》とした業務から除《じ》目《もく》（人事儀礼）まで、天皇が行うべき手続きは、摂政二条持基が代行していた。細かいことは摂政に任せ、政治的に重要な高レベルの決定をすべて義教が行った、ということだ。

朝廷と距離を置き、後小松院政に問題がある時だけ介入した義持より、義教はかなり朝廷に深入りしている。義教は、義持の権力を継承しながら、義持ではなく義満を万事手本とし、義満の再来として振る舞った。それを、兄義持への対抗意識と片づける説もあるが、話を小さくしすぎだ。後小松院政との関係が課題だった義持と、院政を敷く院がいない中で幼帝を守り立てた義満・義教では、根本的に状況が違ったことを軽視すべきでない。

しかも、後花園が儒学に没頭した事実を、従来の研究は軽視しすぎた。後花園自身が勉学好きであり、父貞成《さだふさ》親王の熱心な支援・指導があったことは、専門家の間では周知の事実だったが、後花園が本格的に儒学を学び始めた契機は、実は義教が帝王学の一環として強く推奨したことにある。それは、義教自身が儒学に共感していた証拠にほかならない。その儒学の根幹にある《礼》という思想では、父は（君主を除けば）誰よりも尊い。先人

図17　後花園天皇像（京都府大応寺所蔵）

を尊重して見習うなら、義教が兄より父を手本とするのは、あまりに当然なのだ。

後花園は、後光厳流（特に後円融や称光）に顕著な精神不安もなく、彼らが見向きもしなかった学問（儒学）を熱心に学び、文道《ぶんどう》によって威厳ある君主・朝廷を立て直す努力を惜しまなかった。父の貞成親王は、息子が天皇になるとは夢にも思わなかった頃から、和漢の文化・学問とそれを学ぶ重要さを教え込み、後花園が天皇になると熱心さは加速した。

後花園の皇位は、棚からぼた餅だった。義満期に崇光流の敗北が確定した後、その子の貞成にも孫の彦仁にも、皇位に就く可能性があるとは誰も、本人たちでさえ考えなかった。しかし、それが彼らの強みになった。彼らは天皇になれる見込みがなかったがゆえに、人生を文化と学問の錬磨に傾けた。その鍛錬が、突然舞い込んだ皇位継承で、天皇の才覚として開花したのである。後円融や称光など、生まれつき皇位を約束された天皇たちが、微塵も天皇らしく振る舞えなかったのと好対照であり、そこに室町時代の天皇の特色がある。

後円融・後小松・称光の三代には、自暴自棄・精神崩壊を起こしやすい遺伝的な個性が否めない。だが、それを爆発させたのは室町殿の圧迫だ。義満に恫喝された後円融をはじめ、室町殿に首根っこを押さえられ、君主どころか最低限の権門としての自由もなかった。

ただ、義持は一度も後小松・称光親子の人格を踏みにじらず、朝廷の秩序・風紀の紊乱《びんらん》や悪政に限って強権的に介入し、良識ある後見者であり続けた。義教もそのあり方を引き継ぎ、貞成・後花園親子を圧迫せず、人格を尊重し、威厳ある天皇の育成に徹した。

†後花園の元服と後小松院政の終焉

永享五年(一四三三)正月、一五歳を迎えた後花園は元服した。すでに左大臣になっていた義教は、父義満が左大臣として後小松を後見した体制を強く意識し、後花園の元服儀礼の「式《しき》(仕様書)」を自ら作り、儀礼の進行も自ら現場で厳重に監督した。(237) 後花園が天皇らしく威厳ある君主であるよう、導くことが責務だと自覚していた証左である。その背景には、先代の称光天皇があまりに威厳を欠き、父の後小松院も彼をまともな天皇に導けず、低次元なトラブルが頻発して朝廷の威厳が地に墜《お》ちたことがあるだろう。

二ヶ月後の三月、摂政二条持基が関白になった。摂政は幼い天皇の代行者、関白は成人した天皇の最高顧問だが、関白になっても「准《じゅん》摂政」、つまり摂政と同様に天皇を代行することがあった。(238) しかし今回は、「天皇が一五歳なので准摂政の扱いにしない」とわざわざ明言された。天皇が自ら仕事をするよう義教が導いたのであり、手始めに、四日後に県《あがた》召除目《めしのじもく》(地方官の任命儀礼)が初めて「御前《ごぜん》」で行われた。天皇が臨席して、名実ともに天皇の名のもとに行われたのである。(239)

五ヶ月後の八月、勅撰和歌集を作るよう、和歌の家の飛鳥井《あすかい》雅世《まさよ》が命じられた。平安時代の『古今和歌集』に始まる、いわゆる二十一代集の最後となった『新続古今《しんしょくこきん》和歌集』である。それは明らかに、後円融天皇の時に義満が介入して御子左為遠《みこひだりためとお》に『新後拾遺和歌集』を作らせ、朝廷文化の振興者となった事業の模倣だった（義持は行っていない）。

この和歌集の編集は、後花園の綸旨《りんじ》で命令された。当時は後小松院政なので、後小松の院宣《いんぜん》で命じるべきでは、という疑問が出たが、「永徳の例」、つまり義満が主導した前回と同じ形にするために、あえて義教がそう決めたのである[240]。それは同時に、成人した後花園に文化振興を主導させる、義教の帝王教育の一環でもあった。

ただ、それが後小松院の疎外へとつながったことは否めない。すでに二年前に出家問題で義教を怒らせていた後小松院は、後花園の成人を機に、彼の後見から本格的に疎外され始めたのだろう。院政を敷く治天を政務から疎外するのは異常だが、義満がかつて後円融院にした先例があり、義教はそれだけで十分正当性があると考えただろう。

もっとも、その異常事態は長続きせずに済んだ。二ヶ月後の永享五年一〇月、後小松院が世を去ったからだ。奇しくも元服と同じ年に院政を敷ける上皇が皆無になったことで、後花園は否応なく天皇親政を強いられ、自立が喫緊の課題になった。とはいえ、まだ一五歳の後花園が文字通り自立するのは無理で、依然として後見は不可欠だった。

†後花園の自立と親政——判始と京官除目の復興

二世紀前の承久の乱で、廃された仲恭《ちゅうきょう》天皇の後継者が問題になった時、高倉天皇の皇子守貞《もりさだ》親王が唯一の適任者だったが、出家していたため、息子の後堀河《ごほりかわ》天皇を立て、守貞が（天皇の位を経ずに）太上天皇となって院政を敷いた。後花園の場合も状況が酷似していたが、父の貞成親王に院政を敷かせる形を義教は選ばず、貞成自身もそれを望んだ形跡がない。室町殿義教が絶対的な天皇後見者として屹立《きつりつ》する限り、院政は実は蛇足だと、誰もが気づいていた。義教が数年間で数十人の廷臣を没落させた中には、後小松院の存在が引き金になった事例がかなりある（二七五頁）。室町殿と並立する治天の存在は、いたずらにトラブルや廷臣が失脚する原因を増やすだけで、デメリットばかり大きい。

貞成にとって重要なのは、崇光流が取り戻した皇位を保守することにあり、最大の関心事は、その礎《いしずえ》となる後花園の教育だった。後花園が儒学を好むよう躾《しつ》けられ、貞成が教養的・人格的に教育者として適切に振る舞ったことで、後花園は父の指導を大いに尊重し、貞成は教育者に徹した。政治面での後見は、義教に一任するのがどう考えても適切だった。

後小松の死から二ヶ月後、葬儀・追善仏事が一段落した永享五年一二月、義教は後花園天皇に、「御判《ごはん》（花押《かおう》）」を使い始める手続きをさせた[241]。花押は文書に書くサインで、成人として意思表示できる証である（一五歳未満の少年の花押には、社会通念上、法的効力が認められない）。これも、後花園の自立を促す義教の指導だった。

その六日後の一二月二七日、京官《きようかん》除目が行われた。京官除目は、京都で勤める（地方官でない）官職の任命儀礼である。朝廷の年中行事にすぎないが、今回は「当代初度《しよど》」、つまり後花園天皇の代に入って初めてだった。直前の経緯から見て、京官除目の開催と、後花園親政の開始は明らかに連動しており、これも義教の天皇自立支援の一環である。

それだけではない。中世史の専門家で、気づいている人はほとんどいないと思われ、室町時代の朝廷を専門分野の一つとする私自身でさえ、今回調べて初めて知った事実がある。永享五年の京官除目は、「当代初度」どころではない。それは、義満期の明徳元年（一三九〇）以来、実に四三年ぶりの京官除目だったのだ。そもそも、京官除目がそれなりに行われていたのは南北朝の最初期だけで、貞和《じようわ》五年（一三四九）に行われたのを最後に、基本的に行われなくなった。それが、観応《かんのう》の擾乱《じようらん》が勃発する前年だったことに注意されたい。

†京官除目の廃絶と観応の擾乱

足利直義《ただよし》の政権だった頃まで、武士の任官は成功《じようごう》で行われた。成功は、一定額の銭（相場があった）を朝廷に納めて位階・官職を授かる、平安時代以来の売位売官《ばいいばいかん》制度だ。直義は、幕府を通した成功以外で武士を任官させない、鎌倉幕府の制度を踏襲していた。

ところが、観応の擾乱を境に、つまり直義政権の終わりとともに、幕府では成功が廃れ、戦功の褒賞として将軍が朝廷に推挙する形に移行した（金子拓－一九九四）。その場合、そのためだけに金食い虫の除目を行えないので、推挙がきちんと朝廷の任官手続きに乗ったことを示す口宣案《くぜんあん》という文書が個別に武士に与えられて、それで任官が済んだことにされた。武家執奏の原則により、将軍の推薦は一〇〇％実現するので（一〇四頁）、ひどい場合は、将軍の推薦状をもって、任官手続きが事実上済んだと見なす場合さえあった。

幕府の成功制度と朝廷の京官除目は、同じタイミングで消滅した。つまり、幕府の成功制度こそが、朝廷の京官除目を生き延びさせていたのだ。実は、多数の官職は完全に形骸化しており、廷臣が関心を持ったのは、公卿や、検非違使・蔵人・弁官・外記・史などの、朝廷の運営上、意味（実質）のある官職、特に貴族と呼べる家格の者が就く一部の官職にすぎない。その他は「雑任《ぞうにん》」と呼ばれて、しばしば記録することさえ略された。雑任の大部分は武士であり、そのほぼすべてが成功なので、雑任の人事異動リストは売官の顧客名簿にすぎず、朝廷としては、現金収入がある、という以外に意味を持たないからだ。

除目の大部分は、（朝廷にとって）誰が何になろうと無意味な雑任の手続きで占められ、真面目に行う意味は実務上ほとんどない。それは、朝廷が公職の人事権を手放していないことを示すためだけに行われる、朝廷のプライドと社会秩序の根幹のための儀礼だった。

しかも、除目は三日もかけて行われる大行事で、必要な用具一式や出仕する廷臣の装束など、莫大な費用がかかる金食い虫だった。それを毎年二回（春の地方官の県召除目《あがためし》と冬の京官除目）行う財政的余裕が、戦乱期の北朝にはなかった。それでも除目を開催できたのは、武士たちの成功を一括処理できる唯一の手続きとして、幕府が必要とし、費用を負担してきたからだ。しかしそれも、伝統的な秩序や手続きを重んじる直義政権だからこそであり、費用調達が容易で悠長な儀礼を行う余裕がある平時だからこそのことだった。

ところが、観応の擾乱で直義が駆逐され、成功のような伝統的制度を重んじない空気が幕府を支配した。そして、際限ない戦争で幕府に財政的余裕がなくなり、除目の費用を調達できなくなった。武士たちは戦費の負担に喘ぎ、成功の銭を納入する余裕を失った。その代わり、戦争で功績を挙げれば武士は任官できたし、幕府側も所領の代わりに無料《ただ》でばらまける恩賞として官職を活用したから、互いにそれでよかったのだ。

†京官除目の復活——正しい朝廷へ回帰するアピール

こうして幕府が成功を必要としなくなると、朝廷で除目が存続できる可能性はなくなる。県召除目は、観応の擾乱直前の観応元年（一三五〇）を最後として、尊氏期の後半、将軍義詮の全期、管領細川頼之の時期までを通じて、滅多に行われなくなった。それが再び、ほぼ毎年行われるようになるのは、義満が内大臣に昇った後の永徳三年（一三八三）からだ。義満の朝廷支配は、県召除目を復活させた点で、確かに朝廷を復興したのである。

地方官を任命する県召除目がそれなりの頻度で行われたのは、国司がまだ内実を持っていたからだろう。もちろん、行政官としての内実はない。国司は、単に公領《こうりょう》（荘園でない土地）から収益を得る利得と化していた。それでも朝廷が、つまり公卿らが国司の任命行事に関心を抱き続けたのは、知行国制度《ちぎょうこくせいど》が健在だったからだ。

知行国は、最上層の人々（院や公卿など）が国司の長官（守《かみ》）の任命権をもらう制度で、もらった人を知行国主《ちぎょうこくしゅ》という。それは公領の徴税権を世襲できる一種の家産で、内乱や武士の侵略で打撃を受け続けたとはいえ、院や廷臣の貴重な収入源で、室町時代まで朝廷の重大な関心事であり続けた。特に、源頼朝以来、将軍も複数の知行国を世襲する知行国主であり、それが知行国制度と、それを支える県召除目が消滅しない大きな要因になった。

しかし、内実も利権もほぼない京官の除目は、定期的に行われる理由がない。将軍や公卿が任官・昇進するための除目は不可欠だが、人数が少なく、昇進の頻度も高くないので、県召除目に便乗して行えばよかった。また彼らの昇進人事は、小除目《こじもく》という臨時の除目で、数人単位で、比較的簡単な手続きで可能だった。それ以外の、売官制度さえ崩壊してしまった雑任を多数任じるばかりの京官除目は、観応の擾乱を機に、ほぼ完全に廃絶した。

その後、京官除目は、延文四年（一三五九）に突発的に復活したが、その背景には、朝儀復興の意欲に燃えた後光厳天皇にとって、自分の治世で一度も行えていない京官除目の再興が悲願だったことがある。この年に行えた理由を明記した記録はないが、幕府がたまたま費用を出せるタイミングだった、という以外に考えにくい。前年に義詮が将軍職を継いだので、将軍の代始めとして、幕府が祝儀の意味で費用を提供した可能性が高いだろう。

一一年後の応安三年（一三七〇）の開催は、三ヶ月後に退位を計画していた後光厳が、在位の最後にもう一度開催したいと切望し、管領細川頼之が率いる幕府が費用の捻出に成功したからだろう。その次の、五年後の永和元年（一三七五）の開催は、前年に後光厳上皇が没して院政が終わり、後円融天皇の親政が始まった代始めということで、幕府が費用を奮発したからだろう。次の、一五年後の明徳元年（一三九〇）は誰の代始めでもなく、理由は不明だ（この年に大飢饉があったことが、関係するかもしれない。中世では、除目は正しく行えば善政と見なされた。それが天に通じて災厄が収まるという考え方は、十分あり得る）。そしてこれを最後に、京官除目は全く行われなくなった。

永享五年（一四三三）の京官除目は、半世紀近くを経て、それを復興させたものだ。それは明らかに、後花園親政の開始を告げる特別な行事だった。後花園の率いる朝廷は、官職の管理という本来の責務を果たす正しい朝廷であろうとすること、義教の後見によってそのように正しく導かれていることが、大々的にアピールされたのである。

†貞成親王の訓示――室町殿に後見される天皇の理想的態度

この体制の本質は、貞成親王が翌永享六年に後花園に書き与えた教訓で、端的に証言されている(242)。それは〝天皇に父が忌憚《きたん》なく説教する手紙〟という、かなり珍しい史料である。貞成が問題としたのは、一六歳になった後花園の主体性だった。後小松院政の時は何でも院が決めてくれたが、院政は終わった。だから天皇自身が朝廷の物ごとを決めるべきなのに、主体性がまるでない、という。この時期の天皇と室町殿の関係をこれほど明瞭に示す当事者の証言は珍しいので、核心部分だけ、次に原文を掲げよう。

なに事も人まかせにて、勅定《ちよくじよう》も候《そうら》はぬやうに、うけたまはり及候程《およびそうろうほど》に、かやうにてはいかがと覚《おぼえ》させおはしまし候《そうろう》。室町殿よろづ申御《もうしご》さた候御事《そうろうおんこと》にて候《そうら》へども、禁中《きんちゆう》内々《ないない》の事は、よろづ御成敗《ごせいばい》わたらせおはしまし候《そうら》はんずるにて候《そうろう》。いまは御《おん》おさなき御事にても候《そうら》はばや、御成人の御事にて候《そうろう》に、万事、人まかせなるやうに御座候《ござそうらい》ては、恐《おそれ》ながら聖断《せいだん》もいかがと存候《ぞんじそうろう》。

意味は次の通りだ。相手は自分の息子だが、息子でも天皇なので敬語を使っている。

何事も人任せで、ご自分で判断されないと聞き及びます。そんな様子ではどうかと思います。万事を室町殿が取り仕切って差し上げる体制とはいえ、自分の宮中（家政）くらいはすべて自分で決めるのが当然です。今は幼くもなく成人なのですから、万事人任せでいらっしゃるようでは、恐れながら、天皇の見識としてどうかと思います。

重要なのは傍点部で、「万事を室町殿が取り仕切って差し上げる体制」こそ、後花園朝の義教のあり方だった。この段階で、天皇が決めるべきことのほぼすべては、義教が決めていた。公的な政務についても、内向きの宮中のこと、つまり天皇の家政についてもだ。

ただ、室町殿の立場は後見であり、成人の天皇の後見とは、万事を代行することではない。天皇に任せる必要がない細かい事務や、経験・ノウハウが必要な政務・儀礼運営や、室町殿がこだわる重要事以外は、本人にある程度任せてみて、間違ったことが起こりそうなら是正する。それが、義満以来の室町殿が共通して考えてきた、後見のあり方だ。

天皇が意見を表明すること自体を室町殿は嫌わなかったし、実は義満の時から、室町殿は天皇や治天との対話を大事にしてきた。後円融の譲位問題で義満が怒った理由もそこだ。後円融が息子に譲位したいという希望を自分の責任で表明・主導せず、義満に丸投げしようとした主体性の乏しさに、義満は怒ったのである（一二〇頁）。室町殿は最高権力者で天皇の後見人だが、何でも押しつけてよい天皇の便利屋ではない、ということだ。

室町殿は歴代、天皇や治天の主体性を重視したが、間違って室町殿を怒らせた時の報復があまりに恐ろしいので、歴代天皇や治天は腰が引けてしまった。後花園自身は主体性が乏しい人格ではないが、少年の彼は室町殿との距離の取り方がわからず、義教に遠慮していたのだろう。義満の機嫌を損ねた廷臣が容赦なく処罰されるのを見れば、当然だった。

一方、義教は後花園に、君主としての自立を求め、自分のプライドにかけて「さすが義教が後見しただけあって、英明な天皇だ」といわれる資質を求めた。それに沿う限り、天皇が帝王として良識ある見解を口にするのは問題ないし、まして宮中の管理（天皇の家政）は率先して行うべきことだ。そうした義教の考え方を事前に確認せずに、貞成がそのようなことを大切な息子に促すはずがない。そして、終生父母を尊重し、貞成と二人三脚で朝廷の振興を担うことに喜びを覚えていた節がある後花園は、この貞成の訓示に従った。

†徳を磨く天皇——儒学の真剣な勉強

後花園は、室町殿が求める範囲を踏み越えずに自分の主体性を確立するという、バランス感覚に優れていた。彼は、生々しい政治には進んで踏み込まないと決め、自分の意欲を、朝廷の基礎力向上に向けた。その結果、公的な政務は義教が「よろづ申御《もうしご》さた（万事取り仕切る）」する体制のまま、後花園が朝廷と天皇の建て直しに邁進《まいしん》する、という体制が構築され始めた。後花園にとって、自分の課題は、後光厳流の歴代天皇が地に堕《お》とした天皇の君主らしさと、朝廷の王朝らしさを取り戻し、中世日本にとって望ましい天皇像・朝廷像を追究し、実践に励むことだった。それは一言でいえば、天皇が徳を高めることだ。

帝王が徳を示す最良の手段は、昔から文道《ぶんどう》の振興と決まっていた。文道の振興とは、まず第一に、儒学の古典や和漢の史書を学び、わが国の理想的な姿を学ぶことから始まる。貞成は訓示で、「御学問の事も、室町殿よりこの春申《もう》され候《そうらい》し事にて候《そうら》へば、いかにも御たしなみわたらせおはしまし候《そうら》はんずるにて候《そうろう》（この永享六年の春、学問に励むよう室町殿から促されましたので、天皇はさぞ励んでいらっしゃることでしょう）」とも述べている。義教は、天皇に君主としての教養・素養を養うよう指導していたのである。

後花園は義教の要望に、すぐに期待以上に応えた。その春、二月中旬に儒学を本格的に始め、翌月の三月には、後花園の師となった当代一流の儒学者の清原業忠《なりただ》から、「御利性《ごりせい》、言語道断の御事《おんこと》なり（言葉で表現できない利発さだ）」と絶賛されている。(243) その利発さには、

「天皇にしては」という但し書きがつくはずだが、それでも、本職の儒学者にここまでいわれた天皇は、私が知る限り、中世にいない。

後花園は手始めに、業忠から『孝経《こうきょう》』『論語《ろんご》』『孟子《もうし》』を学んだ。『孝経』は「孝《こう》（親や祖先への徹底奉仕）」を説く経典、『論語』は孔子や弟子たちの言行録、『孟子』は古い儒教を発展させて人間の倫理を論じた書物だ。儒教で最も大事なのは「孝」で、永享元年（一四二九）に、後花園が天皇として初めて学んだ経典も『孝経』だった。[244]

後花園にとって、「孝」の実践の手始めは、彼の手に皇位が入るまでの先人たちの労苦と遺徳を学ぶこと、つまり崇光流の視点から見た南北朝・室町時代史を学ぶことだった。貞成親王はそのための歴史書を執筆し、親しい臣と何度も吟味を重ね、永享六年九月に完成させて、『椿葉記《ちんようき》』と名づけて後花園に与えた。その執筆動機は貞成自身が、「当流の事、御所様《ごしょさま》、委細《いさい》知《しろ》し食《め》されざるの間、巨細《こさい》これを書く（崇光流の歴史を陛下は詳しくご存じないので、細大漏らさず書き記した）」と明記した通りだ。[245]

五年後の永享一一年（一四三九）、後花園は業忠に師事して『礼記《らいき》』を学び始め、二年後の嘉吉元年（一四四一）には『春秋左氏伝《しゅんじゅうさしでん》』を学んだ。[246] 二つとも儒教の根本経典の五《ご》経《きょう》の一つで、しかも儒教の根本思想の《礼》を学ぶのに最重要の経典だ。《礼》とは、天地世界・森羅万象の仕組みを理解した上で、人間が取るべき最善の振る舞いの指標である。

儒教のテキストで唯一、体系的・理論的に《礼》を学べる理論書が『礼記』だ。（今は『論語』ばかりもてはやされるが、『論語』は断片的なエピソードの寄せ集めなので、どれだけ読んでも理論的・体系的に学べる可能性はない）。

また『春秋左氏伝』は、古代中国の春秋時代の魯国《ろ》（孔子の祖国）の歴史書『春秋』の解説書で、君主と臣の振る舞いの何が《礼》に適《かな》い、何が《礼》に背くかを論評した、いわば《礼》思想の実践編であり、古代中国の権力者に対する成績表である。体系的だが抽象的で、社会生活や歴史とそのまま結びつけにくい『礼記』を補うよう、『春秋左氏伝』は実例で《礼》思想を教えてくれる。この二つを学んだということは、後花園は儒学を、単なる表面的な倫理やファッションとしての勉強に終わらせなかった、ということだ。彼は、《礼》を理論にまで遡《さかのぼ》って本格的に学び、そして古い中国の君主の成績表を教訓として、《礼》に適う真の君主として振る舞うよう決意をしていた。彼の儒学は本気だった。

†後花園の典籍収集熱と歴史学習熱

学問の根幹は何より、テキストの確保にあった。知識はテキストの解釈から導かれるので、テキストさえあれば、学問が傾いても再生できる。貞成親王は、帝王学のためにも、優れた君主の事業としても、典籍の収集・保全の重要さに気づいていた。彼ら親子は、互いに関心がある典籍や、新たに入手した典籍を頻繁に貸し借りし、世間に探し求めて獲得・購入し、すでに所持している典籍でも、欠けている巻があれば新たに入手した時に補完し、破損していれば修理した。また、その収集には、義教が諸方に命じて必要な典籍を取り寄せる形で協力していた[247]。そうした事業の全貌を記すには、紙幅の余裕がない（いずれ後花園の伝記として書きたい）。ただ、『後花園天皇実録』という史料集によって、彼が入手・貸し借りした典籍を網羅的に調べてみると、圧巻というしかなく、中世にこれほど典籍の収集・閲読に興味を示した天皇は、ほかにない。

それらの書目は多岐にわたるが、明らかに歴史に重点がある。中国史は『史記』だけだが、『史漢《しかん》物語』という、『史記』と『漢書』の逸話を平明な日本語で物語風に書いた入門書らしきものを読んでいる。日本史では、歴代天皇や廷臣の日記、『古今著聞集《ここんちょもんじゅう》』などの逸話集、史書として扱われた『平家物語』や『太平記』などを通読した。絵巻物も多く読んだが、大多数は寺社の縁起や、『貞任宗任討伐絵《さだとうむねとうとうばつえ》』『鎮西追討絵《ちんぜいついとうえ》』『悪源太《あくげんた》絵《え》』『泰衡征伐《やすひらせいばつ》絵《え》』『和田左衛門尉《わださえもんのじょう》　平義盛絵《たいらのよしもりえ》』などの歴史物である（それぞれ源頼義《よりよし》・義家《よしいえ》の前九《ぜんく》年《ねん》合戦、平正盛《まさもり》の源義親《よしちか》征伐、平治の乱の源義平《よしひら》、源頼朝の奥州合戦、和田義盛の乱が主題だろう）。

彼は、武士の歴史を熱心に学んだ。天皇の地位が、室町殿によって万事補佐される地位であるなら、そうなるに至る武士の歴史を知らずに、当時の天皇を理解できる可能性がないと気づいていたからだろう。特に『明徳記《めいとくき》』と『堺記《さかいき》（応永記《おうえいき》）』を読んでいたことが興味深い。それは、ほんの半世紀前に義満が山名氏や大内氏と対決して勝利し、室町殿（北山殿）権力を盤石にした画期的戦争であり、今現在、自分を補佐する室町殿義教の父の偉業を讃えた現代史の物語だ。天皇として適切に振る舞うために、室町殿の歴史や、そこに至る武士の歴史を学ぼうとした後花園の向学心と目の付け所には、脱帽するしかない。

†壮大な中央図書館構想――「本朝書籍」収集事業とその頓挫

後花園は、個人レベルで個別単発的・日常的に典籍の収集・保全を繰り返すうちに、一つの重大な結論に至った。文道（学問・詩歌《しいか》や歴史学）の振興をとことん本気で行うなら、何よりまず、可能な限り多数の重要なテキスト（経典や史書など）を確保する中央図書館が必要だと気づいたのである。後花園は国家事業として、国内のあらゆる典籍を収集・書写し、保存する中央図書館の設立を構想した。国家の〝知〟の基盤が何であるかに気づいた証拠であり、その点で確かに彼は、英明な君主といって差し支えない。

永享一一年（一四三九）頃を最後に、後花園の盛んな典籍収集熱は鎮静化した。それは向学心の衰えを意味しない。むしろ逆で、翌永享一二年から、右の中央図書館の設立事業が本格的に始動し、個人レベルでの収集活動がその中に吸収されたことを意味するだろう。

永享一二年一一月、後花園は動き始めた。日本国内に存在し（たことがあり）、まだ後花園の手もとにない典籍を、網羅的に収集する事業の開始を宣言し、協力せよと全廷臣に綸旨《りんじ》で命じたのである（和田英松—一九三六、桃崎有一郎—二〇〇六）。その綸旨の原本の一つは、西園寺公名《きんな》の日記『公名公記《きんなこうき》』の自筆本に張り込まれ、今も残っている(248)。

その綸旨は、「本朝《ほんちょう》書籍の事、写し置《お》かれんが為《ため》、方々《ほうぼう》尋ね仰《おお》せられ候《そうろう》」と始まる。「本朝書籍」、つまりわが国のあらゆる書籍を書き写して天皇の文庫に収蔵しよう、という大言壮語だった。そして、別紙の目録にある書目のうち、自分や従者が所持するものをリスト化して報告せよといい、目録にない書物でも所持していれば報告せよ、と結ぶ。実務を統轄したのは伝奏の万里小路時房《までのこうじときふさ》で、綸旨を受け取った西園寺公名は、リストを作って数日後に時房に送った(249)。「書籍の現物は追って提出させる予定だ」と時房が語っているので、後花園は手もとにないあらゆる典籍を内裏にかき集め、（恐らく自分自身も参加して）天皇の周囲で分担してすべて書写し、文庫に収蔵する予定だったことがわかる。

それは、私が知る限り、中世の天皇が行おうとした、最も有意義な活動だった。かつて、平安時代末期の承安《じょうあん》四年（一一七四）、後白河法皇が、院御所の法住寺殿《ほうじゅうじどの》にある蓮華王院《れんげおういん》（今の三十三間堂）の宝蔵の蔵書を整理し、新しく収集しようとしたことがある（田島公—二〇〇四）。後花園は三世紀近くを経て、それをもう一度実現しようとしたのである。

翌年の嘉吉《かきつ》元年（一四四一）三月には、諸方の蔵書リストが一通り揃い、時房から報告された。後花園は即座に手もとのリストと照合した上で時房に返し、一つの報告書・リストに形を整えて後日提出するよう命じた。[250] 翌四月に入ると、早速、提出されたリストに基づいて諸方に現物の提出を求め始めた。西園寺公名は、「提出した目録にある典籍のうち、まず『文鳳抄《ぶんぽうしょう》』の第十帖《じょう》（一〇冊目）を提出せよ」と命じられ、時房に託して提出している。[251] その日の時房自身の日記『建内記《けんないき》』によれば、天皇は『文鳳抄』をすでに所持していたが、第十帖だけ欠けていたので、先に借り上げて写すのだという。後花園の「本朝書籍」収集事業は、まず手持ちの蔵書の穴（欠巻）を埋めることから始まったようだ。

その間に、後花園は事業を拡充した。「本朝書籍」のリスト化を、前々月の二月に奈良の興福寺大乗院に、また翌月の五月に園城寺《おんじょうじ》にも命じている。[252] 後花園は廷臣の次に、収集の対象を寺院の文庫にまで広げたのである。

ところが、軌道に乗り始めたこの有意義な天皇の事業が、それを最後に、進展した形跡はおろか、話題に上った形跡さえなくなる。理由は一つしか考えられない。園城寺に蔵書リストの提出を命じたわずか一ヶ月後の嘉吉《かきつ》元年（一四四一）六月、義教が暗殺されたことだ。それを機に事業が止まったことは、事業に義教の強い支援があった証左である。

†義教、後花園に政務を完全に返上

その頃の室町殿と天皇の関係は、前と変わっていた。殺される四年前の永享九年(一四三七)、義教は一つの宣言をした。それは、後花園天皇と室町殿義教の政治的な関係を示す極めて重要な宣言だったが、これまで手に入りやすい史料集にその記録が収められていなかったためか、専門家に見逃され、論文や本で言及されたのを私は見たことがない。そこで、学界への注意喚起の意味もこめて、その全文を紹介しよう。(253)

左大臣殿(義教)奏聞《そうもん》せしめ給《たま》ひて云《い》はく、「朝務《ちょうむ》の事、故《こ》鹿苑院《ろくおんいん》の例に依《よ》り、申沙汰《もうしざた》する所《ところ》なり。今に於《おい》ては、聞《きこ》し食《め》され御成敗《ごせいばい》有《あ》るべき」事。数度に及び了《おわん》ぬ。遂《つい》に以《もっ》て勅許《ちょっきょ》有る事。武家より御剣・御馬を進《まいら》す事。〈公武の御問答〉

その日、義教は後花園に宣言した。「朝廷の政務は、亡き父義満の先例を踏襲して私が取り仕切ってきましたが、今日からは陛下ご自身が受理し、決裁なさって下さい」と。後花園は遠慮したが義教は聞かず、何度もやり取りを重ねた末に、ようやく後花園が了解した。義教はそれを喜び、祝儀として太刀と馬を進上した、という。

この宣言は、成人した後花園の親政のもとでも、義教が摂政のように、朝廷政務の受理から決定まで、天皇を代行してきた証拠である。そしてこれを機に、天皇の代行者を辞めて後見者に退いた。義教の脳裏には、摂政が関白に改まるようなイメージがあっただろう。後花園天皇のもとで自律的に回るように朝廷を手放し、必要な場合だけ介入する形にしたと思われ、一言でいえば〝能動的な後見〟から〝受動的な後見〟へと変えたのだろう。それは結局、義教が自分の先例として重視しなかった、兄義持のあり方にほかならない。

顧みれば、義教の家督継承の直後から、朝廷の動揺が相次いだ。称光天皇の死、後継者の後花園の幼少、後光厳流から崇光流への皇統交替、そして後小松院の死と院政の消滅。義教の積極的な朝廷介入は、そうした非常事態に対応するための非常手段と見た方がよい。それらをすべて克服した後、義教は、義持が仕上げた室町殿の形に戻っていったのである。

義教が政務を返した時、後花園は一九歳だった。なぜ、きりのよい二〇歳まで待たなかったのか（『礼記』などの儒教経典では、二〇歳が冠礼《かんらい》＝成人の年齢である）。

この政務返上と関係しそうな大イベントが、四ヶ月後の永享九年一〇月にあった。室町第に後花園天皇を招いた、室町第行幸《ぎょうこう》だ。それは、「毎事、永徳の嘉例《かれい》を模《も》せらる」といわれ(254)、永徳三年（一三八三）に義満が後小松天皇を招いた室町第行幸の再演だった。どちらの室町第行幸も、天皇・室町殿と廷臣たちが一堂に会して、和歌を詠み、儒学ができる者に漢詩を詠ませ、音楽を演奏し、祝宴が開かれた。それは、天皇が最も信頼・敬愛する輔佐の臣が室町殿であると、天下に明示するイベントだった。

ではなぜ、義教は永享九年にそれを再演したのか。室町第行幸の時、義満は二五歳だったが義教は四四歳、後小松は七歳だったが後花園は一九歳で、室町殿や天皇の年齢に連動した再演ではない。義満の場合、左大臣になった翌年で、いよいよ廷臣全体の支配の完成を記念する意味合いを持ったが、義教の場合は左大臣就任から五年も経っている。

そこで気になるのが、翌永享一〇年の、義教の左大臣辞任だ。室町第行幸を義満が左大臣の時に行った以上、義教も左大臣であるうちに行うべきだ。すると、次の可能性が導かれる。義教は左大臣を辞めるため、その前に急いで室町第行幸を実現させた。そして、政務を天皇に返し、天皇だけで自律的に朝廷政務が回るようにしたのは、その左大臣辞任と連動して、義教抜きで朝廷を回さねばならない事態が予見されたからではないか、と。

†義満の左大臣辞任と富士遊覧——康暦の政変の後始末

では、その事態とは何か。ヒントは、彼が模範とした義満の左大臣辞任にありそうだ。義満は左大臣を嘉慶《かけい》二年（一三八八）に辞任し、五年間の空白を経て明徳三年（一三九二）に左大臣に復帰、翌年にまた辞任した。二度目の辞任は、翌応永元年（一三九四）に太政大臣になる布石として自然だ。問題は一度目の辞任だが、理由を明記した記録がない。

ただ、辞任から四ヶ月後の嘉慶二年九月に、富士山を観覧するため駿河まで旅立った事実は、必ず関係がある。左大臣として朝廷（太政官）政務を取り仕切る者が、何十日も京都を留守にできる可能性はゼロだからだ。義満は富士遊覧のために左大臣を辞めた可能性が高いが、悠々自適の物見遊山のためにそこまでするはずがない。そこで気になるのが、『足利治乱記《ちらんき》』という軍記物の伝承だ。そこには、富士遊覧を装って義満が鎌倉公方の氏《うじ》満《みつ》を討つつもりだった、とある。実際に討伐は行われなかったし、このタイミングで氏満を滅ぼすのは唐突すぎるので、これは作者の憶測にすぎまい。

ただ、駿河は「関東国堺《くにざかい》」といわれた室町殿勢力圏の最東端だ。鎌倉公方勢力圏（関東）のすぐ隣まで室町殿自身が下向することが、鎌倉公方への大きな政治的圧力であることは動かない。同書によれば、氏満は、本来なら駿河まで出迎えて歓待すべきところ、病と称して鎌倉を出ず、伊豆・相模が「大《おお》ニサハグ（騒）」不穏な空気が流れ、関東管領の上杉憲《のり》方《かた》が騒乱にならないよう制止し、京都でも不穏な空気が流れたという。このあたりは観察可能な出来事なので、事実だった可能性が高い。義満の富士遊覧の目的は、鎌倉公方氏満への圧力だろう。しかしなぜ、この時に、そこまでして圧力をかける必要があったのか。

ヒントは、幕府の重大な政治問題の解決のために、義満が遠路地方へ下ったもう一つの実例にある。翌康応《こうおう》元年（一三八九）の、安芸の厳島社への参詣だ。(255) 義満は、摂津の兵庫《ひょうご》津《のつ》から船で西を目指したが、途中で瀬戸内海対岸の四国に立ち寄り、讃岐の宇多津《うたつ》（今の香川県綾歌郡宇多津町）に上陸して、細川頼之・頼元《よりもと》親子（頼元は養子、実は弟）の歓待を受けた。一〇年前の康暦元年（一三七九）の康暦の政変で失脚した、あの頼之である。義満はあの時、斯波義将ら大名連合の圧力に屈して、心ならずも頼之を管領の職と京都から追放せねばならなかった。しかし今や状況は変わった。義満は頼之と和解し、復権させて再び有能な補佐の臣として活用したい。そのための重要な会談だったのだ。

頼之は期待に応え、明徳二年（一三九一）に上洛して再び幕政に参画した。頼之は出家していたので、表向きの管領には養子の細川頼元を就任させ、後見人として頼之が幕政を主導した。頼之は完全に復帰し、直後に起こった明徳の乱でも幕府軍として奮戦した。

それだけではない。義満は厳島神社で大内義弘と対面・合流した。義弘はそのまま京都へ同行して幕閣の柱石となり、明徳の乱では幕府軍として大奮戦した（一八四頁）。義満の厳島参詣は、明徳の乱を前にここまで幕府中枢を充実させる、幕府強化事業だったのだ。

それを踏まえれば、前年の富士遊覧も、東国に対して同じ目的、懐柔と取り込みのために行われたと考えてよい。特に重要なのは、康暦の政変の後始末という共通点だ。厳島参詣で懐柔した細川頼之は、政変の被害者だった。一方、富士遊覧の標的だった鎌倉公方氏満は、政変の加害者側にいた。実は、斯波義将一派に与《くみ》して上洛を企てていたのだ。

あの政変は細川頼之の排斥《はいせき》運動であって義満への反乱ではないから、それと連動した氏満にも、義満を廃したり危害を加える意図はなかっただろう。上洛の目的は、義満に圧力をかけて幕府政治の是正を要求するためと見てよい。というのも、氏満の父の基氏を起用して鎌倉公方が設置された最大の目的こそ、その役割を果たすためであって、実際に氏満の子の満兼《みつかね》は、応永の乱でその通りに動いた（一八七頁、一八九頁）。氏満の上洛は、関東管領の上杉憲春《のりはる》（憲顕《のりあき》の子）が諌死して止めたので未遂に終わり、氏満自身にも義満への害意はない。したがって、義満側にも氏満を討つ気はなかっただろう。

しかし、政変当時、義満は京都の諸大名対策と、室町第の造営、右大将拝賀の準備で大わらわで、氏満との関係は再構築しないまま、うやむやに済まされた。義満は、明徳の乱に向けて将軍権力の足場を踏み固めるために、康暦の政変の後始末に着手した。その一つが厳島参詣を口実にした細川頼之の復権であり、もう一つが富士遊覧を口実にした氏満への圧力、つまり今後、鎌倉公方が政治不安に加担しないよう釘を刺すことだったのだろう。

†義教の戦時態勢突入と後花園の完全自立

以上を踏まえれば、義満に倣《なら》った義教の富士遊覧も、鎌倉府対策だと容易に推察できる。

実際、その頃、鎌倉公方持氏《もちうじ》（満兼の子）が原因で、関東の治安は崩壊しつつあった。応永一六年（一四〇九）、父満兼の死で鎌倉公方を継承した持氏は、根が好戦的な人物だった。叔父（満兼の弟）満隆《みつたか》が後見人として政務を執ったが、持氏が成人すると険悪になった。応永二三年、満隆は養子（持氏の弟）持仲《もちなか》や、失脚させられていた元関東管領の上杉禅秀《ぜんしゅう》（氏憲《うじのり》）と挙兵し、一時は持氏を鎌倉から駆逐した。

翌年、持氏は京都の義持の支援を得て彼らを滅ぼしたが、その後も持氏は何度も離反者の討伐戦を繰り返した。しかし、幕府は必ずしも味方ではなかった。応永三〇年の常陸の小栗満重《おぐりみつしげ》の討伐は、義持が反乱と見なし、寺社に持氏を呪詛《じゆそ》させ、駿河の守護今川範政《のりまさ》らに持氏の討伐を命じた。翌三一年、反乱の意志がない旨の誓約書を持氏が義持に出して事態は収束したが、翌三二年に次の波乱が用意された。息子の義量《よしかず》を病で喪《うしな》った義持が、持氏を養子として室町殿を継がせると約束したらしい。しかし、三年後に義持が没すると、それが反故《ほご》にされて義教が室町殿となり、持氏が京都を怨んだという。(256)

義教の室町殿継承から四ヶ月後の正長元年（一四二八）五月、持氏は上洛を企て、関東管領の上杉憲実《のりざね》が諫止して思いとどまった。(257)持氏が、義持の後継者から外されて義教や幕府を怨んだのは事実と見てよい。義教も持氏を憎み、翌永享元年（一四二九）には自ら持氏討伐を提案して、諸大名に諫止されている。(258)

義教は永享四年、富士遊覧のため駿河に下った。義満の手法を踏襲して、鎌倉公方持氏に圧力をかけ、牽制するために違いない。持氏は病と称して出迎えず、京都に忠実な関東管領の上杉憲実だけが出迎えた。(259) 二年後の永享六年には、駿河の守護今川範忠《のりただ》が持氏の反逆計画を京都に告げ、幕府は上杉憲実を通じて制止に奔走し、どうにか事なきを得た。すると三ヶ月後の永享七年正月、持氏は叔父満貞《みつさだ》の討伐に着手した。満貞は稲村《いなむら》御所と呼ばれ、亡き兄の満兼から奥州の統轄を任されていた。幕府は満貞を支援したが勝てず、満貞は奥州を去って、持氏は奥州の直轄支配を強引に実現した。

翌永享八年、信濃の守護小笠原政康《まさやす》が国人《こくじん》（現地の武士）の村上頼清《よりきよ》と抗争を始めた。持氏は村上に加勢しようとしたが、信濃は室町殿の支配圏なので、守護に敵対すれば幕府への反乱になると、また上杉憲実が諫止した。(260) 翌永享九年の六月、何度も持氏の野心を邪魔する憲実を持氏が討伐する、という風聞が流れ、憲実が鎌倉の西の藤沢《ふじさわ》に退いて持氏の攻撃に備えるという緊急事態になった。(261) 戦争は回避されたが、その憲実が鎌倉を退いた六月一五日こそ、義教が後花園に政務返上を宣言した三日後だった。

以上を整理すると、次の筋書きが導かれるだろう。義教が後花園に政務を返上したのは左大臣の辞任を急いだためで、それは父義満と同様に地方の鎮静化、特に鎌倉公方の反逆に対応するためで、出陣のため京都を離れる可能性が視野に入っていたからだ、と。

†永享の乱と治罰の綸旨

翌永享《えいきょう》一〇年に入ると、持氏は憲実討伐を実行に移し、危機を急報した憲実を幕府が支援して、両者は全面抗争に突入する。永享の乱である。そして実際に義教は、自ら出陣して持氏を討とうとした（ただし、管領細川持之《もちゆき》や山名・赤松ら諸大名の諫止で思いとどまった）(262)。その年の冬、持氏は幕府方に追い詰められて出家した。上杉憲実は助命を嘆願したが、翌永享一一年、幕府は彼に持氏を攻撃させ、自害させた。

持氏の死で鎌倉府は滅亡し、永享の乱は終わった。その過程で、後花園天皇は重要な役割を果たした。持氏の挙兵を告げる憲実の急報が届くと、義教は後花園に、官軍のしるしである錦の御《み》旗《はた》と、持氏討伐を命じる(263)綸旨を幕府に下すよう、要請した。後花園はただちに要請に応え、次のような綸旨を下した。

綸言《りんげん》を被《こうむ》るに偁《いわ》く、従三位《じゅさんみ》源朝臣持氏《みなもとのあそんもちうじ》、累年《るいねん》、朝憲《ちょうけん》を忽《こつ》し、近日、擅《ほしいまま》に兵を興《おこ》す。帝《てい》啻《ただ》に忠節を東関《とうかん》に失ふ匪《のみなら》ず、剰《あまり》さへ、是《これ》、鄙背《ひはい》を上国《じょうこく》に致す。天誅《てんちゅう》、遁《のが》るべからず。者《てえ》れば、命《めい》、何《なん》ぞ又《また》容《い》れんや。早く虎豹《こひょう》の武臣《ぶしん》に当て課《か》し、豺狼《さいろう》の賊徒《ぞくと》を払《はら》はしむべし、綸言此《かく》の如《ごと》し。此《こ》の旨《むね》を以《もっ》て、洩《も》れ申《もう》し入《い》れしめ給《たも》ふべし。仍《よっ》て執達件《しったつくだん》の如し。

永享十年八月廿《にじゅう》八日　　　　　　　　左少弁資任《すけとう》奉《けたまわる》
謹上《きんじょう》　三条少将殿《しょうじょうどの》

朝敵討伐の綸旨を〝治罰《ちばつ》の綸旨〟というが、右の文面は異例も甚だしい。まず、長い。通常、綸旨や院宣は要点を簡潔に書き記す。この綸旨の要点は「謀反人持氏を義教が討て」というだけだ。それがここまで長引くのは、「持氏が朝廷を蔑ろにした」「天誅は逃れられず天皇は許さない」といった修飾的な句や、「虎豹の武臣」「豺狼の賊徒」などの修飾語を多用し、文飾を凝らした荘重な美文に仕立てようとするからである。

この美文は、朝廷の日常生活では用いない難しい文字・言葉や、二つの連続する文の構造が同じになる対句《ついく》など、漢籍や漢詩文だけに使われる表現・技法を多用したものだ。漢詩文は〝文章経国《もんじょうきょうこく》〟の柱で、文章経国とは、〈著者の死後も永遠に残る文章の力で、国家の《礼》を高揚し、長く後世まで維持しよう〉という思想である。それは、中国の三国時代の、魏《ぎ》の文帝《ぶんてい》（曹丕《そうひ》）が高く掲げた、《礼》思想を実現するための儒教の理想的手段であり、儒教の学習が文道の高揚とほとんど一致するのも、この思想があるからだ。

すると、この治罰の綸旨こそ、義教と後花園の営みが結実した成果だ、ということに気づく。義教の指導で熱心に後花園が学んだ儒学（文章経国の思想と技術）が、反乱討伐という室町殿義教の最も重要な場面で、初めて、そして大いに実践の機会を得たのである。

実は、この文章自体は、奉者《ほうじゃ》（実際に書いて形式上の差出人となる側近の右筆《ゆうひつ》）の烏丸資任《からすまろすけとう》を通じて、後花園の学問の師・清原業忠《なりただ》が請われて書いたものだ。(264) ただ、「この文章で出そう」と決めるのは後花園であり、「文章経国的な文体にせよ」と後花園が指示しなければ、このような異例の文案が出てくるはずがない。そもそも、綸旨の文面は、奉者が考えて天皇がチェックするのが普通で、儒学者に文案作成を依頼したこと自体が異例だ。この重大事にふさわしい、最も荘重な文章経国的な綸旨の文章を書ける人物として、後花園が自分の師に依頼した、ということだった。

†《礼》の実践国を創り上げた義教と後花園

これまでも大規模な反乱鎮圧は何度かあったが、治罰の綸旨が出たのは、実に半世紀ぶりだった。それを、幕府が天皇の権威に頼ろうとし始めた、とか、後花園が幕府に対抗して朝廷の権威を高めようとした、と解釈するのは誤りだ。記録による限り、天皇の権威の方が、室町殿の権威に依存していた。その上で、最後まで堅固な協力関係にあった後花園が、間違っても室町殿や幕府に対抗意識を燃やす可能性はない。

半世紀前の治罰の綸旨とは、明徳の乱で、義満が後小松天皇に出させたものだ。義教は、父義満の忠実な継承者として、治罰の綸旨も模倣したにすぎまい。そして重要なのは、応永の乱で、義満が治罰の綸旨を用意した形跡がないことだ。その違いは、義満の権力の段階差そのものだろう。明徳の乱の時、義満は室町殿だった。しかし応永の乱の時、義満は北山殿という別種の権力に変異していた。室町殿の敵を朝敵と見なすには、天皇が朝敵だと明言する手続き（治罰の綸旨）が必要だが、北山殿の敵は朝敵だと自明であるほど、北山殿は朝廷を丸ごと包み込む権力だった、ということだ。そして、義教が父義満を踏襲する際、治罰の綸旨が出された明徳の乱のパターンを選んだことも重要だ。義教が理想とする義満の形が、北山殿ではなく室町殿としての義満だったことの証拠だからである。

本文は失われたものの、義満が後小松天皇に出させた治罰の綸旨が、文章経国的（儒教的で文飾的）だった形跡はない。義満が後小松に勉学を促すような、儒学が振興された形跡もないので、そうした綸旨が出る必然性はなく、通常のシンプルな綸旨だっただろう。

かつての義持は、持氏討伐に綸旨を求めもしなかった。朝敵云々より、〈社会の敵なら、それを討伐するのは室町殿と諸大名の自明の責務だ〉と考えたからだろう。しかし、〈室町殿の敵は、天皇の綸旨で朝敵と認定して征伐する〉のが日本の最適な形だ、という義満の考え方は、義教に再利用されて確定した。そして、先例を重視しながらもあえて新儀《しんぎ》（先例を逸脱した振る舞い）の文章経国的な綸旨を採用した以上、そこにはよほど、先例より新儀が優れているという確信がある。では、何がどう義満期より優れているのか。

義教は、こう考えたのだろう。日本は義教＋後花園の段階になって、義満＋後小松の段階より進歩した。強さと良識を合わせ持つ室町殿の適切な後見は、義満期にもあった。しかし、天皇のずば抜けて高い君主の資質、そして史上最も円満な室町殿との信頼関係は、義教＋後花園が初めて達成した。それは日本を、往古から理想とした、《礼》をよく実践する国へと脱皮させた。それを凝縮して象徴するのが、文章経国的な治罰の綸旨なのだ、と。

†義教暗殺でリーダーシップを要求される後花園

二年後の永享一二年（一四四〇）、義教は意に沿わない二人の大名、一色義貫《いっしきよしつら》と土岐持頼《ときもちより》を暗殺した。次は播磨の大名赤松満祐《あかまつみつすけ》の番だと噂された。かつて、前の室町殿義持が庶流の赤松持貞《もちさだ》を寵愛し、満祐の播磨を奪って与えようとして、怒った満祐が反旗を翻して戦争になりかけたことがあった。義教も別の庶流の赤松貞村《さだむら》を寵愛し、惣領家の所領を削り与えていた。室町殿が赤松惣領家の満祐を潰《つぶ》し、従順な庶流と入れ替えようとしてきたことは明らかで、義教には満祐を殺す十分な動機があると、満祐は信じた。

翌嘉吉元年（一四四一）、赤松満祐は自宅に義教を招き、隙を見て暗殺した。室町時代、主人に逆らったり戦うのは当たり前だが、それはあくまでも交渉であって、殺すのは、越えてはいけない一線だった。それを越えた満祐を見逃すという選択肢は幕府になく、満祐は滅ぶしかない。しかし、どうせ滅ぼされるなら一矢報いて室町殿を殺す、という選択肢があることを、満祐は証明してしまった。あの室町殿が殺された、という事実は、社会が信じてきた室町殿の絶対性を崩壊させ、以後永久に、室町殿は絶対的存在でなくなった。

それに拍車をかけたのは、後継者の幼少だった。後継者の息子義勝《よしかつ》は八歳で、幕府は管領細川持之《もちゆき》が代表する諸大名の連合政権となるしかなかった。幼年で政治的意志と威厳がない室町殿の出現で、幕府は室町殿の空洞化という初めての難局に遭遇した。しかも、管領が細川氏では強いリーダーシップを発揮できない、という幕府の弱点は、往年の細川頼之（持之の曾祖父）の頃から、少しも克服できていなかった。その中で、圧倒的な権威をもって政権を主導できるリーダーは、もはや後花園天皇しかいなかった。

†後花園の〝卒業論文〟としての治罰の綸旨

管領細川持之は、自分の号令に諸大名が従うか不安になり、赤松満祐の征伐を命じる治罰の綸旨を要請し、後花園はすぐに応えた[265]。後花園は自分の役割をよく理解して果たし、持之もその助けを得て難局に立ち向かった。朝廷と幕府を橋渡しする伝奏《てんそう》の万里小路《までのこうじ》時房《ときふさ》と中山定親《さだちか》は、この難局で責任重大になったが、二人で相談して「綸旨を出すべき」とすぐに結論し、文面も次の通り作成した。(266)

播磨国の凶徒《きょうと》、早く官軍を遣《つか》はし、征伐を加《くわ》へしめ給《たも》ふべきの由《よし》、天気《てんき》候《そうろ》ふ所《ところ》なり。此《こ》の旨《むね》を以《もっ》て、申《もう》し入《い》れられ給《たも》ふべし。仍《よっ》て執達件《しったつくだん》の如《ごと》し。

これこそ、要点だけを書いた本来の綸旨の、文体と分量だ。先に掲げた後花園の綸旨が、いかに異様か明らかだろう。かつて康暦の政変で出された治罰の綸旨もこうした文面で、それとも見比べて、一旦はよしとされた。ところが四日後、綸旨の奉者に指名された坊城《ぼうじょう》俊秀《としひで》が、定親から「あれでは簡略すぎ、今回は重大な事案なので、厳しく荘重な文章がよい」と告げられた。間違いなく後花園の意向で、俊秀は文章経国的な文体に書き直した。

坊城家は、勧修寺《かんしゅじ》流藤原氏と呼ばれる名家の一つで、名家は儒学を修める家なので（たとえば改元の時に、漢籍から年号候補を探して提案した）、ある程度はそれが可能だった。ただ、清原業忠のような明経道《みょうきょうどう》の者（儒学を研究・教授する本職の専門家）には敵《かな》わないので、俊秀は業忠に見てもらい、大筋問題ないとされて次の文面になった。

播磨国の凶徒の事、忽《たちま》ち人倫《じんりん》の紀綱《きこう》を乱し、猶《な》ほ梟悪《きょうあく》の結構に及ぶ。攻めて赦《ゆる》すこと無く、誅《ちゅう》して遺《のこ》さざるものか。急速に官軍を遣《つか》はし、征伐を加《くわ》へしめ給《たも》ふべきの由《よし》、天気《てんき》候《そうろ》ふ所《ところ》なり。此《こ》の旨《むね》を以《もっ》て、申《もう》し入《い》れしめ給《たも》ふべし。仍《よっ》て執達件《しったつくだん》の如《ごと》し。

ところが翌日、これを後花園に提出すると、「子細無《しさいな》しと雖《いえど》も、文章猶《な》ほ少《すく》なし（間違ってはいないが、文章がまだ少ない）」と言下に指摘された。そして後花園は、その場で筆を執り、多くの文章を書き加えて、次のような文面に決定した。

綸言《りんげん》を被《こうむ》るに偁《いわ》く、満祐法師《みつすけほうし》并《ならび》に教康《のりやす》、陰謀を私宅《したく》に構《かま》へ、忽《たちま》ち人倫《じんりん》の紀綱《きこう》を乱し、朝《ちょう》命《めい》を播州《ばんしゅう》に拒み、天吏《てんり》の干戈《かんか》を招く。然《しか》れば早く軍旅《ぐんりょ》を発《おこ》し、仇讐《きゅうしゅう》を報《ほう》ずべし。忠を国に尽《つく》し、孝を家に致すは、唯《た》だ此《こ》の時に在《あ》り。敢《あ》へて日を旋《めぐ》らすこと莫《なか》れ。兼ねて亦《また》、彼と合力《ごうりき》の輩《ともがら》、同罪の科《とが》に処《しょ》せらるべし、者《てえ》れば天気《てんき》此《かく》の如《ごと》し。此《こ》の旨《むね》を以《もっ》て、申《もう》し入《い》れしめ給《たも》ふべし。仍《よっ》て執達件《しったつくだん》の如《ごと》し。

ほぼ原型をとどめない書き換えで、残っているのは傍線部の「忽ち人倫の紀綱を乱し」だけだ。そこだけ後花園が気に入ったのだろう。原案に対して「文章がまだ少ない」といい、これだけ文章を書き加えた事実に、後花園のスタンスが明らかだ。文章の多さや凝り具合は、ことの大きさ・重要さに比例する（それは《礼》思想の重要な原則である）。今回は、天皇を後見する室町殿を暗殺するという、最大級の事件を起こした極悪人を征伐する命令なので、ことの重大さに比例して文章を多くし、その増えた文章で、どれだけこの件に天皇が心を割いているかを表明すべきだ、と後花園は考えた。三年前の持氏討伐では清原業忠に文面の案を任せたが、それからの三年間で大いに勉強した成果、いわば〝卒業論文〟が、後花園自ら書いたこの綸旨なのだった。

後花園の行為を、これ見よがしの自己アピールだとか、いたずらに文章を翫《もてあそ》ぶ下らない形式主義だと切って捨てると、ことの本質を見誤る。これこそ、義教が後見者として望み、教育的指導によって実現させた、天皇固有のリーダーシップのあり方だったのだから。

室町殿が望む天皇や朝幕関係のあり方は、後花園という逸材を得たことで、義教の代にようやくゴールが固まり、そこへ向けてかなりの程度まで前進した。右に示してきた綸旨は、後花園の個性を示してあまりある。しかし、それ以上に、室町殿の達成が凝縮・象徴されていた、という点でこそ重要なのだ。義教は、皮肉にも自分の死によって、自分が目指した天皇の理想像が、達成されつつあったと証明した。

そして後花園天皇は、絶対者でもある後見人・室町殿を一瞬で失ったことで、強制的に室町殿の指導から卒業させられ、自立したリーダーとしての資質を問われ始めた。その意味で、先に紹介した綸旨は、〝室町殿教育課程〟を終えた後花園の卒業論文に似ている。その煩《はん》を厭《いと》わず原文を提示したのは、本書のテーマの終着点にふさわしい彼の卒業論文を、どうしても読者のお目にかけたかったからだ。

赤松満祐の討伐は、曲折を経て何とか完遂された。しかし、それは後花園と幕府の苦難の時代の序章にすぎなかった。幼少の室町殿義勝は二年で病死し、また幼少の弟の義政が室町殿になった。義教が暗殺され、続く二人も幼少だったため、室町殿は全く絶対性を失い、義満の仕事は水泡に帰した。義満があれほど懸命に解消させた大名の野性と反骨心も、抑《おさ》えを失って吹き出した。その中で義政は、室町殿が絶対性を失ったにもかかわらず絶対者として振る舞い、幕府を際限なく混乱させてゆく。その自称絶対者の空しい号令と野性を取り戻した諸大名の闘争の先に、応仁の乱が待っている。

ただ、乱までの四半世紀にも及ぶ義政時代は、戦国時代を用意した一つの時代として分析し、描き出す価値がある。そして乱を招いた決定的な理由と乱の本質は、まだ学界で分析中で、応仁の乱についての本が最近空前の大ヒットを飛ばしたにもかかわらず、実は解明が済んでいない。それらについては、別の機会を得て論じてみたい。

＊　＊　＊

私は本書を、室町時代特有の「室町殿」という支配者についての、起承転結がある一まとまりの話にしたかった。そのため、義満の前後まで話を広げ、予想外の紙幅を費やしてしまった。もはや「あとがき」を書く紙幅は残されていないが、最後に謝辞を捧げたい。

分厚い本書にお付き合い下さった読者諸氏と、本書が成るまでに支えて下さったすべての皆様、辛抱強く成稿を待って下さった編集者の橋本陽介氏に、深甚の謝意を表します。
なお、本書はＪＳＰＳ科研費ＪＰ１６Ｋ１６９１１の助成を受けた研究成果の一部です。

参考文献

網野善彦「「関東公方御教書」について」(『信濃』二四―一、一九七二年)
飯倉晴武「後崇光院御文類」(『書陵部紀要』一九、一九六七年)
家永遵嗣「足利義満における公家支配の展開と「室町殿家司」」(『室町幕府将軍権力の研究』、東京大学日本史学研究室、一九九五年a)
家永遵嗣「室町幕府奉公衆体制と「室町殿家司」」(『室町幕府将軍権力の研究』、東京大学日本史学研究室、一九九五年b)
家永遵嗣「室町幕府と「武家伝奏」・禁裏小番」(『近世の天皇・朝廷研究』五、二〇一三年)
家永遵嗣「光厳上皇の皇位継承戦略と室町幕府」(桃崎有一郎・山田邦和編『室町政権の首府構想と京都―室町・北山・東山―』、文理閣、二〇一六年)
石田実洋・橋本雄「壬生家旧蔵本『宋朝僧捧返牒記』の基礎的考察」(『古文書研究』六九、二〇一〇年)
石原比伊呂「准摂関家としての足利将軍家」(『史学雑誌』一一五―二、二〇〇六年)
今谷明『室町の王権―足利義満の皇位簒奪計画―』(中央公論社、一九九〇年)
臼井信義『足利義満』(吉川弘文館、一九六〇年)
江頭恒治「公方役考」(『経済史研究』一九―四、一九三八年)
大田壮一郎「足利義満の宗教空間」(『ZEAMI』四、二〇〇七年)
小川剛生『南北朝の宮廷誌』(臨川書店、二〇〇三年)
小川剛生「足利義満の太上天皇尊号宣下」(『藝文研究』一〇一、二〇一一年)
小川剛生『足利義満』(中央公論新社、二〇一二年)
笠松宏至「中世在地裁判権の一考察」(寶月圭吾先生還暦記念会編『日本社会経済史研究 中世編』、吉川弘文館、一

九六七年）
金子拓「初期室町幕府・御家人と官位」（『中世武家政権と政治秩序』、吉川弘文館、一九九八年、初出一九九四年）
金子拓「室町殿をめぐる「御礼」参賀の成立」（『中世武家政権と政治秩序』、吉川弘文館、一九九八年、初出一九九七年）
川上貢『〔新訂〕日本中世住宅の研究』（中央公論美術出版、二〇〇二年、初出一九六七年）
京都市『京都観光総合調査』（二〇一九年）
京都府教育庁文化財保護課『国宝大報恩寺本堂修理工事報告書』（一九五四年）
國原美佐子「十五世紀の日朝間で授受した禽獣」（『史論』五四、東京女子大学、二〇〇一年）
酒井信彦「「諸礼」の成立と起源」（『日本歴史』四二六、一九八三年）
桜井英治『室町人の精神』（講談社、二〇〇九年、初出二〇〇一年）
佐藤進一「室町幕府論」（『日本中世史論集』、岩波書店、一九九〇年、初出一九六三年）
佐藤進一『日本の中世国家』（岩波書店、二〇〇一年、初出一九八三年）
末柄豊「洞院公数の出家」（田島公編『禁裏・公家文庫研究　第一輯』、思文閣出版、二〇〇三年、初出二〇〇一年）
高橋典幸「武家政権と戦争・軍役」（『鎌倉幕府軍制と御家人制』、吉川弘文館、二〇〇八年、初出二〇〇一年）
高橋典幸「武士にとっての天皇」（『鎌倉幕府軍制と御家人制』、吉川弘文館、二〇〇八年、初出二〇〇二年）
高橋典幸「将軍の任右大将と『吾妻鏡』―『吾妻鏡』受容の一背景―」（『年報三田中世史研究』一二、二〇〇五年）
田島公「典籍の伝来と文庫」（石上英一編『歴史と素材　日本の時代史　三〇』、吉川弘文館、二〇〇四年）
田中健夫「足利将軍と日本国王号」（『前近代の国際交流と外交文書』、吉川弘文館、一九九六年、初出一九八七年）
田中義成『足利時代史』（講談社、一九七九年、初出一九二三年）
冨島義幸「相国寺七重塔とその伽藍」（桃崎有一郎・山田邦和編『室町政権の首府構想と京都―室町・北山・東山―』（文理閣、二〇一六年）
新田一郎「日本中世の国制と天皇」（『思想』八二九、一九九三年）

新田一郎『太平記の時代』(講談社、二〇〇一年)
橋本雄「室町・戦国期の将軍権力と外交権」(『歴史学研究』七〇八、一九九八年)
橋本雄「室町幕府外交は王権論といかに関わるのか?」(『人民の歴史学』一四五、二〇〇〇年)
橋本雄「皇帝への憧れ」(『アジア遊学122 日本と《宋元》の邂逅 中世に押し寄せた新潮流』、勉誠出版、二〇〇九年)
橋本雄『中華幻想』(勉誠出版、二〇一一年)
橋本雄『〝日本国王〟と勘合貿易』(NHK出版、二〇一三年)
春名宏昭「太上天皇制の成立」(『史学雑誌』九九—二、一九九〇年)
細川武稔「足利義満の北山新都心構想」(中世都市研究会編『中世都市研究15 都市を区切る』、新人物往来社、二〇一〇年)
細川武稔「「北山新都心」に関するノート」(『東京大学日本史学研究室紀要 別冊 中世政治社会論叢』、二〇一三年)
松岡心平「室町将軍と傾城高橋殿」(松岡心平編『看聞日記と中世文化』、森話社、二〇〇九年)
松岡久人『大内義弘』(戎光祥出版、二〇一三年)
村井章介「易姓革命の思想と天皇制」(『講座・前近代の天皇5 世界史のなかの天皇』、青木書店、一九九五年)
桃崎有一郎「「裏築地」に見る室町期公家社会の身分秩序—治天・室町殿と名家の消長—」(『中世京都の空間構造と礼節体系』、思文閣出版、二〇一〇年、初出二〇〇四年)
桃崎有一郎「『後円融院宸記』永徳元年・二年・四年記—翻刻・解題と後花園朝の禁裏文庫について—」(田島公編『禁裏・公家文庫研究 第三輯』、思文閣出版、二〇〇九年、初出二〇〇六年)
桃崎有一郎「足利義満の公家社会支配と「公方様」の誕生」(『ZEAMI』四、二〇〇七年)
桃崎有一郎「陣家出仕の盛行と南北朝・室町期朝儀体系の略儀化—公家社会の経済的窮乏と室町殿義満の朝廷支配—」(『中世京都の空間構造と礼節体系』、思文閣出版、二〇一〇年)
桃崎有一郎「観応擾乱・正平一統前後の幕府執政「鎌倉殿」と東西幕府」(『年報中世史研究』三六、二〇一一年)
桃崎有一郎「中世前期の「管領」—鎌倉・室町幕府「管領」研究のための予備的考察—」(『年報三田中世史研究』二

〇、二〇一三年）
桃崎有一郎「建武政権論」（『岩波講座日本歴史 第7巻 中世2』、岩波書店、二〇一四年）
桃崎有一郎『平安京はいらなかった—古代の夢を喰らう中世—』（吉川弘文館、二〇一六年ａ）
桃崎有一郎「足利義満の首府「北山殿」の理念的位置」（桃崎有一郎・山田邦和編『室町政権の首府構想と京都—室町・北山・東山—』、文理閣、二〇一六年ｂ）
桃崎有一郎「鎌倉幕府垸飯儀礼の完成と宗尊親王の将軍嗣立」（『年報中世史研究』四一、二〇一六年ｃ）
百瀬今朝雄「花亭・花御所・室町殿」（『週刊朝日百科日本の歴史』一四、朝日新聞社、一九八六年）
森茂暁「北朝と室町幕府」（『増補改訂南北朝期公武関係史の研究』、思文閣出版、二〇〇八年、初出一九八四年）
森幸夫「足利義嗣の元服に関する一史料」（『古文書研究』七七、二〇一四年）
山田邦明『日本中世の歴史5　室町の平和』（吉川弘文館、二〇〇九年）
山田徹「室町幕府所務沙汰とその変質」（『法制史研究』五七、二〇〇七年）
和田英松「本朝書籍目録解題」（『本朝書籍目録考證』、明治書院、一九七〇年、初出一九三六年）

注

プロローグ

(1) 文脈から明らかな場合、年・月・日などを省略する。頻出する典拠名は以下の通り略号を用いた。

史料集…『南北朝遺文 関東編』→(南)、『鎌倉遺文』→(鎌)、『大日本史料』→(大)、『神奈川県史 資料編 古代・中世』→(神)。

記録…『空華日用工夫略集』→(空)『満済准后日記』→(満)、『後愚昧記』→(愚)、『後深心院関白記』→(深)、『建内記』→(建)、『迎陽記』→(迎)、『荒暦』→(荒)、『花営三代記』→(花)、『師守記』→(師)、『教言卿記』→(教)、『看聞日記』→(看)、『実冬公記』→(実)、『薩戒記』→(薩)、『兼宣公記』→(兼)、『吉田家日次記』→(吉)、『福照院関白記』→(福)、『康富記』→(康)、『公名公記』→(公)。

第一章

(2)『神皇正統記』。

(3)『公卿補任』。

(4)『吾妻鏡』、『武家年代記』、『相顕抄』。「覚園寺所蔵戌神将胎内文書」(南一一八八)に建武二年元日の垸飯を行った証拠があり、前年まで遡れる可能性が高い。

(5)『梅松論』『難太平記』。

(6)「白河集古苑所蔵白河結城文書」(南二六三)。

(7)『園太暦』康永三年九月二三日条、一二月二二日条。

(8)(空)永徳三年三月晦日条。

(9)『難太平記』。

第二章

(10)(満)永享三年三月二二日条。

(11)『景徐周麟法語』。

(12)『逍遥院装束抄』、(愚)応安三年三月一六日条、(師)貞治二年閏正月一五日条。

(13)(深)四月一七日条、(愚)七月三〇日条。

(14)(深)九月一一日条。

(15)(愚)紙背九月一六日徳大寺実時書状。

(16)(深)一〇月一日条・四日条。

(17)(満)正長二年二月二七日条、(建)正長元年六月一四日条。

(18)(深)一〇月二六日条、(深)一一月三日条、六日条、八日条。

(19)(深)一一月二五日条。

（20）(愚)康暦元年四月二八日条。
（21）(深)永徳元年六月二六日条。
（22）(深)康暦元年五月一七日条。
（23）(愚)(荒)六月二六日条。
（24）『後三条相国抄』。
（25）(花)一一月七日条、二一日条、(深)二二日条。
（26）(愚)(深)一一月二八日条。
（27）(花)(深)一二月一五日条。
（28）(愚)永和四年一二月二三日条、(花)康暦元年正月二二日条、二三日条、二月九日条、一一日条。
（29）(花)二月一二日条、二〇日条、(愚)二〇日条。
（30）(愚)二月二一日条。
（31）(花)二月二二日条、二三日条。
（32）(花)一八日条、(愚)一九日条。
（33）(迎)三月二二日条。
（34）(花)三月二六日条、四月一三日条。
（35）(深)五月二八日条。

第三章

（36）(深)六月一三日条。
（37）(愚)永和三年二月一八日条。
（38）(師)貞治二年二月一六日条、同三年三月九日条、同六年七月一二日条。
（39）(深)貞治七年正月二三日条。
（40）(愚)永和三年二月一八日条、康暦元年閏四月一日条、(看)永享七年一一月二八日条。
（41）(愚)(深)永和三年二月一八日条、(愚)(深)同四年三月一〇日条、(愚)永徳元年七月二三日条。
（42）(愚)永和四年三月一〇日条。
（43）(深)応安元年九月一五日条、二年七月二六日条、『祇園執行日記』四年九月一三日条。
（44）(深)(花)一一月九日条。
（45）(深)六月二四日条。
（46）(深)七月八日条。
（47）(深)七月一〇日条、一三日条。
（48）(深)七月一六日条。
（49）『古事談』第一-王道后宮、第二-臣節。
（50）(深)(花)『東金堂細々要記』七月二五日条。
（51）(愚)五月二二日条。
（52）(愚)六月一日条。
（53）(愚)四月二八日条。

第四章

（54）(深)永徳元年正月七日条、(福)応永一〇年一一月一五日条。
（55）(深)永和元年七月二日条、(愚)永徳元年八月二七日条、

(深)康暦元年六月一日条。
(56) (愚)永徳元年記紙背。
(57) (深)一二月二日条、(荒)四日条。
(58) (深)一二月二日条。
(59) (教)応永一四年一二月五日条。
(60) (荒)七月二三日条。
(61) (荒)七月二二日条。
(62) (愚)永徳元年一二月記。
(63) (看)永享一〇年四月七日条。
(64) (愚)八月三日条。
(65) (看)正月二三日条、閏正月六日条、二〇日条。
(66) 『勘仲記』永仁元年一二月一三日条、弘安一〇年一〇月二六日条。
(67) (愚)貞治六年六月二九日条。
(68) (愚)永和四年三月二七日条。
(69) (愚)七月六日条。
(70) (愚)七月二六日条、八日条
(71) (愚)正月五日条。
(72) (深)康暦二年正月四日条。
(73) (愚)永徳三年正月一三日条。
(74) (実)嘉慶元年三月一七日条。
(75) (深)永和二年五月二三日条。
(76) (実)三月四日条、二五日条。
(77) (荒)一〇月一六日条、二三日条、(愚)一七日条。
(78) (荒)一一月七日条。
(79) 『洞院家今出川家相論之事』。
(80) (愚)一二月二四日条。
(81) (愚)正月一六日条。
(82) 『経嗣公記抄』正月四日条、八日条。
(83) (迎)四月一四日条。
(84) (深)閏四月三日条、四日条。

第五章

(85) (荒)九月二四日条、二九日条、一〇月七日条、一〇日条。
(86) 『後円融院宸記』二月三日条。
(87) (荒)一〇月六日条、三〇日条。
(88) (空)九月二九日条。
(89) (荒)一〇月二七日条、(愚)二五日条。
(90) (荒)『良賢真人記』一二月二八日条。
(91) (荒)永徳三年元日条。
(92) (愚)正月二九日条。
(93) (愚)二月一〜五日条。
(94) (愚)二月九日条、(荒)一〇日条。
(95) (愚)二月一一日条。

(96) (愚)二月一五日条、(荒)一六日条。
(97) (愚)一六日条、(荒)一七日条。
(98) (愚)(荒)三月一日条。
(99) (愚)永徳三年正月一二日条。
(100) (愚)永徳二年八月一〇日条。
(101) (深)永徳元年正月一二日条。
(102) (薩)応永三二年一二月一七日条。
(103) (深)正月七日条。
(104) (愚)正月一三日条。

第六章

(105)『海東諸国紀』国王代序。
(106)『保坂潤治氏所蔵文書』（(南)七七三）。
(107)『後鑑』貞治元年一一月二九日条所引『円覚寺文書』。
(108)「醍醐寺（三宝院）文書」（(南)三二二九）、「醍醐寺理性院文書」（(南)三三三〇）、「佐々木文書」（(神)3上-四五九五）。
(109)「上杉家文書」（(南)三〇七七）。
(110)『兼致朝臣記』（『歴代残闕日記』）文明一八年一一月二一日条。
(111)『蔭凉軒日録』長享二年二月一一日条。
(112) (吉)九月一五日条。
(113)「北条貞時十三年忌供養記」（「円覚寺文書」、(神)2-一二三六四）。
(114)「九条家文書」（(鎌)一〇―七二五〇）。
(115)「相模建長寺文書」（(鎌)一七―一三一二四）。
(116)「松尾神社文書」二（(大)7-1-179）。
(117) (兼)応永一〇年三月五日条。
(118) (教)応永一二年五月二六日条。
(119) (教)応永一三年二月一二日条。

第七章

(120)『続史愚抄』明徳四年七月二四日条、応永六年九月一五日条。
(121) (兼)六月三日条。
(122) (吉)応永一〇年閏一〇月二五日条。
(123) (看)正月九日条。
(124) (康)応永二五年九月九日条。
(125) (荒)(実)一二月一七日条。
(126) (荒)四月二二日条。
(127) (荒)六月二〇日条。
(128)『椿葉記』『相国寺塔供養記』。
(129)『大膳大夫有盛記』。
(130)『門葉記』三五-安鎮法補二-応永五年四月二二日安鎮法斎文。

(131)『御神楽雑記』一二月一日条。
(132)（迎）八月四日条、二二日条。
(133)『翰林葫蘆文集』鹿苑院百年忌陞座。
(134)『臥雲日件録抜尤』文安五年八月一九日条。
(135)『応永記』。
(136)『難太平記』。
(137)（康）応永八年五月一三日条。
(138)（教）応永一五年五月七日条。
(139)（迎）七月一二日条。
(140)（教）応永一六年一一月六日条。
(141)（教）一二月二四日条。

第八章

(142)『太祖実録』三年七月庚戌条、四年七月辛丑条。
(143)（福）九月五日条。
(144)『玉葉』嘉応二年九月二〇日条、承安三年三月二二日条。
(145)『玉葉』承安二年九月一七日条。
(146)（愚）三月二四日条。
(147)『宋朝僧捧返牒記』応永九年九月五日条。
(148)『大乗院寺社雑事記』長禄元年三月一一日条。
(149)『若狭国税所今富名領主代々次第』『東寺王代記』『武家年代記』『和漢合符』『仮名年代記』。
(150)『福井県史 通史編2』。
(151)（教）一〇月二〇日条。
(152)『後円融院宸記』三月一一日条。
(153)（空）二月一八日条。
(154)（教）応永一四年四月一四日条。
(155)（迎）四月一一日条、二二日条。
(156)（兼）三月一五日条。
(157)（教）三月二三日条。
(158)（迎）五月二五日条。
(159)（空）永徳三年三月晦日条。
(160)『申楽談義』。

第九章

(161)『申楽談義』。
(162)（深）一二月一六日条。
(163)（愚）永和三年正月一二日条。
(164)（愚）永和三年八月二九日条。
(165)（愚）永和四年三月二四日条、二七日条。
(166)（愚）永和五年正月二日条、（深）同四年三月九日条。
(167)（愚）永和三年八月一〇日条。
(168)（愚）閏四月二一日条。
(169)（兼）正月六日条。
(170)『常楽記』。

(171)㊎一一月一九日条。
(172)『斯波家譜』、㊐応永九年正月一五日条。
(173)㊎応永一五年四月二五日条。
(174)㊌二月一〇日条、一七日条、三月三日条。
(175)㊍永和三年二月二八日条、六月二六日条。
(176)㊍応安五年一一月一四日条。
(177)㊍永和三年八月二八日条、㊏康暦二年五月一八日条。
(178)『椿葉記』。
(179)『伏見宮御記録』。
(180)『椿葉記』。
(181)㊏一三日条。
(182)㊌四月五日条。
(183)『椿葉記』。
(184)㊑一一月一日条。
(185)㊎応永一五年三月二二日条。
(186)㊍永徳三年二月一六日条、三月一日条。
(187)「宝鏡寺文書」。
(188)『孝円御寺務応永九年記』一二月二日条。
(189)『椿葉記』。
(190)『椿葉記』。
(191)㊎応永一四年一一月四日条。
(192)『東寺執行日記』五月六日条。
(193)㊎六月七日条、二五日条、一〇月二〇日条。
(194)㊎一二月一四日条。

第十章

(195)㊎二月二九日条。
(196)㊎応永一九年九月二七日条。
(197)㊑九月二七日条。
(198)㊒一二月一四日条。
(199)㊓八月二一日条。
(200)㊑九月二七日条。
(201)㊍正月七日条。
(202)㊒応永二三年正月一六日条、㊔同二九年正月七日条、『教興卿記』同二〇年四月二七日条、㊕同二六年八月一五日条。
(203)㊌一〇月一五日条。
(204)㊓応永二六年八月一五日条。
(205)㊒九月一四日条。
(206)㊒六月八日条。
(207)㊓六月二日条。
(208)㊔八月一三日条。

第十一章

(209)『薩戒記目録』正月二一日条。

(210)『山賤記』。
(211) (看)三月二四日条。
(212) (建)七月一三日条。
(213) (建)永享元年七月二八日条。
(214) (看)永享二年七月二五日条。
(215) (建)七月五日条。
(216) (薩)(建)七月一六日条。
(217) (建)二五日条、『普広院殿左大臣御拝賀記』。
(218) (建)七月二五日条、『普広院殿大将御拝賀雑事』。
(219)『薩戒記抄』七月二五日条。
(220) (看)七月二五日条。
(221) (看)八月一五日条、一二月一九日条。
(222) (満)一〇月二六日条。
(223)『日吉社室町殿御社参記』。
(224) (満)七月一一日条、一二日条、九月一二日条、(看)八月一八日条。
(225) (看)二月八日条。
(226) (看)一〇月三〇日条。
(227) (看)五月六日条。
(228) (看)五月一一日条。
(229) (建)二三日条、二八日条。
(230) (建)正長元年六月二四日条、(看)永享三年五月八日条。
(231) (看)二月一四日条、一六日条、三月九日条。
(232) (看)六月九日条、一二日条、六月一三日条、一六日条。
(233) (薩)一二日条。
(234) (看)六月八日条。
(235) (看)応永二八年正月二四日条、六月一四日条、一九日条、八月九日条、九月二三日条、一〇月一一日条、(薩)正長元年七月八日条。

第十二章

(236) (薩)一二月二一日条。
(237) (薩)正月三日条。
(238)『師郷記』三月二三日条。
(239) (薩)三月二七日条。
(240) (看)八月二九日条。
(241) (看)一二月二一日条。
(242)『後崇光院御文類』五（飯倉晴武‐一九六七）。
(243) (看)二月二五日条、三月一七日条。
(244) (薩)二月一七日条。
(245) (看)九月二七日条。
(246) (建)永享一一年二月一二日条、嘉吉元年五月一二日条。
(247) (看)永享五年六月一四日条。

(248) ㊋一一月八日条。
(249) ㊋一一月一三日条。
(250) ㊓三月一二日条。
(251) ㊋四月二一日条。
(252) 『大乗院日記目録』二月六日条、㊓五月四日条。
(253) 『薩戒記目録』六月一二日条。
(254) 『永享九年行幸記』。
(255) 『鹿苑院殿厳島詣記』。
(256) 『喜連川判鑑』。
(257) ㊓五月二五日条。
(258) ㊮二月二四日条。
(259) 『後鑑』九月一八日条所引『今川家譜』。
(260) 『関東兵乱記』。
(261) 『喜連川判鑑』。
(262) ㊝九月二三日条。
(263) ㊋八月二八日条。
(264) ㊓嘉吉元年七月三〇日条。
(265) ㊓七月二六日条。
(266) ㊓七月二六日条。

ちくま新書
1471

室町《むろまち》の覇者《はしゃ》 足利義満《あしかがよしみつ》
――朝廷《ちょうてい》と幕府《ばくふ》はいかに統一《とういつ》されたか

二〇二〇年一月一〇日 第一刷発行
二〇二〇年一月三〇日 第二刷発行

著者 桃崎有一郎（ももさき・ゆういちろう）
発行者 喜入冬子
発行所 株式会社 筑摩書房
東京都台東区蔵前二-五-三 郵便番号一一一-八七五五
電話番号〇三-五六八七-二六〇一（代表）
装幀者 間村俊一
印刷・製本 株式会社 精興社

ISBN978-4-480-07279-5 C0221

ちくま新書

1369
武士の起源を解きあかす
――混血する古代、創発される中世
桃崎有一郎
武士はどこでどうやって誕生したのか。日本を長期間統治した彼らのはじまりは「諸説ある」として不明とされていた。古代と中世をまたぎ、日本史最大級の謎に挑む。

1093
織田信長
神田千里
信長は「革命児」だったのか？　近世へ向けて価値観が大転換した戦国時代、伝統的権威と協調し諸大名や世間の評判にも敏感だった武将の像を、史実から描き出す。

618
百姓から見た戦国大名
黒田基樹
生存のために武器を持つ百姓。領内の安定に配慮する大名。乱世に生きた武将と庶民のパワーバランスとは――。戦国時代の権力構造と社会システムをとらえなおす。

734
寺社勢力の中世
――無縁・有縁・移民
伊藤正敏
最先端の技術、軍事力、経済力を持ちながら、同時に、国家の論理、有縁の絆を断ち切る中世の「無縁」所。第一次史料を駆使し、中世日本を生々しく再現する。

1280
兵学思想入門
――禁じられた知の封印を解く
拳骨拓史
明治維新の原動力となった日本の兵学思想。その独自の国家観・戦争観はいつ生まれ、いかに発展し、なぜ封印されるに至ったのか。秘められた知の全貌を解き明かす。

1378
中世史講義
――院政期から戦国時代まで
高橋典幸編
五味文彦編
日本史の先端研究者の知を結集。政治・経済・外交・社会・文化など十五の重要ポイントを押さえるかたちで中世史を俯瞰する。最新の論点が理解できる、待望の通史。

1300
古代史講義
――邪馬台国から平安時代まで
佐藤信編
古代史研究の最新成果と動向を一般読者にわかりやすく伝えるべく15人の専門家の知を結集。列島史の全体像が1冊でつかめる最良の入門書。参考文献ガイドも充実。